創元アーカイブス

ユング心理学の世界

樋口和彦 著

創元社

はじめに

この本はユング心理学の入門書である。しかし、「ユング心理学の世界」と名付けたのは、すでに数多くの入門書が「ユング心理学入門」という名前で出版されているし、それらの著書に比較して入門書としてはすこし毛色の変わったものになるからである。筆者としては、ユング心理学の世界への入門という意味をこめて書くつもりである。

ユングの心理学を理解するには様々な道があると思う。特に、ユング自身がスイス人であるというところからくる独創性と自由性からだろうか、この心理学を後からきて勉強する人々に自由に自分の経験にしたがってのびのびと研究する余地を与えたのである。筆者の会うことの出来たユング派の分析家の人はみな個性豊かな独立人が多かったようである。そして、それらの人々の専門領域も、心理学や精神医学の範囲を出る人もいて多彩であった。チューリッヒのユング研究所の講義室はいつも人類の展覧会のようで、質問はどこの国の言葉ででてくるかわからないほどで、休み時間にひろげている新聞もル・モンドのとなりで、ザ・タイムズという感じであった。名高い大学者の次に一見して患者さんと思われる人が質問するという具合である。そのような多様さの中で、それぞれはユングが目指していたものを一歩でも先におし進めようとしているようであった。

筆者のごとき宗教の世界から、深層心理学へと進んだものも多くまじっていた。だから、こういう意味でちょっと毛色の変わった入門書も一つぐらいあってよいと思って勇をこして筆を取った次第である。したがって、自分の関心の薄いところ、理解のたりないところが数多くあると思うが、また他の入門書にはないところもあるはずで、それを読んでいただければ幸いである。

したがって、読者にとっても自分に面白くないところ、分からないところは飛ばして読んでもらっても結構、また、この文脈から離れて、自分の想像の世界に入るのも結構、むしろそんなふくらみを読者に与えられるなら、それがユングの目指したものであって、たんなる私のこの不完全なユングについての概念の羅列は、読み手の固有な、しかも複雑な経験の中でそのまま意味をもつはずがない。むしろ、自由に受けとることで、そこにこの本を読む人と書物の間に意味を中心とした磁場のようなものができて、何か訴えるものがあるはずである。私が「意味する」ものと、読者にとって「意味される」ものとの間にずれがあっても面白い。その距離の谷間にあるものを、考えていただければ幸いである。じつは、そんなものをユングは元型として考えていた。

したがって、筆者は恐れず読者にとってはつまらないかも知れないが、それでも本人にとっては「意味のある」ユングとの出会いの章からはじめることにした。そして、ユングという人物から離れることなく、彼の考え方の一つ一つを追っていこうと試みたのである。

森の中に小屋があって、その奥深いところで一人で住んでいたらどうであろうか。常識的で憶病な人間なら、森の小径《みち》を奥の方まで分け入らないだろう。したがって、また帰りの道をあやまることもない。しかし、もし何かの間違いで、森の奥深く入ってしまったらどうだろうか。朝出た道でも、夕には帰れないだろう。そんな場合、平凡であった君の常識の確かさを誇ってもいいし、道を失った非凡な生れつきの不幸を後悔してもいい。しかし、いずれにしても、そう簡単にどちらとも言えないことに気づく。そして、何かしらないが道を奥深く分け入り迷ってしまったなら、苦心して帰りの道を発見する外はない。ユング自身も一人のそのような人であった。そして、奥深い所から、現代という表面に出てきて、彼の経験を語った人である。特に、彼が生をうけた、ヨーロッパという土地の過去と未来の運命に目を向けた人であった。そして、その目は、彼の父の魂を虜にし、母の心を蝕ばんでしまったそれに向けられていた。そして、その西欧の外的世界はそっくり、自分の内的世界にポジとネガのように写されていることを知り、その「悪」の根源を古代まで追求していった人なのである。父が六歳から手ほどきしてくれた、その鋭利なラテン語の武器を手にして、人間の心《プシュケー》の救済をその生涯の務めとしたのであった。生涯、湖のほとりに住み、書斎であり、分析室である彼の部屋に人々を受け入れ、自らは熟慮と観想の静かな生活を送った。フロイトと出会い、共鳴し、そして訣別し、二度と会わなかったような強さと、それに続く底知れぬ苦悩の中から分析心理学を確立して立上る、その迫力、そして晩年、彼に会うすべての人に示した印象的な親しさ、それらのものすべては彼の人生であった。そのような八十五年の生涯と彼の心理学は密接に組み合っているのである。

彼の生前はむしろ「コンプレックス」や「外向性・内向性」というポピュラーな概念で世に知られていたが、親しい彼の研究家や仲間を除いて、彼の心の奥深くで何が起こり、何が思索されていたか充分に知るよしもなかった。しかし、生涯の最後の頃から、徐々に語りはじめ、次第に人々に理解されるようになった。ユングの死の直前、口述されたユングの自伝は死後すぐ出版されたし、生前から編集されていた『人間と象徴』はフォン・フランツ女史に受け継がれて、世に問われたし、最近、生前すでに編集され、死後しかも一九八〇年に出版が予定されていた、『ユングとフロイトの往復書簡集』も一九七四年に両方の息子の合意で日の目をみることになった。そして、次々と彼の世界が人々の目に現われるようになった。

ここ数年、アメリカにおいて、日本でも、数多くの訳書が出版され、心理療法の実際における適用も経験を経てくるようになった。これも、スイス在住の頃からの畏兄河合隼雄氏の指導のたまものだと感謝している。小生も、そのようなサークルの一端で、自分ながら、日本におけるユング心理学の研究に微力ながら尽してきたと思っている。そして、現在、私をのりこえて、多くの人が育ちつつあることは誠に嬉しいことである。

本書はユング心理学と出会って二十年弱のその遍歴を一応しめくくる意味で、この夏の休みの全部を捧げて一気に書き下したものである。終始励ましてくれた、河合隼雄氏に心からなるお礼を述べたい。特に、スイスより帰朝後の陰に陽にの後援がなければ、このような書物は日の目をみることがなかったろう。この書物に欠陥が多くあることは自分自身がよく知っている。大方の人々の叱責《しっせき》と御寛如を乞う次第である。

最後に、本書はユング心理学へと最初にイニシエートしてくれた、恩師ジョン・M・ビリンスキー教授と私の心の導き手である分析家、ジェームス・ヒルマン博士にこの本を捧げたい。

なお、感謝しなければならない方々は多いが、ただ、何年もこの出版に関心をもち、しかも、しつこい位に私の重い尻をひっぱたいてくださった創元社の高橋輝次氏、この方の忍耐深い努力がなかったらこの本は日の目をみなかったことだけは確実で、あらためてお礼を申し上げたい。

この本の下敷には、じつは長い間の講義の草稿があるので、次に挙げておきたいが、特に、大阪カウンセリング研究会の場合は全部録音をとって、これで本にせよと私に下さったもので、時々、これを聞きながら原稿を書いた。また、それらの講義をきいてくださった多くの人の心を通過していると思うと力が湧いてくるのを感じた次第である。

大阪カウンセリング研究会　　連続講義　　一〇回
京都家庭裁判所カウンセラー会　　〃　　四回
関西カウンセリング・センター　河合・樋口連続講義　八回

同志社大学神学部講義、など。

最後にこの夏休み少しも遊んでもらえなかった私の子供たち、黙って後から援助してくれた私の妻に感謝し、なお、この原稿の索引のために手伝ってくれた、東海銀行カウンセラー、市橋益代氏にもお礼をのべたいと思う。そして、その他、どうしても欠くことができないのは、夢の分析やカウンセリングのために私のところへかよってくださった方々で、この本の大部分の着想や例示はみなこれらの方々の教えによったもので、心からの謝意を表したいと思う。

一九七八年　正月

京都・修学院にて　**樋口和彦**

第七刷にあたり、第6章の「ユング心理学研究法」を新しい情報をもとに書き直し、「ユング心理学を学ぶ人のための参考文献」も、最近の著作を加えて充実させた。

一九八四年　四月

ユング心理学の世界　目次

装幀　鷺草デザイン事務所

To
Prof. John M. Billinsky
my initiator
and
Dr. James Hillman
my soul-maker

第1章　ユング心理学との出会い

学問には研究しなくてはならず、させられる勉強と、全く偶然のことから、そのように運命づけられるというか、憑かれるというか、研究するようになったという学問とがある。偶然というのも、その出来事のタイミングがうまく出来すぎていたり、衝撃があまり大きかったり、時に偶然が多く起こりすぎると、もう本人にとっては偶然とはいえず必然ということになる。

そういう意味で私にとってのユング心理学は必然的な偶然というようなもの（そんな言葉はあるかどうか知らないが）になってしまった。どうして私がユング心理学に出会うようになったかというのをそういう意味で最初に語ることも意味深いことになるだろう。ところで、この運命であるけれど、ユングの好んで使うこの語は、彼の心理学を理解するのにはじつに大切な概念の一つなのである。運命（Schicksal）というのは彼にとっては通俗的に理解された仏教的な「冷たい」運命でも、キリスト教的に理解されるような摂理ともいうべき「温かい」ものでもない。いわば、冷たくも温かくもない、そのように動くものであって、これを受け取る側の人間が時に「温かく」も、また「冷たく」も感ずるものなのである。とにもかくにも「そう出会った」というようなものなので、それ以上のものでも以下のものでもない。
たとえそうであっても、これから新しくユング心理学に出会う人には、筆者としてはできるなら幸福な出会い方をしていただきたいと願っている。そのためにあえて私の出会い方を述べてこんな出会い方もあったのだという例を示したいのである。それというのもこの入門書がどこかで読者に幸運な出会いの手引をすれば、それで私としては満足ということになる。

後になって考えると、もしかしたら遣唐使というのはあんな気持ちで故国を出航したのかと確か当時そんなことを考えていたことを想い出す。それはアメリカン・プレジデント・ラインのウイルソン号というのに乗って夕闇迫る横浜を出て、房総の山々が消えていくのを眺めながら、船上の人となっていた時である。それは日本がまだ戦後の混乱から脱出しきれない時の一九五八年の夏であった。フルブライトの留学生たちと一緒に一律に、一〇〇ドルの米貨をもたされ、船に乗ったら最後、もう日本の円は使われず、いつ学業の果てるとも分からない留学の旅に出て行った。ただ奈良朝時代の遣唐使とちがっていたのは、別に国のために勉強するということでもなく、また帰って来てその学問を日本に役立てようという野心でもなかった。しかし裸一貫もう一度最初から勉強をやりなおし、自分を見つめてみたいという気持ちは強かった。そして、その環境としては、当時のアメリカには今日とちがってまだ黄金の六〇年代前半がはじまる前の漠然たる魅力にあふれた何かがあった。十四日間かかって船でサンフランシスコに渡航した時代と今日ジャンボ・ジェット機で大量に往来する時代では人間の心の姿勢は異なるようである。ジャンボは人間の身体を大量に運ぶのには具合の良い道具であるが、人間の魂を運ぶにはあまり能率的ではない。それが証拠には、その後何回かは、今度はジェット機でアメリカやスイスなどに旅行し、あちらで夢の分析を受けた時、その夢になかなかその土地での夢が現われない。船で行けばやっと着く頃の日数がたってはじめてその土地の夢を見ることができるという具合である。これは私一人ではなく夢の分析家の友人たちに尋ねてみると皆そういう経験を話してくれる。魂を運ぶには船の速さがちょうど適しているのであろうか。

そういう訳で、サンフランシスコから汽車に乗りかえ、あちらこちらに寄って大西洋岸のボストンに着いた時はもう秋で、学校が始まる直前であった。かねがね私はボストンの郊外にあるアンドヴァー・ニュートンという同志社の創立者である新島襄の卒業したセオロジカル・スクール（神学校）に、ジョン・ビリンスキーという教授のいることを知っていた。同志社大学で神学部とその大学院を卒業していた私は、その人が米国でも数少ない宗教心理学者の一人であったことぐらいの知識は仕込んであった。だがこの方がまさかその前年まで、スイスのユング研究所で研究され、当時ボストンを中心にユング派の指導的地位にあった人であるということまでは知らなかった。彼は当時まだ存命中であったユング自身にも会い、ユングの没後、彼の追悼集[*1]にも寄稿するほどの人で、現在ではもうかなりアメリカでもユング心理学が一般化して珍しくないが、その当時はまだあまり知られていなくて、その頃ボストンを中心にユング心理学のアメリカでの発展に貢献し、活躍していた人であった。

彼自身は大変にユニークな人柄で、アルメニヤ系の民族の出で、学生たちから「パパ・ジョン」（彼の名前はジョンであり、当時の法皇がヨハネス二十三世でこの方も、パパ・ジョンと呼ばれ民衆に親しまれた人、同時に俗語ではジョンは便所という意味で、「何でも話せる人」という意味をこめて学生たちは呼んでいた。）というニック・ネームが奉られていた。この人のユング心理学の講義が開講第一週にあった。はるばる遠い国から胸をはずませてここまで来た私は期待して彼の講義を待ったのである。忘れもしない第一回目、私は愕然とした。何にも分からないのである。全く理解できなかった。彼の何ともいえないアクセントをもっている、その英語は英語といえる代物ではなかった。後日アメリカ人の学生にきくと、笑いながら「僕も半分も分からない」と言っていた。じつは私は英語のせいにしたが、事態はもっと深刻であって、彼の使う概念そのものがいつになってもつかめないのである。私は途方に暮れてしまった。そのうちに確か患者の臨床ケースか何かの宿題がでたのである。私は手のほどこしようがなくて、今でも憶えているが、タイプで一行「私は全く分かりません」と書いて提出した。

それから数日経って秘書から一通の手紙をもらった。それは、君に会いたいから何日に来てくれ、というものであった。指定された日に彼の部屋に出かけると、ニコニコしながら彼は私に言った。「どうした？心配するな。知った顔をしている奴らもじつは何にも分かっちゃいねぇ。君が今遠い国から出てきて、急に新しい学問をきいて分かるはずがない。安心して座っていなさい。今に分かるよ」と言ってくれた。そして、それから分からないながらも「座り」つづけて二十年近くなって、今やっとその意味が少し分かるようになってきたということである。

ユング心理学というのは別に体系だった学問ではない。しかし、やはり体系や構造があるように思う。概念なども固有の語彙や用語ももち、時に精神分析とは特に同一の用語を使いつつその意味内容が全く相違するという所もある。それに、その構造では、ある程度進まないと全く分からないというやっかいなことがある。ちょうどコンセントに電気を入れるとパッと全体が照し出される電気機械のセットのように、今まで部分が分かっていても全体がもう一つ分からなかったところが電流が通ると、一度にパッと分かるというような性質をもっているのである。それまではどのように部分を詳細に勉強してもどうも的をはずれて分からないが、あとで分かるという、独自の構造をもっている。だからビリンスキーもいうように、「座って」だまって「待つ」以外にはないのである。そうすると、そのうちに分かってくる。私はこれは何も彼が当時新入りの留学生である私にだけ言ったのではないと思っている。むしろツーカーに言語コミュニケーションの出来る人の方がむしろ、その言語の一般的意味につまずいて、ユングの概念がつかめないので苦しむというのをしばしばみた。その点、後にアメリカ人学生の把握できないことを東洋人であるが故にスースーと理解し、その持っている長所を十分に利用させていただいたこともある。これからユング心理学を勉強される人は、西洋の学者たちがなかなか理解できない点を、東洋に育ったが故に容易に理解できる利点を私同様に経験するにちがいない。むしろ、こういう面で、これからのユング心理学研究の将来はわれわれのような無意識の大部分を東洋的風土に負っている者に期待される所が大きいといわねばならぬ。

ビリンスキー教授の下で居心地がよかったものですぐ二年経過してしまった。ちょうどこれから修士の論文にとりかかろうかと思っている時のことである。面白い出来事に遭遇した。彼のある講義で一枚の患者が描いた美しい絵をわれわれにみせたことがある。その絵の真中にモザイック状の極彩色の様々の部分からなるまるい円が描かれていて、その四隅にそれぞれ、得体の知れないシンボルが一つずつ描かれていた。彼の説明によると、太平洋戦争中に南方で発病し、後送された精神病院に入院中のアメリカ人の元軍人の患者の絵で、何枚かのシリーズの最終の方の一枚であった。患者によると、それは彼が昔夢の中でプールに飛び込んで、水中を泳いでいると、美しいブルーの水中にその底がみえてきた、そこにはモザイック状のじつに美しい円形のものがみえたのでそれを絵にしたのだといったそうである。彼はそれが自己（Self）のシンボルであり、マンダラ（仏教でいう曼荼羅）であると解説してくれた。しかし、私にとって不思議に思ったのは四隅に描かれている訳のわからない方の絵である。そして三つは私にとってなんだか分からないが、その内の一つは明らかにそれは稲荷のきつねの像であった。しかも口に球をくわえ、しっぽの先に火の玉がある、日本人ならほとんどの人がおなじみのあのお狐様であった。そこで私は得意になって手をあげて、あれは何であるか、その患者は日本に来たことがあるのかと質問してみた。彼の答えは患者は一度も日本はおろか東洋へは行ったことはないし、一生東洋には興味すらもったこともない。なぜそういうものを描いたかは分からない。多分、何か彼の未分化（undifferentiated）の心理的要素の部分であろうと答えた。そして、人間には無意識の領域があり、その深奥に普遍的無意識という部分があって、それは民族や人種をこえて、何かの意味を運ぶものである。不幸にして西欧の人間はその象徴の意味を捨ててしまったので、今それを解釈しようとしても分からない場合が多いが、もし君がその象徴の意味を多少でも知っているなら研究してみたらどうだろう、ということになった。そこで完成したのがささやかな私の修士論文で当時としては珍しかった「日本における憑依現象についての心理学的研究[*2]」というもので、はっきりいえば、この狐つきなどの象徴の研究であったのである。

この時あらためて、われわれ東洋人が西欧に対して貢献できる文化的遺産をじつに多くもっていて、それを現代という時代の中で現代人にとって意味のあるものとして提示し、説明することの大切さ、そして困難さをつくづくと感じた次第である。その時、私はわれわれ東洋人は「宝の山の倉庫に、電池の切れた懐中電燈で夜忍び込んだ泥棒のようだ」と感じたことを友人に述べたことがある。宝は多くて、どれもこれも財産だが、どこにどんなものがあるか全く分からないという感じである。この懐中電燈の電池をもっと強力に持続的に充電できたらとつくづく思った。この宝の山は無意識を意味し、フラッシュ・ライトは意識の力といっても良い。その後、自分で夢の分析をするようになって、日本という国はじつに面白い国であることをますます知るようになってきた。東洋の中でも日本人は明治以来、西欧化され、学校で学ぶ教養の大部分は西洋文化のものである。分析をやってみればすぐ分かることだが、それは全くの表層の薄い部分であって、すぐ深みに入ると、そこは全く無意識という東洋的精神風土である。宗教や文化や習慣の中に象徴がじつに活き活きとして人間を動かし、働いているのである。そして、そう動いていることは当人は全く知らない場合が多い。無意識の生活が大部分なのである。そして、ますます日本人は無意識的に行動するようになっているようにみえる。産業、政治、広告などそのイメージ操作をみてもよく分かる。だからこそ、それを意識化する能力が必要となってくる。その点で「分かるけれども、言えない」という患者の訴えのいらだたしさがこちらの側に伝わってくる度に、なんとこの国は西と東の潮の渦巻く面白い豊かな国であることよと感ずる次第である。

このように無意識に豊かな象徴をもっていることと、国でも個人でも、意識的に把握できるということとは異なるし、また、反対に、きれいに分析し、整理し、提示するような意識力にすぐれていても、無意識の世界の理解が貧困である場合が多いのである。むしろ、ある程度貧困の方が整理や説明には都合がよいともいえるのではなかろうか。日本人は反対で、外国から説明を求められても彼らの納得のいく説明ができないのは、この無意識の領域の相対的な豊富さとそれにともなう意識力の貧困による場合が多い。したがって、むこうが説明してくれると、「それはちがう」「いや、ちょっとちがう」とは言えても、「では何か」が言えないのである。そこで、この無意識と意識の力の統合を目指すユング心理学の目標の一つがわれわれにとって課題であることが分かってくる。

こうして次第に、ユング心理学に深入りしてゆくのであるが、このアメリカ時代に会った分析心理学者のうち二人の印象を述べておくのも何らかの参考になるかも知れない。その一人はユングの弟子というよりはユングの協力者であり、同じチューリッヒで分析家として現在も活躍しているマイヤー博士（C. A. Meier）である。この方は日本で現在ユング派の分析家として知られている京都大学教授の河合隼雄氏を分析された人であり、ユング没後、国際分析心理学会を指導されている分析家であり、学者である。この人が一九五九年に私の学校に招聘されてきて連続講演をされ、その謦咳《けいがい》に接することができた。その時の講演は後にアンドヴァー・ニュートンから出版され[*3]、最も秀れた簡潔なユング心理学への入門書となっている。この時の講演もまた嘘のないところ半分も分かってはいなかった。一緒にきいた米国の学生も、みわたしたところ半数は舟を漕いでいた。しかし、人物に接した印象は強烈であった。一九七五年、ロンドンで開かれた第六回国際分析心理学会でお会いした際も全く変わっていなかった。現在、東京で活躍されている秋山達子氏、またロスアンジェルスで分析家として仕事されている目幸黙僊氏の分析家も同氏であり、東洋の文化に造詣の深い先生である。

もう一人は当時高齢であり現在は他界されているエステル・ハーデング博士（M. Esther Harding）[*4]の講演であった。彼女はニューヨークを舞台に活躍された女性の分析家で、女性の分析心理学研究の第一人者であった。確かジョン・バニヤンの「天路歴程」の心理学的解釈であったと記憶する。これまた、講義は恐ろしくつまらない講義であった。素晴らしい文章家は必ずしも良い講演者ではない。ボストン市立病院の臨床講義室で夏の暑い日にきいたが、なぜか皆舟を漕いでいたのを憶えている。この「舟を漕ぐ」ことであるが、これまた分析をするようになって経験し、初めて知ったことであるが、じつは大切なことである。患者さんの夢を一生懸命きいているうちになぜか眠くなる、時に本当に寝てしまうことすらあるのである。こういう時、後でそういう個所をもう一度繰り返して読んでみると、やっぱり私が寝ていた方が良かったということが分かる場合がある。「ああ、やっぱり、あの時眠かったはずだわい」と思い知らされる場合が多い。その時も、「彼女は無意識の話をしているのだから、私も無意識の中に寝るのも良かろう」とかなんとか理屈をつけて堂々と一番前で寝ていたのを想い出す。ところが今度は彼女の本を引っぱり出して読んでみると案に相違して本当に良く分かるのである。いやはやあんなに驚いたことはない。今もってあの時なぜああなったのか分からない。分かっていたことはそれから彼女の本と親しい関係ができたということである。

そもそも、なぜこんな他人にとってはくだらない人物印象記を書くことにしたのかというと、ユング心理学を読者に「知って」いただきたいからである。この「知る」というのはユング自身が好んだ彼の概念の一つで、彼は一口でいうと生涯「知る」ことを好んだ人であった。この「知る」ということは知的に理解するということではなかった。知的に分かるということは、それも一つの知ることに相違あるまいが本当に知ることにはならない。詳細は後述するが、ユングの興味をもった知識の一つに錬金術がある。そして、西欧の錬金術にはキリスト教神学思想のうちのグノーシス主義（Gnosticism 覚知主義とも訳す）というものが深く影響を与えている。これは古典ギリシャ思想の知識に対する思想の他に古代東方諸国（地中海沿岸諸地方から、遠くバビロニアやペルシャを含む）の思想、特にイスラエル民族の思想の影響も受けていた。そして、後にグノーシス主義としてアフリカ北岸のアレキサンドリヤを中心として、ヘレニズム時代以後に一般大衆の考え方に深く入っていったのである。キリスト教思想史の中でも異端・正統論争の中心的課題の一つである。この問題はしばらくおくとしても、ユングが「知る」ということをどのように考えていたかを知っておくこともこの際必要であろう。

ユングは「知る」ということを「関係に入る」という意味で理解していたようである。これはヘブル語[*5]のヤーダー（yādhā）という語の意味であって、「神を知る」という場合、彼らは「神との関係に入る」ことを意味し、神との契約が生じたというふうに考えた。現在でも、われわれの中で、これほど強くなくてもこの語法は日常的に使用されている。「彼女は男を知ってから、人が変わったようだ」とか、「あなたを知ってから私の人生は変わりました」というように、前者は肉体関係を意味し、後者は強烈な人格関係を指している。いずれにしても、両者とも「人間と人間との関係の中で本当に知ることができる」ということを意味してい

写真１　ユング研究所

る。人間的真理というものは、このような基本的関係が成立して、そこに知識の授受も可能になるのであろう。こういう意味で生きた人格関係に入ってこそ、その学問が学問として読者に何かを語りかけてくるようになる。最初は、ユングを読んでいるうちに（読む主体は私）、いつしか、本の中でユングが語りかけているのを発見するようになったら（読んでいる私は客体となる）、あなたはやっとユングを知ったことになるのであろう。

「知る」ということは「会話がわかった」ということではない。探求の道に入ったということである。私は二年の勉強をおえて日本に一時帰ると、すぐ今度は恩師の推薦もあって、スイスのユング研究所に行く機会を待った。じつに不思議なことであるが、河合隼雄氏もちょうど同じ頃、すなわち一九五九～六一年にアメリカの西海岸でこれまたユング派の分析家シュピーゲルマン博士およびロールシャッハ・テストの大家、クロッパー博士の下でユング心理学に出会い、やはり帰国して、私より先にスイスに渡ることになる。そして、マイヤー博士について教育分析をおえ、研究所から分析家としての資格を取得されて、帰国されることになるのであるが、日本を出るときお互いにユングのユの字も知らない者たちが、同時に興味をもち同じ頃相前後してユング研究所に渡るというのも面白いことである。

ユング研究所はチューリッヒ市の中心からちょっと東によった所に、ある普通の家の二・三階を借りて存在していた。よっぽど関心のある人でないと行き過ぎてしまいそうな古ぼけた建物である。私が研究所に到着したのは一九六四年の秋であった。そして、先に行っていた河合隼雄氏の助言もあって、私は当時研究所の主任をしていたジェームス・ヒルマン博士の教育分析を受けることになった。前述の目幸黙僊氏、秋山達子氏が加わり同時に四人揃ったのも壮観で、四階の学生用台所は時々日本人の四人に占領されてしまい、日本語のおしゃべりに、気の弱い他国の学生は遠慮して入れないほどであった。

教育分析については章をあらためて詳述するつもりであるが、ヒルマン博士との分析関係は苦しいが楽しい関係であった。その後、何回かチューリッヒを訪れては自分の時間の都合の許す限り受けるが、前回別れた時がちょうど昨日のようで、彼の部屋も、チューリッヒの街もいつも変わらず、ただ続きを受け、年月のたつのを忘れるほどであった。これからもこのようにこの関係は続いて行くのであろう。

彼の分析室は研究所からすぐの古びた建物の二階にある。まず、約束の時間に行くと、ドアをノックすることになっている。そして、階段の半階上の踊り場のようなところに粗末な椅子がおいてある、そこに座って待っていると、前の患者がしばらくして階段を下りて行く音がする。顔はそこからは見えない。やがて彼のほっそりとした姿が下に見え、私を手招きしてくれる。そして、薄暗い彼の分析室には、一つしかない窓の光を囲むように二つの籐椅子がおかれていた。その一つが私のである。

こうして、私の自己への道の探求が始まったのである。そして、それから十三年がたち、今私はどこにいるのであろうか。そして、今、後から続いてユングに会いに来る人々のためにこの手引を書いている。その間、多くの人と話をしたり、他の多くの国々で出版された入門書も読ませてもらった。特に、この十年のユング心理学に対する関心は想像もつかないほどであり、また彼の死後、それまでは発表されなかった資料や手紙などが漸次公開されつつある。そんな中で、私のみたユング心理学の入門も一冊ぐらいあっても良いのではないかと考えてあえて前述したように筆をとったというわけである。もし、この入門の本にいささかでもよいものが分有されているとすれば、その輝いているところは、おそらく皆、私を励まし、教えてくれた、夢の分析や悩みの相談のためにかよって来られた方々の間接的な教示であると思う。もちろん、これらの人々の名前もケースの内容も直接的には一切でてこない。しかし、それらの人々が人間について教えてくれたことはこの本の地下水となっている。

〔注〕

＊1　The New York Association for Analytical Psychology, Carl Gustav Jung, New York, 1961 p.42〜45. Prof. John M. Billinsky の記念集のための寄稿。

＊2　Higuchi Kazuhiko, A study of Demon Possession in Japan, Andover Newton Theological School, S. T. M. thesis, 1960.

＊3　Meier, Carl Alfred, Jung and Analytical Psychology, Dep. of Psychology, Andover Newton Theological School, 1959.

＊4　エステル・ハーデングの本には次のようなものがある。
Harding, M. Esther, Woman's Mysteries Ancient and Modern, New York : Pantheon, 1955.
Harding, M. Esther, Psychic Energy, New York : Pantheon Books, 1963.
Harding, M. Esther, The 'I' and the 'Not-I', New York : Pantheon Books, 1965.
Harding, M. Esther, The Way of all Woman, New York & London, 1933.

＊5　ヘブル語は古代イスラエル民族の言語であって、旧約聖書はこの言語で書かれており、動的な言葉である。ギリシャ語とならんで、古代東方諸国の思想を考える上で欠くことのできない言語である。

第2章　ユング心理学の成立

1　プシュケー（魂）の医者

Ｃ・Ｇ・ユングの生涯をもし一言をもって言いあてるとすれば、彼は一生を貫いて魂の医者であった。そして、一臨床医として八十五年の生涯を送った人である。もちろん、精神医学、心理学、神学、哲学、神話学、民族学、教育学、宗教学、東洋哲学や文化人類学、文学や芸術その他数え切れない分野に影響を与えるような学問的活動をなし、それは十九巻の厖大な彼の著作集[*1]であるユング全集をみれば明白であるが、しかし、ユング自身も考えていたように、それらの著作はいわば副次的な産物で、みな彼のところにきた患者を治療しようという関心から、ついつい色々の学問の領域をこえて、踏み入り、生涯が終わったところでそうなっただけであり、主たる彼の興味はただ一点、患者の治療であった。

したがって彼はユング心理学の体系の確立を目指したのではない。だから、全集を読むとよくわかるが、随所で彼は自分の説を訂正したり、書いたものをまた書き直したり、論理的に矛盾したことを言ったり、繰り返しを平気でやっている。しかし、彼自身には一貫した主張はあるので、それは死ぬまで微動だにしなかった。それは、患者を治療するための学問であったからである。

その点でヘーゲル哲学と対するように考えられては困るのである。ユング心理学の入門書の秀れた書物の一つに、ヨランデ・ヤコービ女史のものがあるが、その序文にユングがちょっと皮肉を込めて次のように書いている。「この書物は世間一般の人々が懐いている、にもかかわらず今日まで私が自ら応ずることができないでいた願い、すなわち、私の心理学上の考え方の大要を簡潔に書きあらわしたものがあればという願いを、必ずや充してくれると思う。心理学を確立せんとする私の努力は、本質的に草分けの仕事であって、この仕事の性質上、それみずからについて説明する余裕をもたなかったし、それができる状態にもなかったのである」と。これは、心の現象の全くの複雑さに対面してきた医者の現実をよく言いあてている。そして、これに続いて、「ドクトル・ヤコービ夫人はこの困難な仕事を引受けられ、細部の煩瑣な認識事項に拘泥せず叙述することに成功することによって、この任を見事に果たされた」[*2]と賞讃する。ここが彼の皮肉のあるところで、この入門書はユングが書いた以上にユング心理学がよく分かると言われるゆえんである。ヤコービ女史はユングの弟子であり、ユングの足跡の後を歩んできた人で、だからユング以上にユングの全貌を知ることのできる立場にあったろう。だが逆に言うと、ユング自身は「説明する余裕のない」[*3]ほどにジグザグの道を通って歩んできたといっているのだろう。それも道理で、無限の心の働きは有限な人間の領域では把握しがたい場合が多く、しかもそれを体系的に整理するというのは至難の業である。なぜなら、人間の心というサイキ（Psyche）の働きこそ、人間のパーソナリティの全体であって、小さな人間の意識の整理箱の順序の通りには収まってくれないからである。それを収めようとすれば必ず無理がいく。その心の一部を現象として見ただけでも医者の冥利に尽きるものはないと彼は考えていたのだろう。

だから、心の全体を見たという高慢を彼は警戒していた。したがって、彼は自分の仕事を、「私は、心的《サイキカル》なもの、複雑さのすべてを、もしくはその主要な部分だけでも説明し得るようななんらかの明確な理論に、自分が到達したとは主張できないが、私の研究は一連の異なったアプローチやいわば知られざる諸要素の間を巡り歩くことから成立っている」[*4]と自ら要約している。じつはユングはこういう入門書の出現を一見喜んでいるようにみえるが、一面懐疑的なところもあったようで、どの入門書も指針として何も無いよりはましであるが、それを読むことによってそう考えてしまう害悪もある訳で、入門書は夢々信じてはならないと戒めているようである。この私の本も同様で、これはあくまでも私のみたユングであって、ユングは他のところで笑っているかも知れない。ヤコービ女史の本など差しあたり、その典型的な例で、あの本を読むと余りに分かりすぎて困るほどである。もしこの本と例えばユングの全集にみるユングといかに違うか、それが分かればもうしめたもので、その人はもう他人の指針はいらないほどであって、自分で直接にユングと出会ったらよい。

プシュケーとは何か

ところで、まずこの魂の医者というこの魂（プシュケー）から始めたい。ユング自身はサイキ（Psyche）という語で心全体に関して呼んでいるが、そのうちの本来の心の働きを魂と考えている。これはなかなか日本語に訳しにくい概念であって、これを取違えると全く全体を誤解することになる。したがって、ここで注意深く説明したいので、ちょっと複雑になるが我慢していただきたい。

このプシュケーというのはギリシャ語の ψυχή から取っている。なぜギリシャ語を使うかというと、現在の英語でも日本語でもこういう種類の人間の心を言い表わす言葉は粗雑で色々と間違った議論を引きおこしかねないからである。例えば、この魂という言葉からして、読者は大和魂《やまとだましい》とか何とかにでてくる随分古くさい言葉を引っぱり出したものだと驚くかも知れない。ここでの使用法はそれと全く関係ない。倫理的なニュアンスはないのである。心でもいいのだが、心はサイキという場合の全体を指すのに使って心の中の心というべきものとして魂を使いたい。ユングは英語の場合 soul を好んで使う。したがって本当は「たましい」として、仮名で書いて区別することにした人もいる。しかし、私は魂と書いてこれはプシュケーだと最初にお断わりして、ユングではこうですよと説明することにしている。それでこのプシュケーだが、ユングはこれについて特別な使用法をしている。

それは後にまた述べることになるグノーシス主義の用語法にそって使っているのである。そのグノーシス神話によると、宇宙は三つの世界からなっている。その第一はプネウマ（霊）の世界、第二がこのプシュケー（魂）、「生魂」とか「心魂」とか学者によって訳が違う。そして、第三がサルクス（肉）とソーマ（物質）の世界である。そして、現実の人間は第一と第三の中間の世界で、肉や物質である身体をもちつつ、同時にプネウマ（霊）を分有するプシュケー的人間として存在していると考えているのである。したがって、ユングは現実に存在する人間の心の状態をプシュケーとして把握しているといってよい。詳細に入ることは避けるが、サルクスやソーマの状態はもっとも低い状態で、その状態から魂は救い出されて、プネウマの世界、それをアイオーン界というが、その最も高次の状態に回帰するという魂の運動の状態が予想されているのである。第三の世界はプネウマが肉体や物質の牢屋で捕われの状態になっているので、いわば病の状態であって、第一の世界に帰ることを欣求している過渡的な状態を指すことになる。エラスムスはこう言っている。「霊はわれわれを神々とする。肉体はわれわれを動物とする。魂はわれわれを人間とする」[*5]と。

そして、その三つのものはそれぞれどれも固有の現実性を備えている。自然科学の方法によれば肉体と物質だけが、存在の現実性を備えているようにみえるが、人間の魂が現実性をもっていないというのは誤りである。精神医学で中心課題になっている幻聴や妄想は物質の現実性だけが現実性ではないことを示しているし、神経症における身体的徴候も同様で、それ以外の現象も同様に患者にとってどのように他人から否定されようとも充分に彼にとって現実的なのである。それはこういう訳である。現代のわれわれのように物質的、自然科学的方法論に育てられたものにとって、プシュケーやさらにプネウマが現実性をもって存在すると言われても、にわかに信ずるという訳にはいかないであろう。事実、グノーシス主義においてもこのプネウマは本来つねに人間には隠されていて、けっして全容は見ることができないものであるとしている。ただ出来るのは第二の世界、すなわち、心魂的人間の中にあるプネウマの働きについての知慧を得ることなのである。その魂の働きを「知る」といって良い。ユング心理学における自己（Self）というのは、この人間の状態の中に現われた未来の魂（プネウマ）の働きなのである。

この「知る」ということは前述したように、イスラエル民族の言語であるヘブル語によると、人格関係に入るという意味であるが、このグノーシス主義の背景にあるもう一つの大切な言語であるギリシャ語では、この個所はギノースケイン（γινώσκειν）と訳されている。便利なことにグノーシス派の中心地、アレキサンドリヤで七十人訳の旧約聖書がギリシャ語に訳されている。じつはこのヘレニズムの時代というのは古代ギリシャの神々が死んでしまって、未だローマがキリスト教を国教化して中世ローマ文化が確固として成立していなかった苦悩の時代でもあった。ただ、地中海から東方諸国にかけての中心地であったアフリカの北部アレキサンドリヤを中心として、ヘレニズム文化を代表するギリシャ語を媒介として、あらゆる当時の知慧が集められていた。その図書館は壮大であり、文化的にすべてを支配していたと言っても過言ではない。後に、このグノーシス主義は異端としてキリスト教世界から排除されてしまったが、当時はまだ、キリスト教を培養した養分としての異教であったと考えてよい。[*6]今日では新しい文書の発見もあり、ユングの生きていた時代よりなお一層その重要性に対する認識が強くなっている。なぜユングはこれに注目したかというと、個人も世界も、数千年つづいた古代世界の没落という、人類史の中でも珍しい時代、すなわちそれだけ人間が悩み苦しんだ時代の知慧に注目したのは不思議ではない。ユング自身も西欧の近代世界の没落という世紀末を実際に肌で感じ、予見していたものとしてそこに二重写しにして世界をみていたにちがいない。

　そして、そのグノーシス主義の中心概念である「知る」を有賀鉄太郎博士は「本来は『認める』という意味を持っており、そこから出発する『知ること』なのである。つまり見て知るということである」と言っている。すなわち、「認識対象と自己との間に若干の隔たりを設け、それを能う限り客観的に観察することによって、いわゆる主観を交えない確実な知識をそれについて得ようとする」[*7]ことなのである。ここで面白いのはこの語の七十人訳というギリシャ語訳を行ったとき、前出のヘブル語のヤーダーをギリシャ語としてはむしろアイスタネスタイ（αἰσθάνεσθαι）とした方がよい場合にギノースケインを用いているといっている。ということはこの語に重要な特徴的な意味を見出していたに違いない。だいたいヤーダーは性交を意味し、即物的であるが、このギリシャ語の「知る」は見て知るという視覚的なことを重視している。イスラエル民族は偶像を嫌い、むしろ神の言を「聞き」たがった人々で、したがってどうも視覚の音痴というところがあったらしいが、これはまたユダヤ教の影響を受けたフロイトにおいても、精神分析を言語による療法として位置づけたように、そして視覚的なものがそれに比して欠乏していたが、これに対して、ユングはイメージの世界をより重んじたことは衆知のとおりである。彼においては「知る」はヘレニズム的に「見る」と密接に関係していたからである。

　そこで、何を見て知るのかというと、彼らは「真実なる者」を知ること、「真理の霊」[*8]を知ろうとしたのである。これらは新約聖書の中でもグノーシス的特徴をもち、ヘレニズム文化の色彩を強く持ったヨハネ福音書の中に出てくる言葉であるが、この「真理」はロゴスであり、同時に霊（プネウマ）であって、それは人間の中にある本質及び力であって、その霊は知られることを望み、反対に知られることによって、プシュケーはプネウマと「一つになる」のである。その知は、したがって意志であり、力であり、運動であって、最終的に成就にむかって展開していくと考えられている。その展開する真理の本質を「知る」ことが真の知恵であるとする。また、それによって「救済」が完成すると主張するのである。

だから、心理分析者が人間の無意識という人間の心の中にある魂の働きを「観察」し（見て）、「認知」（把握）することは「治療」（救済）の重要な作業である。それは現代の多数の医師の行うような操作的に治療するといったものではなくて、心の領域の深みに働く、魂自らの救済のドラマを「見る」ことによって、それに「参与」し、真に「知る」ということなのであろう。すなわち、治療とは「看ることによって、そこに働く魂の救われようとする意志をしかと把握する」ことなのではないか。

どうも神とか救済とか聞きなれない言葉がでてきて、辟易される方もあろうから、申訳ないと思うが、いずれこういう考え方が特別に宗教臭いというのではなくて、むしろ今日のわれわれの方が科学臭くなってしまったためにちょっと取っつきにくいだけだということが分かっていただけると有難いと思う。

古代の医神とインキュベーション

そこでユング心理学という場合の心理学（psychology）すなわち、サイキ（psyche）という心をなぜ現在も使っているかというと、このギリシャ語の心《サイキ》という言葉を使う方がやはり一番その学問の領域を言いあてているからではないだろうか。だから、そのサイキの学を心理学というのである。深層《デプス》心理学（depth psychology）

という場合は、心理学の中でもなお一層明確に人間の無意識を問題にしているということを言っているのである。この深層心理学はS・フロイトの精神分析学をはじめとして、二十世紀の初頭から科学としての学問の一分野として「無意識」を取り扱った学問という意味である。ところで、この「無意識」という概念であるが、これがじつはフロイトの発見のように言われているが、それは誤りであって、哲学的概念として最初に確立したのはシェリング（F. W. Schelling, 1775-1854）であった。[*9] 彼より前に、すでにプラトンやアウグスティヌスの中にも、そして、一六〇〇年頃のパラケルスス（スイスの医者）やヤコブ・ベーメなどのルネッサンスの自然哲学者はみな無意識的な要素の存在は知っており、それがシェリングにおいて哲学概念として確立されたという訳である。高等学校の時代から哲学を好んだユングは、恐らくニーチェやショーペンハウアーなどを通して充分に親しんでいたと思う。フロイトにはこのシェリング、そしてショーペンハウアー、エドヴァルト・フォン・ハルトマンを経て無意識の概念が伝えられた。このことはカイロスという時の概念によって知られている神学者ティリッヒによって指摘されているところである。[*10] もちろん、ユングはフロイトの精神分析に接触してその無意識の概念に至るのであるが、このような訳ですでに彼の中にその概念を受け入れるのに充分な準備が出来ていたと考えざるをえない。初期の深層心理学者といえば、フロイトとアドラー、そしてユングが挙げられるが、フロイトは精神分析学を、アドラーは個人心理学を、そしてユングは分析心理学（analytical psychology 分析的心理学と訳す人もいるが、ここでは一応分析心理学とする。またユング心理学とよぶ人もおり同一のものを指すのである）を創るのであるが、厳密にいうとアドラーは無意識を正面から取り扱わなかったので、深層心理学者とはいえないのかも知れない。もちろんフロイトと共に精神分析を学び、無意識の領域の「力」の問題を中心に考えていたが、後半、個人心理学を研究するようになってからは意識の力を中心に考えていた訳である。

　そのようにユング心理学を含む深層心理学は近代も二十世紀になって新しく勃興してきた無意識を取り扱う学問であり、それは医学や心理学などの領域、特に精神医学を主たる背景に起こってきたと考えられるが、その限りでどこまでも深層心理学は近代科学の方法論やその制限の中に身をおく。しかし、同時に、人間の心という深層を取り扱うがゆえに近・現代を超越した点に立つという両方の側面をもっている。そもそも、フロイト自身近代の思想家で一番おくれて西欧の近代の中に身をおき、近代社会の樹立にルネッサンスや宗教改革にも負けない貢献をしたと今日考えられているにもかかわらず、また、その近代を彼ははるかに超えたところにも立っていると考えられている。これらの点についてはさらにもう一度後述することにする。ただ、ここでこの近代の中にあり、同時に外にあるという性格はユングが「魂の医師」であったという時にとりわけ鮮明になるということを指摘するにとどめたい。「魂の医師」であったという時のこの医師という意味は、ただ彼がバーゼルの大学の医学部を卒業して、スイスの医師の資格をもって、臨床医として患者たちの治療にあたっていたというだけではなかった。彼の念頭にはアスクレピオスの神殿で前四世紀に医学を学んだといわれる西欧医学の祖ヒッポクラテス（Hippokrates）以来の西欧医学の伝統をみすえながら、それ以前の古代の神々の癒しにも注目していたのである。それらの癒しの神々の性格は多くあり一概には論じられないが、それらに共通のいくつかの性格があった。その一つを指摘すると、その重要な要素は、古代の宗教儀礼に結びついたインキュベーション（incubation）の性格である。これは癒す神が自ら病む者の病を負って病むという儀礼である。マイヤーはその著「古代のインキュベーションと近代心理療法」[*11]の中で、エピタウロス、エスキレピウス、セラピス、テロスなどの医神の儀礼を近代心理療法の観点から検討しているが、そして、その中に近代精神医学の医者の像の元型をみている。

「近代精神医学はフロイトを初めとする全く近代になってから出現した発見だと信じられているけれども、

写真２　医師エスキレピウスの像

近年、無意識の概念の歴史や医学的心理学史の業績によって、この考え方は修正されてきた」[*12]と述べる。そして、医神自身が自らの傷において他者の傷を癒すものであった点を明らかにしてきている。アポロの神託にあるように、まさに「傷つく者のみがまた癒す者であった」[*13]のである。これはフロイトの発見とされている「転移」の現象をもっとも本質的に言いあてたものでもあり、幾千年を溯ることができる。フロイトやユングが新しい概念として近代医学の中にもち込んだものは、じつは古代の知恵の再発見にほかならなかったのである。

古代社会においては、特にヘレニズムの世界が出現した当時は、一つ一つの市や街はそれぞれ自分の信ずる医神をもっていた。この点で古代ギリシャの時代はもっとはっきりしていて、それらのポリス（市）はそれぞれの守護神によって護られると同時に城壁と軍隊によって守られていた。敵の侵入はその町の安全にとって危険なものであると同時に、また、厄病の侵入も同様にまたそれにもまして全滅させる恐れをもっていたからである。だから、弱い医神は淘汰され強い癒しの能力をもつ神だけが勝ち残ったのである。それが交通も発達し、ヘレニズム世界が確立されるようになれば、なお一層の危険と神々の集中が起こってきた。そして、当時町々を遊行し、巡回し、外科の技術をすでに発明して所有していたヒッポクラテス派がやがて古代医学が衰退した後もその医学の伝統を次の世代に受け渡していったのである。[*14]今日も西洋の医師はヒッポクラテスの宣誓を医師の倫理綱領としてもっている。そのヒッポクラテスにおいては現在も使われている近代医学の要素と古代医学の要素とは見事に統合されているのである。[*15] 彼の命名にかかる「パラノイア」や彼が観察したヒステリー（彼はこれを子宮の病として臓器の病気であると考えたが）など今日でも引き続き使われているものがある。この伝統は中世の暗い「魔女の槌音」の時代や、やっとアグリッパ、ワイヤー、ヴィヴェス、エラスムス、パラケルススなどを通ってフランス人ピネルに至り、フロイトを経て近代精神医学の樹立という花が開くようになるのである。[*16] このような近代精神医学に至る地下水のような医学の底流をみないで、それだけを切り離して、ただ自然科学の方法論だけでみようとしても無理と言わねばならない。

最近、人格医学の提唱者であるポール・トルニエ博士[*17]がジュネーブから日本を訪問され、一夕歓談の時をもったが、この八十歳の高齢の彼の姿の中に、五十年間スイスの開業医であった人の人間をみすえた、人間を癒す医師の像をみた思いであった。彼は時に患者と診療が終わってから、応接間で普通の服で人間と人間として彼の病について語りあうことがあるといっていた。その時はじめて患者もまた人間となって、自分のおかれている現実の姿に直面する勇気を与えられるし、病気を治療するのではなくて、病んでいる人間を癒すというのが彼の信念であった。そこにもギリシャ以来の伝統が流れていたのである。

ユングは分析室というか治療に使う彼の書斎を大切にしていた。そして、彼の患者は皆その部屋に招き入れられ、彼と一対一で対面することを許されていた。彼はまたそれを重要な作業として生涯どんな時もそれを忘れなかった。インキュベーションというのは「一定の熱をもって、他者を温め、その変化を待つことである」[*18]と言える。ユングはこれがタパス（Tapas）と呼ばれていることを知っていた。それはちょうど、親鳥が卵を温めて、雛を孵すように、外からの安定した愛情という熱とその卵自身のもっている内なる可能性という熱が必要であるという意味である。これは、生命の営みを示している。その内と外の熱という両者が結合して、ある一定の時を経て、早くもなく、遅くもない決定的な時（カイロス）を迎える時、新たなる生命は誕生する。それが近代心理療法の本質で、それが治療者と被治療者との人間関係という場を通して起こるのである。その力動性に観察的に参与するのがセラピスト（治療者）の役割ということになり、古代宗教の神殿における医師たる聖職者の役割と類似しているといえる。

まだ、どのように近代医学とこの古代宗教の間に共通するものを発見できるか、なお多く述べることが出来るが、一応これはここでおくことにする。ただ、ユングがなぜ後期ユダヤ教の知恵文学、例えば人間の苦難を取り扱ったヨブ記やグノーシス主義に代表される新プラトン哲学、そして中世の錬金術などに興味をもったかといえば、それらの歴史的な形式にではなくて、それらを成立させてきた人間の無意識という魂の働きに注目したからで、これらの研究を通して人間の魂がどのように癒されるか、その「癒し」の元型である医者の像を追求していたのである。

また、医師はただ単なる患者という個人の魂をみるのではなくて、その個の人間に示された具体的な心《サイキ》の諸相をみていたといえるだろう。すなわち、その時代の世界全体を相手としていたといえる。いいかえれば、患者の個というミクロ・コスモス（小宇宙）を通して、世界全体というマクロ・コスモス（大宇宙）の救済を考えていたのであった。事実、それは随分と大げさに聞こえるが、そんなことはない。それはこうである。患者は私の悩みだといって自分の症状が自分の自由にならないことを不満として医者に訴えるが、ユングからみればそれは当り前の話で、そのささいで自由にならない症状こそ「彼のもの」ではない証拠なのである。ちょうど身体は一見彼の自由にまかせられている様で同時に自然の一部であるのと同様である。すなわち、彼の意識の自由にはならないものが彼の中に存在する。無意識はそれ自身自律的なもので自分の自由に動いている。それだからこそ自（オート）律（ノモス）というのである。その自主的主体である無意識が自由に自分の主張に従って動けば、時に原因不明の症状となって意識にとって障害となることもありうるのである。無意識というのはすでに個を超えている。だから、分析家が一人の人間の苦しみを何年にもわたって分析するということは、またそれが価値が釣合うというのは、そこに世界全体が相手にされているからである。フロイトの分析した一人のヒステリーの患者の、その内的世界からの発見によって、このわれわれの住む近代世界はどれだけの新しい知識を知りえただろうか。「性」に関する新しい知識だけでも驚くべきものがあり、それによってもう現代はフロイトの影響なしには生活できないほどとなっている。今そして、ユングがその治療過程で患者の内的世界から掘り出した、「魂《プシュケー》」の働きに関する人間の経験が新しく人類の知恵として加えられようとしているのである。そして、実体としての魂の働きが、象徴の分析やイメージの解明などによって明らかにされつつある。また、このような文明批評家としての側面は、彼が患者に対して医師であるという点と表裏をなしている。だから、外的世界についていえば、彼が本当に癒そうとしていたのは近・現代という非常に人間の意識を中心とした、例えば、デカルトに代表されるような近代的自我の病根であったといえるのではないだろうか。

2　ユングの人生と内的世界

ユングの心理学はユングの一生をとおして、彼の内的世界の中で生れ育っていったものである。それがどのようにして育まれてきたかについては、ユングの死の直前に、彼の秘書ヤッフェに自分の一生の記憶を口述している。その中には、長い間彼の心の中に生きていたが、誰にも語られなかったものも含まれている。フロイトにも『自らを語る』[*19]という自伝らしきものがあるが、それは普通世間に知られているアーネスト・

ジョーンズの書いた『フロイトの生涯』[20]に比べるといかにも不完全なものであることが分かるのである。心理学者が自らの心理学を樹立したあと、自分の生涯について、どれだけ率直になれるかというと、これは大変な勇気のいることで、困難である。例えば、この『フロイトの生涯』にしても、もし読者の中に大きなコンプレックスをもって悩んでいる人があったら、この本を読むことをお薦めしたい。たいていの大きさのコンプレックスはこの自伝に書いてあるフロイト自身のものにくらべるとまことにお粗末になってしまって、多分大きな自信がでてくるかも知れない。同様に、ユングの自伝は幸いこれが日本訳にされているので、この『ユング自伝――思い出・夢・思想1、2』[21]をひもとかれるとよい。これほど彼の人生、ことに内的世界を探求する上でのよい資料の宝庫はない。どれもこれも驚くほどに率直に語られている。また、彼自身の病気や母の精神病院への入院の事実、そして、父母の不和などについての記述に出会うと、あまりの正直さに読む者がとまどうほどである。そして、彼の心理学、後に分析心理学と命名されるようになったが、その成立が彼の内的世界の苦悩や疑問、そしてそれからの回復とどのように深く関係していたか明らかになってくる。おそらく、八十三歳になるまで、これらの記憶をもって墓場に行こうと決心していた彼は（事実、フロイトとの間の交換書簡など多くの資料は遂に生前には公開されなかったが[22]）最初は余り乗り気ではなかったが、記録が進むにつれて、乗り気になると、この種の自伝としては全く風変わりな自伝の発刊を試みるに至ったのである。そして、その二年後、彼はこの世を去った。その最後の部分にユングが心筋梗塞で死にかけ、足を骨折して、意識喪失して譫妄状態になり、不思議な死の幻像をみるところがある。そして、彼の主治医によってこの世に連れ戻されるが、反対にそのH博士はその同じ日病床に臥して、二度と床から離れられず、間もなく敗血病で死んでしまう。その「連れ戻したということで、私は彼に激しい反撥を覚えた[23]」というような激しい記述もある。このような、自分の死や死後の世界のことまで自伝に書き残す学者というのも珍しいのではないか。

いずれにしても、ここで彼の経験の多くを叙述することは不可能である。しかし、彼の心理学の出来上がっていく道筋をみていると、彼は広い意味で自分の治療のために、思考し、それに努力した道程がわかる。彼の意識そのものは、全く一患者のそれであったし、またそこがわれわれの共感をよぶところであるが、その救いのために争った生涯であった。では、一体誰がユングであったのか？　彼がみせようとしたのは意識を越えて展開する彼の心の中の魂（プネウマ）の働きではなかったろうか。そこに彼の自己実現のすさまじい歴史をみる思いである。

カール・グスタフ・ユングは一八七五年七月二六日、スイスの北部にあるツゥルガウ州のコンスタンス湖のほとり、小さな古い村ケスヴィルの牧師館で生れた。父がスイスの改革派牧師であったためである。ご存知のようにスイスは州で新教とカトリックに分かれている。彼の生誕地と活動地域はバーゼル州とチューリッヒ州など北部の地域で、これらはいずれも宗教改革によって、特にチューリッヒを拠点としたツウィングリなどの影響により、改革派の伝統をもっていた。ユングにはその宗教的色彩が濃いのはこのためである。母の一族には六人の牧師がおり父方にも父だけではなく伯父二人が牧師であった。[*24] 彼の父はヨハン・バウル・アキレス・ユング（一八四二〜一八九六年）といい、ユングによれば、宗教的疑問を内に秘めて、親切で陽気なようにふるまうが、些細なことに自分の時間を浪費してしまうような内向的な性格の人のようであった。彼は古典語、ヘブル語やギリシャ語、ラテン語に才能を発揮した。そして、大学生時代にはヘブル語学者としての将来が約束されていたほどである。しかし、父親（祖父カール）が突然に死んだので、経済的なことから、ちょうどその時親戚の遺産が牧師を志す者の奨学金にあてられることになったので、これを受けて神学を勉強し、牧師になることになった。そこで、彼は続けて古典語を勉強し、ヘブル語学の老恩師の娘を選んで結婚した。

このように、彼の父の外面は牧師であり、教義にも職務にも忠実ではあったが、ユングが宗教的な問題に直面して、助言を求めても、彼には紋切り型の答えしかできなかったのである。「私は自分の宗教的な困難を彼の前に開陳し、助言を求めるのを好んでいたが、実際は、父がその職務上答えざるをえないようなことはすでに予め私にはわかりきっているように思われたために、たずねてみることをしなかったのである」[*25]とユングは言っているほどである。

このように父は無力な失敗者であるかのように評価されるだろう。そして、「この父が死亡した時はこの家族にとっては一つの安堵の材料であった位である」とフォーダムに指摘されているほどである[*26]。だが、この無力な父は彼に宗教という根強い影響力を残した。実際、彼は父と一緒に彼の部屋で夜寝たり、散歩したり、歌をうたってもらうのが好きであった。どんなに彼が怒りっぽく、不機嫌で、うつ病に苦しんでいようと、ユングには父は寛大で親切にみえたのである。

六歳で彼は父からラテン語を習いはじめた。そして、彼が大学に進学してから、このような古典語の素養は彼の心理学の発展にどれほど役に立ったかは測り知れないものがある。彼には宗教に対する関心があるといっても、彼ははっきりと「教会に行くことは嫌いであった」と言い切っている。当時の敬虔な宗教的雰囲気を考えると、かなり大胆な発言といわねばならない。彼は父が信仰というものをかく信じなければならないという公式にしがみついていた弱さを見抜き、その弱さと戦って、父が見出し得なかった、宗教形式を湧出させてきた生き生きとした宗教の体験というものを、摘出することで、父の苦悩を救出するという使命感を彼はその少年時代にもったのではなかろうか。彼は以後ずっとこのスイス改革派教会を生み出した、ヨーロッパ・キリスト教の教義の歴史と格闘することになる。この父を無力にしてしまった教理を救出することで、彼もまた自分の意識を生き生きとしたものにすることができたのである。そして、その武器は父から授かった古典語であった。

父に比して母は比較にならないほど、複雑で問題は深かった。母はバーゼルの出身で、エミリ・プリスヴルク・ユング（一八四八〜一九二三年）といった。彼女の性格については自伝の中にあるので、そのまま引用してみよう。

「私の母は私にはとてもよい母であった。彼女はゆたかな動物的あたたかさをもち、料理が上手で、人づきあいがよく、陽気であった。母はよく肥えていて聞き上手だった。彼女はまた話し好きでもあったが、その話し振りは泉がざあざあと派手な音をたてるのに似ていた。彼女は文学的な趣味や奥深さはもちろん、すぐれた才能をもっていたが、この特性は適当な形をとっては現われず、親切でよく肥えた女性で、ことのほか客扱いがうまく、ユーモアのセンスの持主という外見の下に埋もれたままになっていた。彼女は誰でもがもたねばならないあの常識的意見を有していたが、そんな時彼女の無意識的な人格が突如として姿を現わした。それは、予期しないほど強力であり、攻撃の余地のない権威をもった地味で堂々とした人物であった。私は母が二つの人格から成っていると確信していたが、その一つは無害で人間的であり、他方は神秘的でうす気味わるかった。後者は時に現われてきたが、それはいつも予期しない時で、ぎょっとさせられた。そんな時には母はまるで自分自身に語りかけているかのように話したが、彼女の言は実際には私に向けられており、それはいつも私の実存の中核に触れるものであったので、私は呆然として口をつぐんでしまうのだった。[*27]」

これが彼の母についての叙述である。彼の豊かな創造力や生命力は母から受け継いでいたことは明らかである。ユングに会った誰もが指摘しているユーモアのセンス、人柄の温かさや話し好きの陽気さ、そして目の奥にあるキラリと光る動物的なまなざし、そして深い教養や堂々たる姿など、全く母から豊かに受け継いだということは納得できる。私もＢＢＣの制作した彼のドキュメンタリーの映画で彼をみたが、そして、彼を実際に知る人々がこの映画に出てくる彼をみて、全くその通りだ、本当に会っているようだといって、生誕一〇〇年の記念の会でもこれを映写したように、母からこれらのすべてを受け継いだのである。そして同時に彼女の苦しみも。

彼女は情緒障害と抑うつに悩まされていた。夫との仲もうまくいっていなかった。両親の結婚生活でのトラブルから、三歳の時に一時的に別居して、母はバーゼルの病院で数ケ月をすごさねばならず、彼はひどい病気にならねばならぬほどであった。その時彼を育てたのが独身で母より二十歳ほど年上だった伯母で、彼は「母の長い不在は私を深く悲しませた。それ以来、『愛』という語が話されるたびに、私はいつも不信感を抱いたのである[*28]」と自伝で言っているほどである。

ユングの最初の記憶は木蔭で乳母車に横たわっている印象である。晴れた、暖かい夏の日で、空は青く、黄金色の陽の光が緑の葉越しにふりそそいでいる光景。それは「言いようもない幸福感で」、「すべてが全くすばらしく、多彩で華麗である」と記述しているところをみると、これは彼のウロボロスとよばれるものである。彼の広大な無意識から意識の最初の一片が浮び上がってきた光景であろう。そして、全知全能である天国のような世界は次第に破れて、弱く若い彼の意識はこれから様々の苦難に出会うのである。

ユングは好んで生涯、湖のほとりに住んだ。特に晩年はチューリッヒ湖のほとりに中世風の城のような建物をたてて住んだことは有名である。というのは、湖は彼にとって豊かな創造力を与える泉であったし、彼の母でもあった。母は幼いユングをつれてボーデン湖畔に友達をたずねた。その時、ユングは湖岸を離れようとせず、それ以来、湖の近くに住まなければならないという考えに心をとらえられてしまったのである。

母はある時、幼いユングをラインの滝にかかった橋につれて行った。その時、間一髪で、女中が彼をひっつかまえなければ、もう片足は橋の欄干から出ていたのですべり落ちるところであった。これは「無意識的な自殺の衝動、あるいはおそらくこの世界での生活に対する宿命的な抵抗を示唆していると思われる」[*29]と、自ら解釈している。このように彼にとって母は全くの素晴らしい存在であると同時に、恐ろしい存在でもあったのだ。事実、彼の母は第二の人格をもち、分裂して彼に迫った。

後に、長い間異端として正統的なキリスト教会の教理からはずされて久しかった神秘主義思想のグノーシス主義や錬金術の思想を埃の中から取り出してきて、こともあろうに中世カトリック教会の主柱であったアウグスティヌスから元型という概念を見出し、特に男性の中の女性をアニマとして、これに魂の導き手という宗教的価値を見出したのは、彼が母の中にみた魂の現実的な姿を追求したからにほかならない。だからこそ、父のみた宗教よりもなお生き生きとして彼に迫ってきたのである。キリスト教会は三二五年のニカイヤ会議やコンスタンティノポリス会議（四回）などにおいて次第に正統主義を成立させていくとともに、マリヤ神母信仰などの母性的要素はその教義の前面からは一切排除してしまって、じつにこのようなマリヤ神母説がカトリック教会において承認されたのは前述のヨハネス二三世の一九六〇年というごく最近のことである。

その母はユングが六歳頃、まだ字が読めない彼に、古い装幀の立派な絵本『オルピス・ピクタス』（絵解きによる世界）を大声で読めといったことがある。その本には外国の宗教、ことにヒンズー教のブラーマ、ヴィシュヌ、シヴァなどの挿絵があって、彼はことのほか面白がった。そして、「誰にも言ったことのないあの『根元的な啓示』に似た漠然とした感じをもっていた」[*30]のである。それは彼の秘密であったが、間接的に母はこの感情を確認していた。このように彼は強い感受性と傷つきやすさ、それに孤独感と一緒に住んで育った。彼には二人の兄がいたがいずれも赤ん坊の時死んだので、彼は次の妹が生れるまで九年間、一人でゲームに熱中したり、空想したりして遊んだほど孤独であった。

彼は不思議な夢やエピソードのいくつかを体験した。その中には、「黒い男」「人喰い」「ファルロス」「刻んだ人形」などの話がある。それらをいちいち紹介することはできないが、どれもこれも彼が何年もの間人に語れなかったもので、あるものは六十五歳になってから語り、また「刻んだ人形」のエピソードのごときは、三十五歳になるまで事件全体がすっかり忘却の中にあったほどだが、三十五歳になって、記憶の断片がぼんやりとした中から再び明瞭に浮び上がってきた。そしてこれが彼の主要な著作『リビドーの変遷と象徴』の準備ともなったことを告白している。

十一歳でバーゼルのギムナジウム（高等学校）に入学し、そして、ここでの生活は彼の生涯のうちで最も退屈で不幸な時代となった。彼にとって本当に興味があったのは学業ではなくて本を読むことである。だから、彼はこの大切な時間を学校に奪われたくなかったのである。当然であるが、神学の授業は特に退屈で、数学や体操を忌み嫌い、時々めまいの発作を起こしては授業を逃れた。神経症的発作がひんぱんに起こるようになって六か月以上学校を休んだこともあった。さしずめユングが現在この時代の中で生きていたら、学校恐怖症というところかも知れない。その代りに読みたいものを読み、自然を愛好し、空想にふけった。ユングの両親は子供の失神発作を心配して医者めぐりをしたが、病名の診断はつかなかった。てんかんとも間違われたりして、深刻な事態になっていたが、本人はこれ幸いに孤独な青年の幸福に酔い痴れていた。ところが、ある日、父が友人に「もし治らないとしたら恐ろしいことになる。わたしは、わたしに残されていた最後のものも失ってしまった。自分で食べてゆける能力がないとしたら、あの子はどうなるだろう」というのを立ち聞きしてしまうのである。ユングはびっくり仰天して、突如として、現実に直面して、病気が消えうせてしまい、復学して、二度と病気にならなかった。ユングが神経症とは何であるかを学んだのはこの経験からだと後世述懐している。

しかし、相変わらず宗教的な葛藤には苦しんだ。十六歳をすぎて次第にこの宗教的ジレンマは哲学的課題に移されていくようになる。とりわけ、ショーペンハウアーの苦悩、情熱、悪、混沌を取り扱った哲学に自分の気持ちとピッタリしたものを見出すことができた。

この頃からユングのパーソナリティーは次第に消極的なものから、話し好き、議論好きの積極的なものに変わっていった。高校を卒業して、大学に行く時に、叔父の一人は神学をすすめたが、しかし、これには父が反対して思い止まったというところは面白い。それというのも、父は自身と同様の悲劇を彼に味わわせたくなかったのかも知れない。

ユングは専門を決めかねた。というのは、科学、歴史、哲学、考古学に興味があったからである。しかし、そのうち考古学の講座はバーゼル大学にはなかった。そもそも、彼がカール・G・ユングと命名されたのは彼の祖父の名前をとったのであり、その祖父は一八二二年にドイツからスイスのバーゼル大学医学部の外科教授として招聘されてきた人物である。一説によると神学者のシュライエルマッヘルとの交渉もあったらしい。その祖父の医学部にはからずも入学することになった。しかしながら、専攻を精神医学に決めるのにそうすんなりといった訳ではなかった。この間、またまた神秘的な経験をいくつかするようになる。それが機縁となってユングの親戚の家で毎週開かれる十五歳の霊媒の会に出席するようになり、そして、そのことが橋渡しとなって当時まだ、どちらかといえば他の専門より下位にみられていた精神医学を研究することになるのである。彼の最初の博士論文は、「いわゆる憑依現象の心理と病理について」[*31]というものであった。ちょうどそのような時、彼はクラフト・エビングの書物に出会うのである。これは精神医学の教科書で、そこに精神病を「人格のやまい」と呼んでいることを発見して電気に打たれたようになる。[*32]そして、ユングは次第にいよいよ職業的な世界に入っていったのである。

まず、一九〇〇年一二月一〇日、チューリッッヒのブルクヘルッツリ精神病院の助手となった。じつは、この病院は西欧精神医学の歴史のような病院であって、当時はオイゲン・ブロイラー（Eugen Bleuler）が病院長で、精神分裂病の概念を発展させたことで有名な学者であった。私も現在の病院の近くに住んだことがあり、また神戸大学医学部の故三好郁男博士がおられたのでしばしば訪問したが、この病院の塀の高さをみればその時代の精神医学の考え方がわかるといわれた所である。開放か閉鎖かの論争があるたびに病院の垣は高くされたり、壊されたりした。

ユングはこのチューリッッヒに移ることを喜んだ。

写真３　彼が建てた中世風の建物
（『ユング自伝』みすず書房より）

そして、そのすぐ先の美しいチューリッッヒ湖のほとりに心の約束の通り、彼の家をつくった。それがキュスナハトであり、その対岸に隠居所を建てたのである。

フロイトが主として神経症の研究から出発したのに較べて、ユングがまずこの病院で精神病者の研究から出発したのは面白いことである。そして、精神病者のサイキの中に一体なにが起こっているのだろうかという疑問に直面することとなった。そのために、後に有名になった言語連想検査を発展させ、これをもって患者の心の中に入る手がかりとした。これについては次の章で述べる。そして、彼はブロイラーに学んだばかりでなく、一九〇二年に数ケ月パリで、当時の碩学ピェール・ジャネのもとでも勉強した。その時のブルクヘルツリ病院では催眠療法をよく使っていて、ユングはこれが症候の多くを消失させ、充分に価値あることは知っていたが、彼の関心はむしろその症候を理解することであった。催眠療法を成功させるためには患者の自発性は決してとりあげられるべきものではなく、そのために、彼は病院の患者と多くの語らいの時をもった。その間、この言語連想検査によって知られた、患者の心の中のコンプレックスが彼らの意識的な願望や観念からいかに独立して、あたかも第二の人格のように振舞うかを観察したのである。そして、そこにこの無意識の抵抗の姿をみてとったのである。

フロイトとユングの出会いと別れ

そうしたところへ一九〇〇年フロイトの『夢の解釈』が公刊される。もちろん、フロイトとブロイラーのヒステリー研究は出版されていて彼は知っていた。そして、一九〇六年、ユングは『早発性痴呆（分裂病）の心理学』を出版し、[*33]翌年には英訳されている。この本は言語連想検査の研究でフロイトの抑圧理論の確かさが認められたとしてそれを支持している。そして、これをフロイトに送っている。一九〇七年、フロイトはウィーンに自分を訪ねてくるようユングを招待したのである。この訪問はフロイトとユングの出会いという歴史的な訪問であって、いささかオーバーであるが十三時間もつづけさまに話しこむほどのものであったと言い伝えられている。そして、その友情が一九〇九年にアメリカのマサチュウセッツ州ウースターのクラーク大学の講演に二人で招かれるほどの親密さに発展し、二人の友情はその後六年間つづき、突如としてそれが終局を迎えるのである。この精神分析との出会いと別れについてはこれからもどのように書かれても書き尽されることがないであろう。それほど劇的であって、真相は次第にユングの死後資料も公開されてきているので、この間の出来事が徐々に明らかにされていくだろう。

ただ、そういう資料の一つに前出のビリンスキー教授の手になる一文があり、このウィーン訪問の詳細がそれでわかるのである。それはこのウースター市のクラーク大学の図書館に眠っていた資料で、その大学の学長であり、当時のアメリカ心理学会の会長で、招待者であったジー・スタンレー・ホル博士の手紙の中にあったもので、その中でフロイトはユングとの訣別を、青年が父に反抗して離反したことに譬えているが、ビリンスキーはそれに承服せずに、彼は直接にユングに面接してこの点を正してその時の会話のメモを公開している。[*34] その中で、この一九〇七年の歴史的訪問の印象をユングから直接聞いている。それによると、その訪問はウィーンのホテルで行われた。(自伝によれば二月で、午後一時に落ち合い、じつに十三時間の長きにわたって休みなく話しつづけた、となっている) その時彼はユングの妻に (一九〇三年、ユングはエンマ・ラウシェンバッハとすでに結婚していた) 花束を贈り、親しげにこう言った。「私は本当におもてなし出来ず失礼します。私の家には、私の老妻の外なにもないのですから」と。妻はそれを聞いてちょっと困惑してしまった。それから、フロイトの家で夕餐にあずかるが、彼の妻は精神分析やフロイトの活動のことを聞かれても何も知らなかった。ところが、すこし経って、ユングは今度はフロイトの妻の妹に会うのである。この若い義理の妹は反対に精神分析や彼のしていることは何でも知っていた。そして、数日後にユングがフロイトの研究室を訪ねると、彼女がいて、ユングに何か話したいと言った。そして、ユングは彼女の口から、彼女がフロイトとは密接な関係にあり、彼女がそれに悩んでいることを打ち明けられたのである。そして、ユングはこのことを憶えていた。そして、これはまた有名な話であるが、後日、この二人は一緒にアメリカのクラーク大学のジー・スタンレー・ホルに招かれて、はるばる船に乗って、ボストンの郊外のこの大学まで旅をするのである。運命とは皮肉なもので、この二人の高名な夢の分析家はお互いに旅行中、船の中で夢をみて、それを相互に分析しあうことになる。この旅の中で、フロイトは心身症的な症状や神経症的な兆候に悩まされていたが、そこで、彼はユングに個人的な話もし、自由連想による夢の判断もなされ、すべては順調にいくようにみえた。そして、ある核心にふれるようなフロイトの夢に二人の分析は入っていった。そして、ユングがその夢の連想をフロイトに求めると、フロイトは「駄目だ、ぼくはこれ以上連想を言うわけにはいかない」[*35]と言って遂に拒否したのである。その時、ユングの頭にはフロイトと義妹との間のことがめぐっていたにちがいない。そして、ビリンスキーの資料は、「フロイトのこの三角関係のことは、私がフロイトと訣別する重要な要素となった。そして、このとき、フロイトが真理の上に彼の権威をおいたことをどうしても許すことはできなかった」とユングが彼の晩年にビリンスキーと会見したとき述べたと言っている。これは、一九六九年になって、ユングの没後、当時の記録がクラーク大学に残っていて、その時七五〇ドルがこの旅の費用にあてられたことや十三通のフロイトの手紙と共に発見されたことと共に紹介されている。

この話をあえて持ち出したのは、フロイトをおとしめるためではない。妻が夫の活動を知らなくても、日本人やユダヤ人の社会では当然かも知れないし、誰と性的関係をもとうと別にたいしたことではない。むしろ、「性」の権威者では当り前かも知れない。また、フロイトのために弁護しておくと別に事実であったという証拠はないのである。ただ、ここで出した理由は、私にとっては二人の分析家が同じ船の中で夢をみあうという物凄さを知ってもらいたいためである。フロイトにとってユングはユダヤ人以外の人によって精神分析を理解してくれた唯一の友人だったし、だからこそ国際精神分析学会の初代の会長になったのだし、その理解者ユングが離反するということは双方にとってよっぽどのことであったろう。その大きな原因の一つはフロイトの「性的リビドー論」には承知できない部分があったということである。ユングは「彼が性理論について言ったことは私に深い感銘を与えた。それにもかかわらず、彼の言は私のためらいや疑惑をぬぐい去ることはできなかった。幾度か私は、自身のこうした保留を押し拡げようと試みたが、そのたびごとに、彼はそれを私の経験不足に帰するのだった。たしかにフロイトは正しかった」[*36]と言っている。フロイトの性的リビドー論が示唆したものは物質的人間における性の確かさであったが、それは人間の全部ではなかった。ユングの目はこの確かさを見つめつつも、この生魂的人間は霊的人間を目指していることを排除する訳にはいかなかったのである。

この彼の理論は一九一二年『リビドーの変遷と象徴』という本の中にさらに発展させて収められ、英語版では『無意識の心理学』として発表されるに及んで理論上の分裂は決定的となってしまった。ベンネットはその著の中で、実際に一九三三年ウィーンの自宅にフロイトを訪問して、「ユングは大きい損失であった」[*37]とフロイト自身が語ったと記しているが、実際彼にとってもこの別れは痛切なことであったろう。ユングはユングで、この分離の後、一九一三年に彼は強大な洪水が北ヨーロッパ全土を襲って、すべてが破壊されるという幻像《ヴィジョン》を数回にわたって経験したほどであった。そして、事実、第一次世界大戦も翌年に勃発するのであるが、このような混乱と不安定な時代がこれから続くことになる。ユングは大学の講師もやめ休止の期間を迎えるのである。

そして、三年間の後にやっと再び知的活動を続けることができるようになって出版した最初の収穫が『心理学的タイプ』[*38]論である。これは一九二一年の刊行で、この中でフロイトやアドラーと自分との違いを論じて、整理し、後に有名になる外向性と内向性、思考と感情という有名な性格タイプの分類法を世に問うた。ここでユング心理学は独自の世界を開き、さらに、未開人の心理構造や集合的無意識の概念を発展させるべくチュニジアとサハラ砂漠への調査に出て行くのである。そして彼の興味は世界的広がりを持ちはじめ、プェブロ・インディアンの宗教信仰を研究するため、ニュー・メキシコに赴き、さらに対象は東洋の宗教へと拡大されて行く。その後の研究については以下の章で随時触れていくことにするが、錬金術などの入手しうる資料を手にして、まっしぐらに彼の内的世界の探究の中に入ってしまった。その後、彼は様々の外的な活動をしたのにもかかわらず、全体的にみれば外面的活動は彼の活動の微々たるものにすぎず、活動の大半は彼の内的世界の探求に向けられていたとみることができる。そしてその思索の大半の時をチューリッヒ湖の東端にある彼の別荘、ボーリンゲン村でおくったのであった。それは、彼の死まで続き、彼を訪れたものにとって、ある時はそっけなく、ある時は親しみをもって世界の人々と会い、人々の心の中にその印象を刻みこんだのである。チューリッヒのユング研究所は彼の死ぬ少し前、彼が七三歳のとき建てられたのである。

〔注〕

＊1　現在は十七巻として刊行されているが、第十八巻 Miscellany と第十九巻 Bibliography and Index に分ける計画と、Final Volume として一巻とするか未定である。一応ここでは十九巻として考えている。以下全集は C. W. と略号を使い、次の数字は分冊、そして段落の番号とする。これは英・独・アメリカ版共通である。巻末に英語版の全集のリストを挙げておく。

＊2　Jacobi, Jolande, The Psychology of C. G. Jung, London : Routledge & Kegan Paul, 1942（ヤコービ、池田紘一他訳『ユング心理学』日本教文社、一九七三年、九頁）

＊3　ヤコービ、前掲訳書、九頁

＊4　Fordham, Frieda, An Introduction to Jung's Psychology, Middlesex : Penguin Books Ltd., 1953（吉元清彦・福士久夫訳『ユング心理学入門』国文社、一九七四年、一一頁）

＊5　ハルバーソン、野呂芝男訳『キリスト教神学辞典』「霊」日本キリスト教団出版部、一九六〇年、三六一頁

＊6　湯浅泰雄「ユングのグノーシス論㈠―㈥」『宗教と超心理』一九七三〜七五年、グノーシス主義思想とユングについてはこの論文が詳しく紹介しているのでこれによるところ大であった。なお、荒木献『原始キリスト教とグノーシス主義』岩波書店、一九七一年を参照されたい。また、Jonas, Hans, The Gnostic Religion, Boston : Beacon Press, 1958

も秀れている。

＊7　有賀鉄太郎著『キリスト教思想における存在論の問題』創文社、一九六九年、二五八頁

＊8　有賀、前掲書、二六七頁「真理の霊」は τὸ πνεῦμα τῆς ἀληθείας である。

＊9　シェリング、西谷啓治訳『人間的自由の本質』岩波文庫、一九五一年参照

＊10　Tillich, Paul, Perspectives on 19th and 20th Century Protestant Theology, New York : Harper & Row, 1967（佐藤敏夫訳『近代プロテスタント思想史』新教出版社、一九七六年、一一八頁）および Paul Tillich, A History of Christian Thought, Harper & Row, New York, 1968 を参照した。

＊11　Meier, C. A., Ancient Incubation and Modern Psychotherapy, trans. M. Curtis, Evanston : Northwestern University Press, 1967.

＊12　マイヤー、同掲書、七頁

＊13　マイヤー、同掲書、五頁

＊14　どのようにして遊行神であるヒッポクラテス派の医学がヘレニズムの世界に他の医神を征服して広がっていったかは次の論文に詳しい。山形孝夫「治療神イエスの登場――初期キリスト教成立前史」思想、一九七六・五、岩波書店、七〇～八九頁

＊15　ヒッポクラテス、大橋博司訳「ヒッポクラテスの医学」世界の名著『ギリシャの科学』中央公論社、一九七二年

＊16　精神医学の歴史については、Zilboorg, Gregory, A History of Medical Psychology, New York : Norton Co., 1941（神谷美恵子訳『医学的心理学史』みすず書房、一九五八年）、ミッシェル・フーコー、神谷美恵子訳『臨床医学の誕生』みすず書房、一九六九年、イヴ・ペリシエ、三好暁光訳『精神医学の歴史』白水社、一九七四年、Ellenberger, Henri F., The Discovery of the Unconscious, London : Allen Lane, The Penguin Press, 1970. Wyss, Dietes, Depth Psychology ― A Critical History, trans. G. Onn, New York : W. W. Norton & Co. Inc., 1966 などがある。

＊17　Paul Tournier の著書は数多いが、最近のものでは山村嘉己・渡辺幸博訳『人間・仮面と真実』ヨルダン社、一九七七年がある。

＊18　C. W. 12, 441.
＊19　ジグムント・フロイト、懸田克躬訳『自らを語る』日本教文社、一九五九年
＊20　アーネスト・ジョーンズ、竹友安彦・藤井治彦訳『フロイトの生涯』紀伊国屋書店、一九六四年
＊21　Jaffé Aniela, Memories, Dreams, Reflections ―"Erinnerungen Träume Gedanken", Randam House, Inc, Pantheon Book, New York, 1963.（ヤッフェ編、河合隼雄・藤縄昭・出井淑子訳『ユング自伝――思い出・夢・思想』1・2、みすず書房、一九七二・三年）
＊22　現在は、McGuire, William ed., The Freud / Jung Letters, trans. R. Hanheim and F. F. C. Hull, The Hogarth Press and Routledge & Kegan Paul, 1974 として出版されている。
＊23　ヤッフェ、前掲書2、一二九頁
＊24　ヤッフェ、同掲書1、六九頁
＊25　ヤッフェ、同掲書1、八四頁
＊26　フォーダム、前掲書、一九四頁
＊27　ヤッフェ、前掲書1、七八・七九頁
＊28　ヤッフェ、同掲書1、二三頁
＊29　ヤッフェ、同掲書1、二五頁
＊30　ヤッフェ、同掲書1、三六頁
＊31　Meir, Analytical, op. cit, P8. および巻末著作目録参照
＊32　ヤッフェ、前掲書1、一六二頁
＊33　巻末著作目録参照
＊34　次のアンドヴァー・ニュートン神学校からのブリテンに発表された。Billinsky, John M., "Jung and Freud", Andover Newton Quarterly, November, 1969, p. 39～45.
＊35　Bennet, E. A., C. G. Jung, London : Barrie & Rackliff, 1961（ベンネット、荻尾重樹訳『ユングの世界』川島書店、一九七三

年、六八頁
＊36　ヤッフェ、前掲書1、二一五頁
＊37　ベンネット、前掲書、九五頁
＊38　C. W.6.

第３章　ユング心理学の基本概念

１　心の構造

人間の心（サイキ）の全体をユングはどのように考えていたのかを考えてみることから始めたい。次の図１に示すように、まず、ユングは人間の心の全体を意識と無意識の二つの大きな部分から出来上がっているものと基本的に想定していたといって差支えない。ただし、この図１だけのようになっていたと考えて、もうその他に考え方がないと考えてもらっては困る。というのは、これはいわば心の全体を横から切断したという考え方でとらえているので、じつは、そもそも心に縦横の関係があるかどうかということも本当は分からないし、今ここではそう仮定しての話と了解してほしい。本当は広大な心の全体などというものは把握しようもないものである。だが、そこが概念化するという恐ろしい人間の蛮勇のなさしめるところで、何でも分からないものを形にしてしまうことができる。だが、そう目くじらを立てることはないのであって、それはそうとして利用していただければ良いところである。この図の下方のＢは下底が底抜けになっている。

私はこの底抜けで一応人間の心がどれだけ大きいものか分からないということを表わしたつもりである。

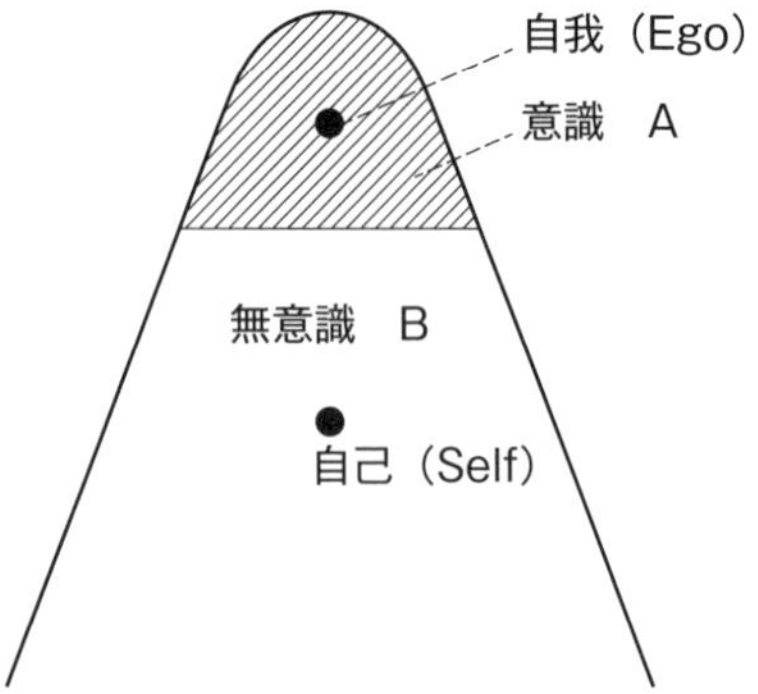

図１

この無意識の概念というのは仮説であって、連想言語検査などで一応はその存在の自然科学的な説明がされているが、やはり仮説というべきだろう。ただし、この無意識はそれ自身証明してもらわなければ存在が不確かなものではない。すなわち、それは証明しようという意識が把握した無意識であって、本当の無意識ではないという性格をもっているからである。繰り返すと、夢などのようにたとえ意識に捕えられる無意識の一部分があるとしても、それが捕えられた瞬間にもう無意識ではなくて意識化されるのだから、無意識そのもの（per se）は永遠にわれわれには隠された存在としてあるのである。では、「見えないものがあるのか」ということになり、それではどうそれを証明するかということになる。それがこの無意識の概念はどこまでも仮説であるということを申し上げる理由なのである。仮説というのは、そういう概念を設定する方が万事ものごとの説明が楽になるというだけのことである。しかし、だからといって重要でないという理由は全くないのであって、この無意識の概念の設定なしには深層心理学というのは成立しないのである。

ところが今このように無意識はどうであるのかといっているのは私の意識の働きによるのであって、すべて私のあらゆる活動は意識中心に現在行われている。（少なくとも私〈エゴ〉はそう思っている）また、そうする以外にどうしようもないからである。人間の活動というものはこの意識の窓を通して行われているといってよい。さて、ここで重要なのは「無意識は意識の母体であって、その逆ではない」ということである。

ちょうど、母と子の関係で、人類の発生から今まで母が子を生んできたので、子が母を生んだことは未だかつてなかったことを徹底的に憶えてほしいと思う。（もしかするとこれからは試験管の中でできるかも知れないが、これはまた意識の奢りという性格を良く表わしている面白い課題である）ところが、意識は自分で考えるから、そうは思わず、どこまでも、自分が中心で、無意識は自分の自由になるものであるという考えにすぐ様立つ。ほうっておくといつしかそう理解してしまう性質をもっている。だから最初に私はこのようにしつこく言う訳である。これが本当に骨身にしみて分かっていただければ、ユング心理学の基本の九〇％ぐらいは分かったのではないだろうか。だから、前に述べたように、西欧の人々は近代自我という意識中心の思考法に慣れているので、つまり、この中心をはずして考えると自己が崩壊して、何にもなくなってしまうように思われ、大袈裟に言えば世界がなくなってしまうので恐ろしくて、これにしがみつくことを死んでもやめない。まあ、それほど意識中心なのである。そこで、西欧の人々にフロイトやユングが発見した無意識を理解させるという仕事に西欧の学者たちはその活動の大半をそそぐ。そして、繰り返し繰り返し、私のようにしつこく言うのである。ところが東洋人にはこんなことは常識で、別に東洋思想には無知でもホイホイと理解できる。じつはこのエゴという私の他にもう一つもっと確かな本当のパーソナリティの中心である自己（Self）を知っているからであると言えよう。しかしながら、私は甘く点をつけたが、あとの一〇％はそう容易でないことを知って頂きたい。

　人間が母の母胎に受胎した細胞として発生した時はもちろんのこと、子として誕生した時も全く意識はない。無意識だけが全体である。この状態をノイマンはウロボロス（Uroboros）とよんだ。へびが自分の頭で尾を口でくわえている0《ゼロ》の状態である。[*1] 卵や胎児と同じである。それ自体全体性である無意識の中から、意識が流出するのである。ちょうど島のように浮び出るといってもよいのであろう。ユングの最初の「乳母車」

の記憶はそれの例である。人間の身体は数時間で母の体外に出るが、心理的にいうと二〇年から三〇年かかってやっと個性をもった、一応世間で通用する独立した自我を持つようになれる。すなわち、最初は点であったようなものが、次第に発達していって連続性と中心性をもつようになってはじめて、人間としては一人前になるのである。

このように意識は発達してくると、自己の中心をもつようになるが、これを自我といい、この自我を中心として世界に面するようになる。自我は自己主張的であり、自己拡大的であるという性格をもっている。そして、この自我は自分以外の外的世界に対面していると同時に、自分の内の世界という現実に直面している。つまり、つねに未知なるものに向かって自分を開き、取り入れ、(意識化して)自分を拡大しているのが自我というものの性格であろう。

さて、人間の心は大別して意識と無意識に分かれ、無意識の母胎から意識が島のように出来上がってきたということがお分かりいただけたかと思う。そして、われわれは絶えず意識中心の立場から物事をみていて、あたかも意識だけしか存在していないように感じているということも分かっていただけていると思う。ところが人間は自分の知っている自分以外に自分の知らない自分があって驚くことがある。フロイトは、人が大事なときに言い間違えをしたり、思い違いをしたりして恥をかく現象をとりあげて、これらは一見何でもない間違いのようであるが、よく考えると、もう一人の人間が無意識の中に住んで言っているようだと『日常生活の精神病理学』[*2]の中で豊富な例を挙げて説明している。その一例を挙げると、オーストリアの下院議長が「諸君、私は、これこれの数の議員の出席を確認し、ここにこの会議の閉会を宣します」と、開会を宣しなければならないところで厳かに言ってしまった。皆が笑ったのであわてて開会と訂正したが、フロイトは、この議長はなんの実りもない議会に期待も持てないことを知っていたので、じつは閉会を希望していた、そのためにこんな正反対の間違えが起こったのだと説明している。このように人がぼうっとしていたり、あまり緊張しすぎたりすると、意識の隙間から無意識が侵入する。意識はもちろんびっくりして否定し、訂正するが、人々は彼の中にもう一人の人間の住んでいることも知っているし、そちらの方が本物であることも知っている。

直観とか自己洞察とかはその内なる声を聞くことである。ただ、フロイトはこれらの無意識というものの存在を承認したけれど、それは意識によって望ましくないものが抑圧されているものとして取り扱っている。すなわち、意識にとっての否定的側面を強調しているのである。したがってそれは幼時体験のように一度経験されたが、不快であったので意識によって否定され、無意識の領域に排逐されてしまったものという意味に考えている。無意識そのものの偉大さは認めていたのにもかかわらず、その真の自律性を認めるところまで徹底していなかった。したがってその暗い否定的な面だけを前面に出してきてこの面を強調したのである。二人のアメリカへの旅行でフロイトがユングへの連想拒否をしたのも意味のあることである。即ち、フロイトは無意識を奔放なものと理解していたが、ただ、この自律性《オートノモス》（autonomous）というのはautos（自己《オート》）とnomos（法《ノモス》）から成っており、単なる放縦や野放図というのと全く意味が相違している。ユングはそれが自己完結的であり、ただ奔放で自由であるとは理解していなかった。自らの中に意識にとっては野放図にみえる、望まれない自由を行使することもあるが、自らには一定の法則、つまり律するところがあるはずなのが無意識で、これは法則性をもった世界であるとみているのである。

すこし、フロイトもユングも使用したこの無意識の概念を考えてみよう。前に少しふれたように、これはシェリングによって哲学概念として確定されたものである。シェリングは現象の背後にある本質というものが厳然として存在していることを前提として、カントの批判的認識論をつかまえていた。特に、十八世紀以降近代人は自律というものを「野放図なもの」として誤ってとらえていて、じつはカントもその『純粋理性批判』の中でこの自律を論じているが、彼の自律は人間の自律の外に働く神の自律については言及を停止しているのであって、否定も肯定もしていない。シェリングはこの欠落した部分をスピノザの哲学で補っていた。すなわち、無意識という全体性にはそれ自体一つの宇宙に比すべき全体性が備わっており、そこに神の秩序が支配しているのであると。スピノザにとってはこの宇宙は混沌どころか幾何学的にすらみえる確実さで運行されているのである。神はちょうど時間をつくったように、世界をつくった。その時計をつくるには一つのイメージがあってそのイメージに合致するように造られているので、それに合わないものもあるが、それは時間の本質からは離れた部分であって、本当はその合致している部分によって動いているとしている。したがって、宇宙には否定的な部分だけでなく、肯定的な部分もあり、全体として統一され運動していると考える。むしろ、一見したところ幾何学的な冷たい体系の中に、神の意志という火山のような激しい熱いものを秘めていたのである。

スピノザもフロイトと同じく中世ユダヤ神秘主義から学んで彼の哲学を生み出した。ティリッヒは「これは歴史的に跡づけうる」といっているが、[*3] 最近の研究によればフロイトもまた深く中世ユダヤ神秘主義、中でもカバラ的伝統に立っており、[*4] それから大きな影響を受けたが、この神秘主義思想の近代社会に対する適用においてユングとは相違していた。

ユングの神秘主義の理解はフロイトと相違して、西欧のブルジョア的合理主義を通過したそれであった。即ち、西欧の近代は良くも悪しくもブルジョア主義的な自律性をその存在根拠としている。それは人間の神に対する自律でもあるのだが、人間の内的世界の自律性を本来の意味で自律的にしたのはユングであろう。もともとフロイトもユングもスピノザと同じように神秘主義に興味をもったが、そして、両者ともに神秘主義的色彩が強いけれども、この神秘主義というのは人々に誤解を与える。特に、ユングはしばしばその心理学が神秘的であるというので、今日までじつに多くの人々に批判されてきた。それ故にここで神秘主義の意味をはっきり述べておこう。ティリッヒもその著の中で明確に主張している。*5 すなわち、神秘的であることと、合理的であることは、相互に矛盾しないのである。内なる光や内的な真理を内側にみることを神秘主義といったのであって、理性はその神秘の経験の中に現われるという一つの考え方なのである。「合理主義は神秘主義の娘である」とする理由はここにある。ユングが空飛ぶ円盤やその他の超経験的な現象に興味をもったからといって、彼の心理学がいたずらに非合理主義に走ったのではない。超合理的現象に開かれた心の態度をもつと同時に、それを知性の許す限りにおいて合理的にみようとする態度をもっていたにすぎない。古代や中世の神秘主義者は一見外からみると、不思議な非合理主義者のようにみえるが、内なる経験を合理的にみようとすることによって、その中に働く神の業をみようとしたのである。むしろ、彼らこそが本当の合理主義者であって、人間として必死に合理的であろうとしたのである。

ユングの無意識に対する態度も同様で、人間としてできるだけ合理的にという態度がみられる。そして、それに徹することによってそこに否定面ばかりではなく、生そのものを肯定する、非我（non-ego）の力をみたのである。これが無意識であり、さらに徹底して普遍的無意識という概念を創造してこの世界をより深くみていった。以下これから、順次にその世界の深層の各部分をみて行くことにする。

2　ペルソナ

人間が外界と接触しているもっとも外側の部分を指し、その背後に人間のパーソナリティの全体が隠されている。はっきり言うと、私的な個人のもっている公的（社会的）なパーソナリティであると考えられる。例えば、マスク（仮面）がそうで、四十歳になったら、もう自分の顔に責任をもて、などと言われるのは、その人の人格のもっとも外面に晒されている部分だからである。それがあまり年月がたつと、もうその人全体と区別がつきにくくなり、人々はそれがマスクであると同時に、本人と思い込むようになる、ということである。すなわち、自我の前面に「かける」または「包んで」いて、自我が生のまま、社会に出るのを防ぐと同時に、社会が自分の中に入り込むのを防衛している。ユングは「ペルソナとは、ひとりの人間がどのような姿を外に向かって示すかということに関する、個体と社会的集合体とのあいだの一種の妥協である」[*6]と言っている。人間の社会的人格または社会的役割と言ってもよい。したがって、社会と自分との両方の領域にまたがっている訳で、自分の全くの自由にもならないし、また、社会の自由にもまかせていないという面白い性格をもっている。

　私のところにカウンセリングにきたある大学の四回生の学生のことを想い出す。この男子の学生はもう就職も内定し、あと就職するばかりのところで、学年末の卒業試験の直前のことである。訴えは「就職恐怖病」というようなもので、会社は自分の能力を買いかぶりすぎているので、恐ろしくて、このまま卒業して就職する訳にはいかない。そこで、試験を落とそうかどうしようか、ということを相談にきたのである。そして、よく聞いてみると、その前年彼は一年ほど学校を休んで、世界旅行をしていることが分かった。しかも貧乏旅行で、自分を試してみるつもりだったと言っている。私が、いろんな職業をやったでしょう、と尋ねると、彼は皿洗いや各国での様々な経験を話してくれた。そして最後に言ったことが印象的だった。「先生、そういうのは皆アルバイトだから出来たんです。バイトならいいですよ。しかし今度は就職ですから恐いんです」と。

笠原嘉教授がその著『青年期』[*7]の中で挙げておられる最近の青年の退避型の傾向にはこのような社会的マスクの問題が存在している。彼らにはどのようなマスクをかぶって社会に面したら自分にとって一番ぴったりするかがわからず、その選択に迷うのである。この問題はこのペルソナの性質を充分に理解することによって、ある程度解消されよう。

その鍵は能やギリシャ悲劇の面、あるいは原始人たちの素朴な面をみると、目や口のところに穴がある、この穴である。ペルソナというのはパーソナリティ（人格）を表わしていることはご存知のとおりであるが、内界と外面との間に適当な流通（口）や透視（目）の透過性と被覆性が必要である。そうでないと面をつけて窒息することになる。面をつけてその面がとれなくなる悲劇、すなわち、ペルソナと心《サイキ》の同一化については、河合隼雄氏のその著『ユング心理学入門』の中にある、マルセル・マルソーのパントマイムで道化が自分のつけている面がとれなくなるという例などが迫真的である。また、私は有名なレオン・カヴァルロの歌劇「道化師」もあげない訳にはいかない。これはイタリヤで実際に起こった事件をもとに描かれているもので、劇の中の役と役者の本当の自分とを混同して、途中で役を演ずるのをやめて、本当の自分を出して妻を殺してしまう話である。後者は生の人間が全部露出してしまう危険性を示唆している。

夢の分析では、ペルソナの問題は衣服のこととしてよくでてくる。結婚式で皆が正装していよいよ式が始まるというので新郎が位置についてみると、突然、ズボンだけをはいていないのに気がついてびっくり仰天するとか、着て行く着物の適当なのが衣裳棚から見つからないであわてているうちに約束の時間におくれるとかの類である。特に青年期の人々にとっては今まで自我の確立に気をとられすぎて、社会と自分とが共有する部分、服とか、社会的習慣とか、社会的地位とかには全く関心がなかったところに、にわかに適当なのを着るように言われても無理なのである。衣裳に着られてしまって、自分が動く衣裳掛になるか、裸同然でさっぱり外からみると着ていることにならないことがある。そこで毎日何を着るかで悩むことになる。

その悩みを取り去る方法が一つある。便利であるが危険である。それは制服を着ること、または着せられることである。兵士、警官、看護婦、ガードマン、僧など皆制服がある。教師やサラリーマンの「どぶねずみ色」の背広もそうかも知れない。制服という集合性の中に個性という個人性を隠すのである。制服を着ることによって、社会で自分のしなければならぬ役割が明瞭になる。警官はその服をつけたら泥棒を追わねばならぬ。しかし、教師のように、そのマスクの下のちらちらする人間で勝負する職業もある。じつは、お巡りさんでも全く制服に着られてしまっては困るので、やはり家庭に帰ったら人間性に戻れる、また職業の中でも人間性が生かせなくては困る。ところが、えてして、教師の中には何十年もこれをやっていると、金太郎飴のようにどこを切っても「教師の顔」しか出て来ないで、人間が見えなくなってしまうことがあり、時々口から出るいかにも教師口調の自分の声にハッとするのも筆者ばかりではない。

また、牧師の奥さんのように、自分は自分の生活を生きようと思っていても、「皆から愛され、神のような慈悲深い女の人」というイメージを投射されると、いつもニコニコして愛想よくしないわけにはいかず、顔面が引きつって、自分の顔ではなく職業的な顔になると訴えていた人があった。この人の場合、このペルソナは衣服から身振り、歩き方、言葉使い、笑い方、ため息のつき方まで規制されていることを知った。彼女は夢の中で新しい衣裳を着て、象徴的に変身を行って、やがて本当に彼女にふさわしいペルソナをいつしか着けている自分を発見して、もう一度同じ世界に出て行ったのである。しかしながら、反対にじつに多くの場合、夢の分析を通して、今まで、社会的にみれば非常に成功している人が、自分の深層世界をのぞいてみると、全く異なった職業についていて人々を驚かす場合も少なくないのである。そこにペルソナと彼の心との間に相補性の法則があるのだが、これは項をあらためて述べることにする。そこでは「男らしさ」「女らしさ」という問題を通して、元型としてのアニマ、アニムスの概念へと入って行くことになる。

3　コンプレックス

日本人にとってもっとも馴染の深い心理学の用語を一つ選べといったら、私は躊躇《ちゅうちょ》なくこの「コンプレックス」を選ぶ。われわれほどコンプレックスの好きな、また恐れている国民はない。一億総コンプレックスといってもよいほどである。

河合隼雄氏がその著『コンプレックス』[*9]で詳細にこのコンプレックスについて論じているので、興味ある方は是非読んでほしい。そこにも色々のコンプレックスが出てくるが、大方の人は「劣等感」すなわち、インフェリオリティー・コンプレックスだけがコンプレックスだと思って単純に考えておられるかも知れない。じつはもっと複雑なのである。コンプレックスという用語そのものはもともと「複雑」という意味しかもっていない。それをJ・ブロイアーが注目して、これを心理概念として通用させたのが、ユングである。

それは「無意識中の、感情によって着色された表象群」という意味で使われている。[*10]では、どういうことかというと、感情の複雑な塊、あるいは複合体といってよいであろう。経済の用語でも近頃、企業体コンプレックスというのがあるが、これは色々の業種が一つの塊をもって経済活動をしているのを指している。

これはどのようにしてユングによって発見されたかというと、それが前にも出た、言語連想検査である。この言語連想の検査法はウィルヘルム・ヴント（ドイツの心理学者）や二、三の人々によって用いられていた。ただ、ユングはそれを、どのような連想をのべるかというよりは、むしろどのように無意識の中に心的エネルギーというわば電流が流れるか、反対にどこで抵抗を起こすかという視点から考えたものである。彼は連想に要する時間をストップ・ウォッチで測ることから始めた。ユングの用いた言語連想検査はあらかじめ定められた百個の刺戟語があり、検査者は被験者に対して、「今から単語を一つずつ、順番に言ってゆきますので、それを聞いて思いつく単語を一つだけできるだけ早く言ってください」と説明してから刺戟語を言って相手の反応を待つわけである。

こうして、百個の刺戟語の連想が終わったあとで、「もう一度繰り返しますので、前と同じことを言ってください」と言って再度、同じことをする。前回の反応と同じ反応語であるときはプラス（＋）、忘れていたときはマイナス（－）を記入する。一回目と相違した言葉を言ったときはそれを書きとめておく。現在、日本でユング派の人々が用いているのは、ユングの開発した初期のものとは少し相違して、ユング研究所で使用されているのを河合隼雄氏が翻訳し、少し変更したものである。文化差を考慮している現在のものがベストであるかどうか分からないが、次第に経験をつみながら修正されてゆく性質のものであろう。

しかし、全く原理は同じで、詳細は『コンプレックス』に譲るとして、私も英語版で受けてみたが、なかなか大変である。最初は型にはまった答えがつづくこともあるが、そうそう憶えていられるものではない。同じような性質の感情を表わす単語が何語目かに繰り返し出てくるので、そのうちに自由に連想が出るようになってくる。その中から平均反応秒数よりも遅れを生じた単語を抜き出していけば、どこにエネルギーの流れを止める単語が存在するかがわかる。しばしば、それらの単語は、被験者の感情的な反応において連結しあって、複合体をつくっている場合がある。例えば、これは秘められた心的な「外傷」（trauma）である場合が多く、これによって、この人の無意識の中にどこにコンプレックスが存在しているかが手にとるように分かる。

図2のように、母に対する感情というのを中心にＡ、Ｂ、Ｃ……と色々な感情が、まつわりついて、一つ

の塊をなしてコンプレックスをつくっていれば、それは母親コンプレックスであり、劣等感が中心というのであれば、劣等感《インフェリオリティー》コンプレックス（inferiority complex）になり、権威が中心になって複合していれば、オーソリティ・コンプレックス（authority complex）である。このように人間の無意識の中には多くのコンプレックスが存在しているわけで、一つなくなってもまた無限に湧いてくるし、別に恐れることはない。むしろ、コンプレックスがあるからこそ、個性というものがあり、そこに人が人と区別される面白さがある。

このような感情によって着色された表象の連合をコンプレックスと呼ぶということはよくわかったと思うが、このコンプレックスはそれ自体に集中性と拡大性をもっている。熱帯性低気圧から発達する台風のようにあまり発達しすぎると、あたかももう一つの人格のようになってしまうのである。二重人格というのはそういう意味で使われるので、本人は意識していなくても、無意識の中にもう一人の人格が住んでいるようになる。それは「黒い兄弟」とも呼ばれるようなもので、童話の中で「王子と乞食」のような姿で出てくる一卵性双生児である。それは全く同じかっこうの分身である。これに象徴されるように、王子と乞食は共に兄弟であって、お互いに「離れているが完全に分離していない」という存在、これがコンプレックスと意識の関係である。これについては、シャドーのところであらためて深く論ずることにするが、今ここでは、コンプレックス、なかでもあたかも、まだ発達せず熱帯性低気圧のうちに留まっているようなコンプレックス、言いかえれば、個人的無意識という領域で、台風という元型にまで成長していない場合だけを考えてい

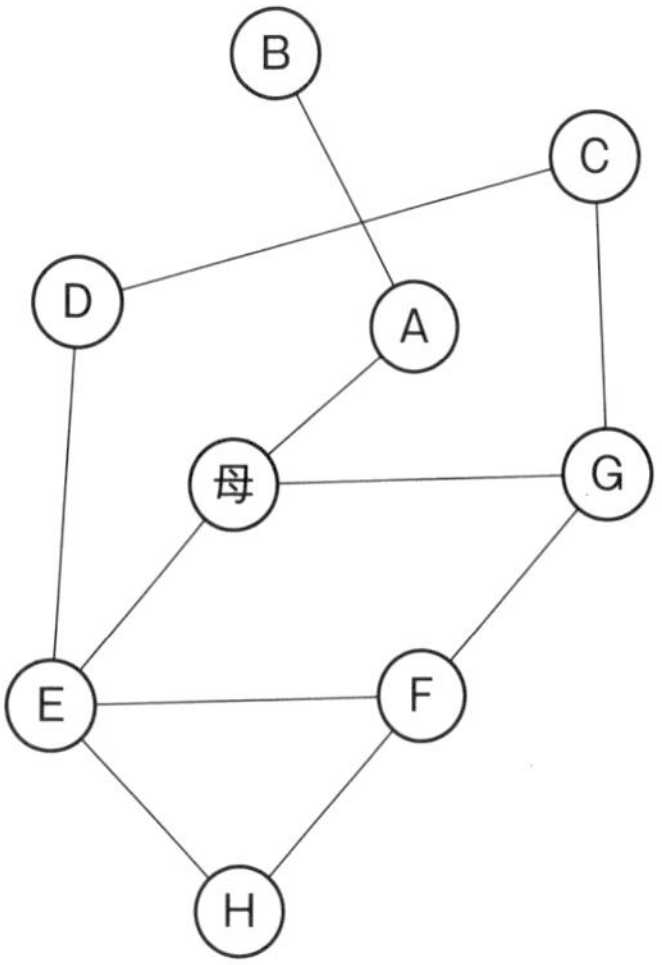

図2

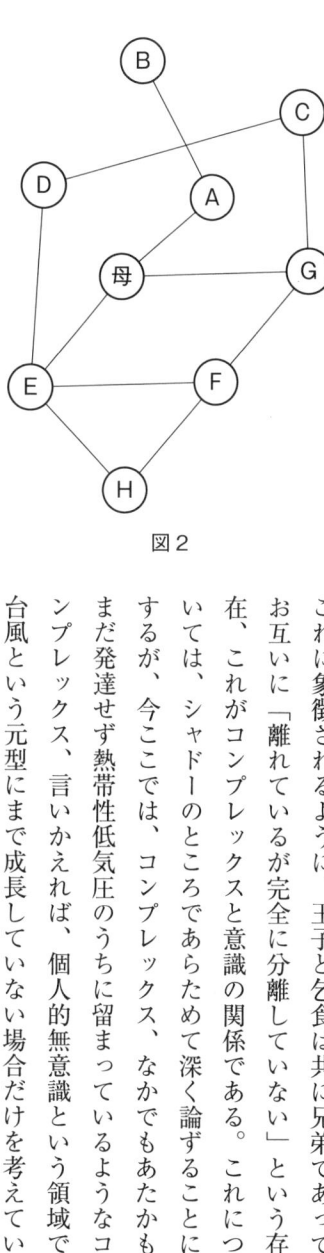

る。ここが同時にユングとフロイトのコンプレックスに対する相違の点で、お互いに相入れなかったので、その異なっている点をちょっと触れておくことにする。

ユングは無意識の領域を二層に分け意識に近いところを個人的無意識（personal unconscious）、もっと奥深いところを普遍的無意識（collective unconscious）として、区別した。個人的無意識の領域はかつて個人が意識として経験したものが、何らかの理由で、例えば記憶としてもう一度取り出すのが不快なため、忘却ということで無意識の淵に追いやられているもので、精神分析などの技法によって、もう一度意識の領域にもち出すことの可能なものを考えている。その領域を個人的無意識の領域という。普通、われわれがコンプレックスと呼んでいるものはこの領域のように思われる。実際、神経症などでこのような心的外傷を意識化して治療された例はいくつもみられる。ユングはこのフロイトの理論を決して批判はしない、それを承認しているのである。

だがしかし、その底にもっと個人の経験を離れた奥深いコンプレックスというものも存在しているので、家族とか、国家とか、種族というようなものによって受け継がれたコンプレックスというものも予想している。この領域を普遍的無意識という。その部分からの表象群である象徴を元型と呼んだのである。だから、このコンプレックスをより深く把握したと考えたので、ユングは最初自分の心理学をコンプレックス心理学と呼んだほどである。したがって、ユングは後に元型の研究に取組んだがこれが難解だったこともあってコンプレックスだけが先に有名になって、彼の学説を離れて人々に記憶されてしまった。次の項でのべる「外向性・内向性」の場合もそうで、なぜかユングにはこういうことが多い。

ちょっと脇道にそれたが、もう少しこのコンプレックスについて考えてみたい。ユングは「人がコンプレックスをもつのではなく、コンプレックスが人をもつのである」と神経症を説明して言っている。他人からみるとじつに些細なことでも英語で言う「ひっかかり」(hang up) とか、「とらわれ」という日本語がぴったりの現象が神経症の症状にはつきものである。私が会ったある学生さんは女性恐怖で、じつに馬鹿馬鹿しいと思っても、その観念に捕われていて悩んで面接にこられた。この人の場合、恐怖の対象が特定の女性タイプで、後にそれが半知りのある女性であることが分かったが、それまでその話を聞いていた私があの恐ろしい女性が今にも部屋に飛び込んでこないかと思う位であった。もちろん、このことにひっかかって、クラスにも出席できず、試験も受けられず悩んでいたのである。じつは会うと恐いからである。ちなみに、彼の言葉によると、この女性は実際にも色が黒く、外向的な性格でまさに彼の「ちょうど正反対」であった。このような感情のひっかかり、とらわれに対して、ただそう考えるなとすすめるだけでは彼のどのような努力も無駄である。このような神経症の場合、彼も馬鹿馬鹿しい訴えであることは知っているのだがどうしようもない。その他、体から変な臭いが出ていると訴える「幻嗅恐怖」、不潔なものには絶対触れないようにし、また触れたといって手の皮がむけるほど手を洗う「不潔恐怖」など、そのような神経症的症候群は多数存在している。いずれも、無意識の中の、彼が知らないが、一つの塊として発達してきたコンプレックスそのものに、意識が反対に攻撃されていると考えるより他にない。したがって、その根源のコンプレックスの性状を見きわめ、意識化すれば最早それは力を失って霧散してしまう。ケロッと治ってしまい、なぜあんなに悩んだかも、分からないほどである。

このように意識に対してある意志力を秘めているのがコンプレックスである。時に頑固で、意外性があり、驚くべき力を発揮する。そのような神経症的な特異な症状をみせるものに最近幼児から思春期にかけて顕著にあらわれる「学校恐怖症」(school phobia) がある。これはまた登校拒否症ともいわれるもので、わが国で戦後、特にみられるようになってきた。そして症状はただ学校に行かない（実際は行こうとしても、行けないのであるが）という簡単なことで、その他は全く普通にみえる。治療をしてみると分かるが、症状は簡単にみえて、治療は困難である場合が非常に多い。[*11] 非常に些細な契機から学校に行かなくなる。その最初に登校しなくなるきっかけは様々である。友達にいじめられた、給食が食べられない、先生が嫌いなど千差万別であるが、とにかくちょっとしたことが引金になって欠席する。ところがその後、特にひどい行けない条件がないと思われても行かないのである。たとえ引きずって連れて行ってもとんで帰ってくる。先生が家に来て、親切に誘ってくれても、また両親にひどく叱られても絶対に行かない。どこといって体に悪いところがないのに家でぶらぶらしている。そして、半年たっても一年たっても学校へ行けず、学校も家庭もほとほと困るというケースである。怠学と違って、この学校恐怖症にかかる子供は意識の力はあって、学校にも行きたいという意志をもっているし、成績も良い場合が多く、勉強はむしろ好きである。一般に本人に対する家庭からの期待が怠学の子供より高い。だから、一生懸命学校に行かそうとするし、時に良い学校へやろうとする。性格は真面目で、非行などしないし、したこともない。そのような子供が学校に対して恐怖反応を起こすのである。学校から逃げるという逃避反応とはちょっと違う。この原因は色々と言われるが、真の原因は分かっていない。現在、言えるのはそのような子供の意識の領域以外にもう一つのコンプレックスのような、無意識のエネルギーの感情の中核があって、意識とは相違した意志の力を発揮するということだけである。ふとしたことから治療中にこのコンプレックスを意識化し、学校に行けるようになったり、意識化しなくても、家庭内のコンプレックスが解消して、学校に行けるようになったという例もある。経験から言えることは、家庭の中での男性性、例えば父親像が弱く、子供がこれらのコンプレックスを統合することが困難である場合は、他の場合に比して治療が難しいようである。そのような場合、親への甘え、攻撃的でしかも依存的な態度が現われ、全くおとなしい子供が家庭内で暴力をふるい、第二の人格が現われるのを見るような思いであるという場合も多い。そして、また幾時間かたつと同じ子供がケロッとしてまた別の人間に戻るような経験をしている親もいる。いずれにしても最近の学校熱と母親の教育熱を背景に戦後顕著に現われた傾向であるのでわれわれは注目している。

　次に青年の例で、母親コンプレックスの例を挙げておこう。この男性はすでに結婚して、子供がある。一人息子で、母親は能力のある活動的な人である。自分一人の手で息子を育てあげ、息子の見合いの写真も、検査して何枚かを選び息子にその中から選択させたほどである。この男性は一流の企業に勤めて一応立派に働いているが母親には頭があがらない。係長になって部下を持つほどだが、家では全く母の良い息子である。最初は母親が同居していたが、妻と不和になり、やっと別居した。しかし、それも無駄になり離婚の相談で来談した。きいてみると、この男性は子供をつくることから、幼稚園のことまで、家庭に関する限りあらゆる事を自分で判断することが出来ず、みな長距離電話で母親に相談していたのである。一体誰と結婚しているのか分からないというのが彼の妻の歎きであった。彼は自分は一人っ子なので妻が母と上手にやってくれれば良いと思うだけで、何かあると二人の間をおろおろしながら行ったり来たりしているばかりである。この男性は母親コンプレックスの塊のような人であった。母親と一度も対決したことはなかった。母親にもお会いしたが、特に子供に対して操作的な強力な母親という印象もなかった。むしろ、彼の中の母親というのが癖者であった訳で、長い間よくない状態のまま対決せず、心の中にしまっておいたために、どんどん発達して大きくなってしまったのである。この母親イメージを妻に投射（project）するから、妻はこれと比較して、自分は駄目だと思ってしまう。このケースは彼が自分の中のコンプレックスと対決することによって解決されて行った。そして、もっと現実的な新しい関係がこの母親との間に誕生した。

　このように、自分の中のコンプレックスは自分の中でおとなしく眠っていてくれればよいが、多くの場合、それは意識の外面に向かって、同じ強度と集中度で投射される。このケースの場合はそれほどでもなかったが、全く関係ないただ身近にいて同性だという理由だけで、この投射されたイメージに捕まってしまう場合がある。そうすると、最早、彼は自分の妻を現実的に冷静に見られなくなる訳で、そこに自分のコンプレックスだけをみるに至る。あるいは、このケースのように、そのイメージと彼女は絶えず比較されるので、妻の方は閉口してしまう。彼が自分の中の母と対決して、自分の悩みを自分で引受けることができるようになると、彼の妻も夫の悩みに身代りで対決させられていたのが解消して救い出されたのである。この身代りという現象がスケープゴート（scapegoat）といわれるもので、旧約聖書のレビ記に出典があり、本人が何の罪もないのに、他人（妻など個人の場合もあるが、他の集団、民族や家族の場合もある）の罪を着せられて、犠牲にされる場合である。これらはすべてコンプレックス（元型というさらに深いレベルをも含めて）の投影の犠牲である。この対象に同一化する心的エネルギーの強さには驚くべきものがあり、それが無意識的になされるが故になおのこと強力なのである。

4　人間のタイプ

前章で述べたように、ユングは一九二一年『心理類型』論を発表し、フロイトからなぜ分離したかがこれによってより明確となった。この著の中でフロイトの精神分析学の性格をも論じながら、二つの相互に相違する性格のもつ基本的態度はなぜ誤解を生み、お互いに相入れないかという独自の見解を、タイプ論として発表したのである。早くも一九一九年から二二年までに、ユングの助手であったベニースがこれを英訳して紹介したので、すぐに英語圏の国々で有名になり、「外向性」、「内向性」の言葉が一般の人口に膾炙《かいしゃ》するようになり、その他のタイプ論と切り離されて気軽に使われるようになった。今日でも、普通の人が「あの人は内向的な人でね」とか日常の会話に用いるようになってきているが、これは皆、一九二三年に早くも出版された彼の英訳が発端である。じつは、ユングのタイプ論はこの「外向性」と「内向性」という二つの基本的態度の他に、思考、感情、直観、感覚という四つの心理機能が組み合わされているのである。

そもそも、この類型論というのは過去においても存在していたのであって、ユングにおいて最初というのではない。その最初はギリシャ時代に遡ることができる。有名なヒッポクラテスは粘液による気質の分類をした人であり、後期になると医者であり哲学者であるガレノス（Galenos, 130-200）が人間の根本的な気質として、多血質（sanguine）、粘液質（phlegmatic）、胆汁質（choleric）そして憂うつ質（melancholic）という分類をしている。このメランコリーというのは現在でも使用されており、素朴ではあるが記述用には便利である。近代になってからは有名なクレッチマーやシェルドンなどがやはり類型論を出している。ユングのものはタイプ論としてはかなり緻密なもので、これは彼の心理学の重要な柱となっている。

「内向的」「外向的」人間の基本的態度

まず、「内向的」「外向的」な二種類の人間の一般的な基本的態度について述べてみたい。ユングがタイプと呼ぶものは人間の興味やリビドーの方向性によって区別されている。すなわち、前者を態度類型（attitude-types）といい、後者を機能類型（function-types）という。前者では、人間という主体が客体に対するその態度の差異で「外向的」と「内向的」に区別されるのである。人間誰しも、彼をとりまく外界に対して適応とか基本的態度の決定を迫られるとき、その個人のもっとも得意な心理機能に基づいて態度決定がなされる。すなわち、「内向的態度は抽象的な態度で、その奥底では、あたかも客体が力をえて彼に迫ってこられないように、客体からリビドーをつねに引上げようとする」。それに反して、「外向的態度は客体と積極的な関係を結ぶ。客体の持つ重要性を高く評価し、その結果、彼の主体的な態度をつねに客体を基準として決定し、関係づける。この人にとって、客体は比べもののない価値をもち、その重要さはつねにさらに高められねばならなくなる」[*12]とユングは言っている。この二つのタイプは互いに異なっており、相違しているのみでなくて、両者は相互に相入れない性格をもっているのである。外向的態度の人間は他の態度の人を非能率、ぐず、何を考えているかわからない、と言うかと思うと、内向的な人間は外向的なタイプの人を、浅薄な、真実味のない、おっちょこちょい、などと言って、お互いに徹底的に理解できない。これは男・女の性別には関係ないし、同一の家族内でも内向型の子供と外向型の子供が誕生する。両親が内向的であるから子供は全部内向的になるというのではない。単純に、遺伝的なものでも、環境的に変化するというものでもなく、その起源は無意識的なものであって、一人一人、それによって決定されているという他に言い方はない。ただし、後に述べる理由によって、つねに、その一般的な基本的態度がその人の一生を通じて現われているとは限らない。したがって、あの人は内向的性格だからというように、一時期な個人の行動をみてすぐ規定してしまってはならない。この点、よくよく注意すべきである。一定のタイプとして見てしまうと、それ以外の見方ができないし、また、単純に、内向的な人間は必ず人づきあいが悪いとか、外向的な人は繊細ではないとか、実際の行動と態度類型の異なるところを見落としてしまう。一見外向的行動をとっても、充分に内向的タイプの人が存在する可能性がありうるので気をつけてほしい。もう一つ、同じ類型の人は皆同じ性質をもっていると思うのは誤りで、個人は全部違う個性をもっており、一人として同じ人はいない。したがって、その同タイプの人々は同じという訳でもないし、また、その特徴をすべて備えている人がいるわけでもない。ユングのタイプの考え方はいわば元型的な考え方をしているのであって、これはまた元型のところで、象徴や解釈の問題として触れるが、ここではそう直接的に結びつけて考えないでほしいとのみいっておく。タイプというのはいわばイメージとしてとり出された型であって、現実にそっくりそのまま存在するものではない。余計なことだが、実際にはイメージとしてあらわれるこの元型の方が、現実より現実味を帯びて力をもっているから面白いのである。

ところで、この主体と客体との関係をみてみると、生物学的関係でもそうであるが、そこには適応関係が存在する。すなわち、主体の方を変更して客体に適応させるか、客体を修正して主体に適応させるかである。ユングは個体の側が防御力も寿命も短いが生殖力がある型と、生殖力は弱いが個体に自己防御力をもった、「多産型」と「貪欲型」を生物にみている。一方は他者を占有することで成立し、他方は客体との数多い関係を結ぶことによって生存を保証する型である。どちらも結果的に適応するがその仕方が違うだけである。

ここで適応と順応の違いを考えねばならない。客体に主体が順応しても、本当に適応したことにはならない。客観的に与えられたものが、つねに個体にとって正当であるという訳ではないのであって、その場合、客体が不当なものであれば、もしそれに適応したら、主体が破壊されてしまうであろう。だから、ただ流れのままに順応さえしていればよいというのでは微生物すら、この自然界で生き残れない。そのために、どうしても高次の適応が必要になってくる。そしてここに、主体を基準として客体を変えるか、客体を基準として主体を変えるか、二通りの性向が出てくる必然性が生じてくるのである。

「外向的」態度とその補償作用

「外向的」な態度とは、次の図3にみられるように、(1)の主体が客体に近づく場合、客体を基準として主体を修正しようとするという態度であって、順当にいけば、周囲の条件に無理なく順応し、主体を変化させ

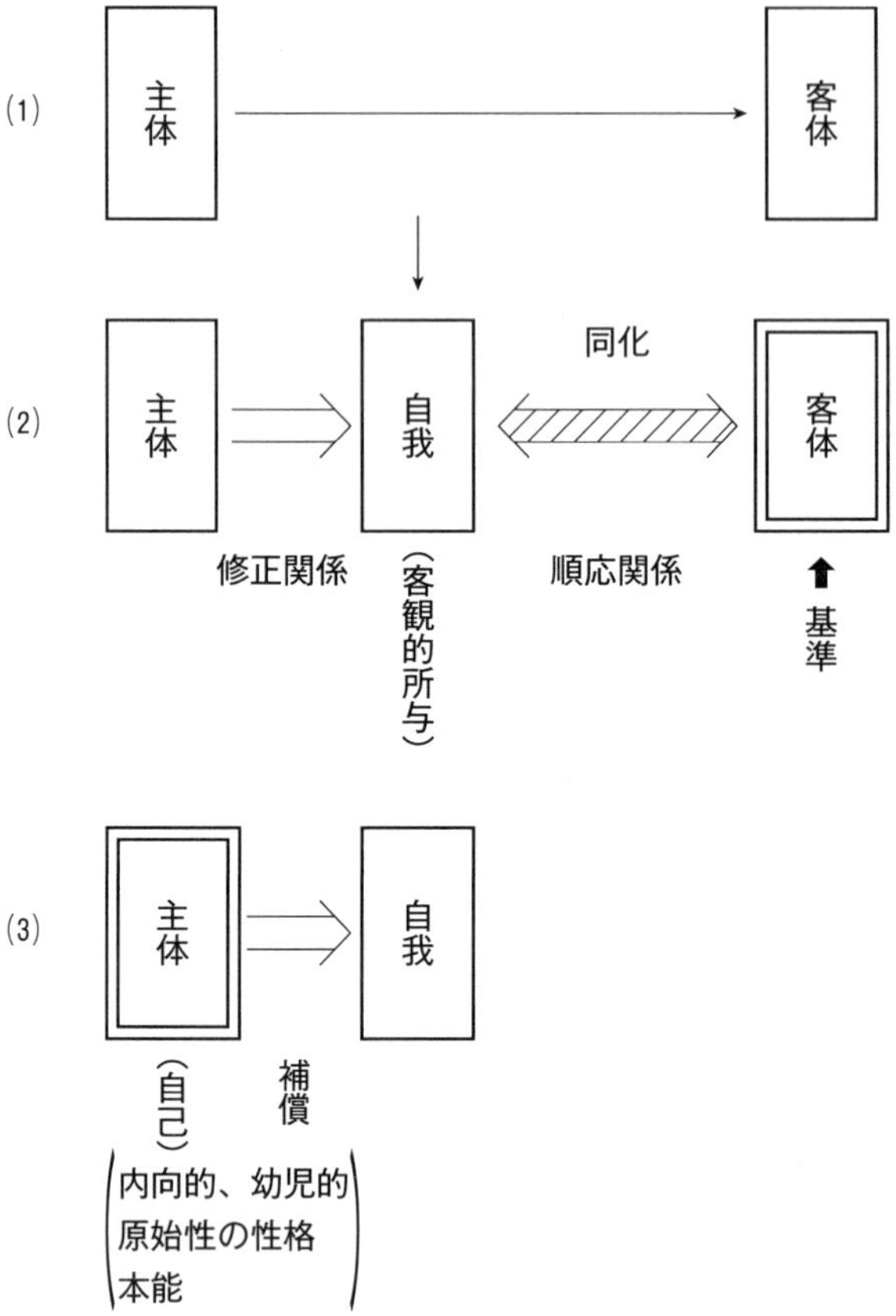
(1)
主体
客体
(2)
主体
自我
同化
客体
修正関係
(客観的所与)
順応関係
基準
(3)
主体
自我
(自己)
補償
内向的、幼児的
原始性の性格
本能

図３　外向型

ることで適応してゆくことができる。(2)に示されるようになる。しかし、その結果、その行き着く先は、主体が客体の諸要求の全くの犠牲になるから、主体は無惨にも傷つくはずである。だから、彼の意識的な態度が得意の外向性にあらわれれば、傷ついた主体は無意識の反対の方にまわることになる。またそして、この主体はあまりにも客観性が乏しく、あまりにも外界と関係がなさすぎるという理由で無意識の暗黒の中に投げ入れられる。するとどうだろう、(3)のようにやがて無意識からの補償的な反作用が起こり、意識的な態度が外向性であれば、その結果、無意識から全く反対の内向的性格を呼び出すようになる。しかも、それは今まで、発達させてこなかった原始的な、幼児的な、自我中心的な不釣り合いなもので、それが前面に踊り出ることになる。なぜなら、得意な意識の外向的態度をあまりおし出し、発達させすぎたから、反対にそれだけ彼の無意識の中のものは幼稚な、主観的な、劣等のものになるのである。フロイトは無意識にはイドのようなただ外に向かって、願望するだけしかできないような存在をあてはめて考えていたようで、この点彼の心理学は外向的であるといってもよいであろう。また、どちらかというと、アドラーの心理学はむしろ内向的性格をもっているといえるだろう。*13 したがって、このイドは幼児的でも、時に残忍で、冷酷で、エゴイズム的ですらなりうる存在である。だから、人づきあいもよく、友人も多く、如才ない外向的な人が、次々とその客体の世界を外向的に拡大し、その順応の高い能力を誇って、なんのけれん味もなく手を拡げ、その外向的態度を極端におしすすめてゆくと、完全に意識によって主体が無視されるので、無意識もまた症候となってその姿を現わすことになる。例えば、彼の主体の側であると同時に客体でもある身体に、あまりにも客観性のない、外界とも関係のない神経的症候群となって現われたりする。これが神経症の症候群で、その典型的例として、ユングはこの外向性型の人間のかかるものとしてヒステリーを挙げている。それらの人々が話し好きで、時にぜんぜんありもしないことを訴えて、皆から嘘つきと思われるのは無理もないことである。あれだけ友人も多く社会的に活動をした人に内向性の性格のうちでも、もっとも幼稚な空想がみられるのは不思議に思われるといった例も、以上述べたような理由によるのであって、一時的に前面に現われた性格だけで判断すると大変な誤りをすることになる。

このように、一般的な基本的態度というのはその人間のもっとも発達した態度をいうのであって、無意識の中にはむしろ逆の態度が働いているのである。それは意識化される度合が少ないので、本人には隠されているが、訓練された分析者にはそれがみえる。無意識というのは、必ずしも意識の深みの下の層にあるのではなくて、意識の心理過程に絶えず流入してくるもので、ただ本人に意識されないだけなのである。

そして、この意識と無意識の間には相補作用が働いていて、人が時に幼児的になるのもそれによって、心の全体としてバランスをとるための補償作用であってさらに深い人格の中心、自己の働きとしてみられるものでもある。しかし、あまりにも意識が極端になると、もはや補償作用が働かなくなって、自我に転覆が起こり、自殺などのもっとも激しい破壊作用を導くことがある。

ユングの提示している一つの外向型の症例があるので、それを説明のために挙げておこう。「印刷所の労働者として出発し、二十年にわたる労働の末、大規模な印刷所の経営者となった男がいた。事業の規模が拡大すればするほど、いよいよこの男はそれに夢中になり、最後に他に何の興味も示さぬほどの仕事のとりこになってしまった。しかし、これが彼を破滅へと導くことになったのである。あまりに事業に熱中した補償として、無意識のうちに子供時代のある記憶がよみがえってきた。すなわち、子供のころ彼は絵や図案をかくのが大好きだったということである。彼自身のための趣味として補償的にこの能力を使う代りに、これを自分の事業に結びつけ、自分の印刷所での製品を『芸術的』方法で仕上げようとした。不幸にも、彼の空想は物質化された。本気で彼は自分の印刷所の製品を原始的で、幼児的な趣味にあわせて作りはじめた。その結果、数年にならないうちに彼の事業はつぶれてしまった。どの経営者も全力を挙げて一つの目的のために尽せという、『文化的理想』の一つに従って行動したのであるが、それがあまり極端に走ったので、幼児的な要求の餌食になってしまったのである。[*14]」

これは、趣味で補償作用の働きを促進させる代りに、意識だけが極端に走って破局に陥ったよい例である。

「内向的」態度とその補償作用

内向型はそれに比べて、心的エネルギーのメカニズムがちょうど反対に働く。すなわち、心的エネルギーは主体から、やはり客体に向けて流れるのであるが（図４の⑴、客体や客観的所与（この二つは外向型では同一化する。図３参照）によってではなく、もっぱら主観的要因（内向型の場合、主体と主観的意見とが同一化する）によって基本的態度が決定される。このメカニズムの方向性をもって内向性と名づけられたのである。ただ、エネルギーが内に向けられているというだけでは充分でないのであって、このメカニズムが回転してはじめて基本的態度が決定されるから、外向的人間でも、けっこう内的世界への心的エネルギーは流れるのであって、独特の個性をもち、豊富なエネルギーをもっている人であれば、相対的に、普通の貧弱な人よりは量的には多いことになる。すなわち、この態度類型というのはそこに流れるエネルギーの量で決定されるのではなく、質の根本的態度であるという点に注目していただきたい。夢の分析などをしていると、個人においてそれぞれのエネルギーの量が異なるので、判断を誤ることが多い。

図４に仮に示したように、客体と主体との間に知覚を通して得られた主観的見解（a subjective view）というものが入り込んでくる。これは、外向型の人が客観的所与をみな客体と思い込んでしまうように、自分の主観的見解を自分の主体と同一化するという特徴をもっている。ところが、ご承知のように、人間の主観的見

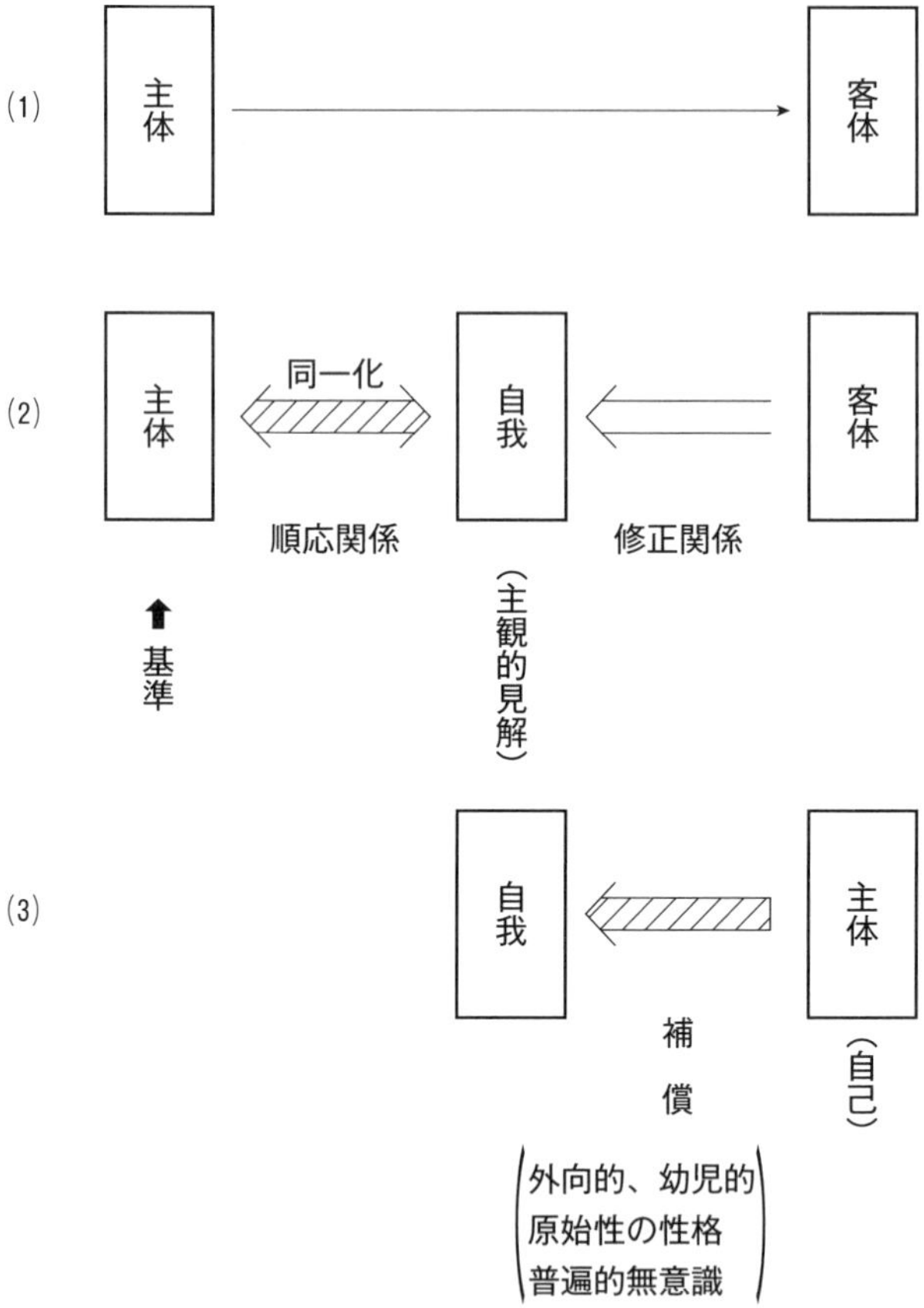
(1)
主体
客体
(2)
主体
同一化
自我
客体
順応関係
修正関係
基準
(主観的見解)
(3)
自我
主体
補償
(自己)
外向的、幼児的
原始性の性格
普遍的無意識

図４　内向型

解と主体そのものとは差異があるのである。それを、全く順応させて、同一化してしまうので、どうしても、強力な自己の力によって、自我は修正されねばならなくなる（図の(2)）。そこに同様の補償作用が働くことになる。この場合、内向的性格の人にとって自分の意見は全く、自己の主張のようになって、またそれを信じて疑わないという確信になるので、それ故に無意識から、本来の何にもとらわれない、図の(3)に示されるように筆者が口をすっぱくして説いた自律的な無意識の中心である自己が現われて、補償を要求するようになる。

なんでそうなるか不思議と思うほどであるが、外向的な人は外的世界にあるすべてのものは所与のものとして、自明なことのように、主体に対して客体となりうると思ってしまう。同様に、内向的な人は人間の意見や見解が全く内的世界にて与えられた所与のもののように、これまた自明なこととして受け入れてしまうのである。外向的な人は「なんだ、あれは彼の主観にしかすぎない」と軽蔑するが、内向的な当の本人はとんと閉口しない。外向的な人間に対して、「あいつこそ、思想がない。ああいう奴は人間ではない」と言って、自分の主観的見解を客観的法則としてしまう。事実、こういう自分以外の誰も知らない宇宙の真理を発見したら、どんなに愉快であろうか。他の全部が馬鹿にみえるのも当然である。しかしまた、こういうように世界からの誤解を受けながら苦闘し、本当に客観的に妥当性のある真理を発見した人がこの地上にはいるのである。自然科学的真理である場合もあるし、宗教的真理の場合もある。まことに尊敬すべきことである。だが、この主観的見解が客観的妥当性をもたない場合はどうなるか。これは困ったことになる。彼は自分の得意でない外向的機能を使って、皆にそれが客観的真理であることを訴えなくてはならなくなる。したがって、ますます、時に陳腐に補強されてゆくことになる。一人よがりの独断的主張などは意識の領域でこのように形成されて、やがて無意識の中から、全く反対の幼児的な原始的外向性格を呼び出してくることになる。

そして意識のもっている権力妄想や優越幻想を根底から、くつがえすことになる。自分が発見した精神的に高い宗教的真理にとらわれ、自らその体現者となった教祖が、全く恥ずかしい低級なスキャンダルで失脚してしまったり、相手を征服しようとする強い意志で活動していた人が、いつのまにか相手から愛されることを願う、センチメンタルな「ヒモ」になってしまったりするのはこのようなメカニズムの働きなのであって、アドラーはこのメカニズムの性格をよく知っていたからこそ「権力への意味」の重要性を説いたのである。外向的なフロイトの理論とは合わないで分離していったのも当然であるという気がしてならないが、二人は別の面の真理を解明していたのである。

外向的性格の人間がヒステリー型を導き出すように、ユングは、自分の意志に反して、終始客体によって威圧される神経衰弱症（Psychathenie）を内向的性格の人間が陥る病気としてみている。これは後までも残る不愉快きわまりない興奮、追跡されるような感じ、そして自分を与えるために絶えず恐ろしい内面の戦いをしいられ、神経は異常に敏感にさせられ、また非常な疲労感を伴う症候群である。

この型の人間たちを特に不幸にしている一つの要素がある。それは、この世界が外向的な世界であるという現実である。古代や中世に生きていたら、そのように不幸にならなかった人が、現代世界における内向的な人間への全くの無理解によって泣かされる例は、私も見すぎるほど見てきた。外向的な人間は、この近代という西欧型社会には比較的適応しやすいのである。内向的な人間はもう幼稚園や小学校の段階から不利になる。緘黙児とか学校恐怖症とか、ひどい例は自閉症として片づけられて、世界からはじき出されてしまう。外向的な人間でも、前に述べたように病的なメカニズムは同様に起こるのだが、他人の理解が得られやすいので、治療がなされやすい。その反対に、内向的な人の心の中で何が起こっているか、分からないし、そんなことに価値を見出すまいとするのが現代の世界なので治療が困難になる場合が多い。したがって、この人がもし、他の時代に生れていたらどんなに素晴らしい人になったかと思われる人も少なくないのである。反対に、古代の宗教的指導者も現代に生れていたら、病院などに監禁されるようになるかも知れない。

もう一つ、実際の問題を指摘すると、特に内向的な人はその基本的性格にもかかわらず、それを隠して、あるいは強制的に外向的性格を教えこまれて、外向型であると思っている人が多くいる。事実、能力のある人はけっこう器用にやっていくので、誰も不自然とは思わない。人生の後半生を迎えて、例えば四十歳台以降になって、人間の内向的な課題が問題になるにつれて、はじめてそういえば自分は内向性をもっていたんだということに気づいて、それまで立派な経営者であった人が、本当に今度はプロの絵書きとしてやっていこうと決心して職業を変更した例もある。外向的な現代世界に住む以上、ある程度まで、それに適応させねばならず、内向型の人にとってはちょっと苦しいことである。

しかし、究極においてはどちらでも同じなのであって、いずれも一方が優勢であるし、他方は劣勢なのである。その両方を発達させることによって、円のように完全な人間になることができる。内向的な人は普通発達させにくいそれがすでにあるのだから、困難ではあるが、この型の世界に立ち向かって自らの外向性を発達させたら、それこそ素晴らしい人格が出来上がるのではないか。

四つの心理機能

では続いて四つの心理機能について述べてみよう。これらはいずれも内向的、外向的という基本的態度類型とは別に、心の活動の諸形式を指している。ユングはこれを、思考（thinking）、感情（feeling）、感覚（sensation）、直感（intuition）の四つに分類している。それらはいずれもまた前者の二つのタイプと組み合わさって、外向的思考タイプ、内向的思考タイプ、などというように合計八つの基本類型ができると考えるのである。また、

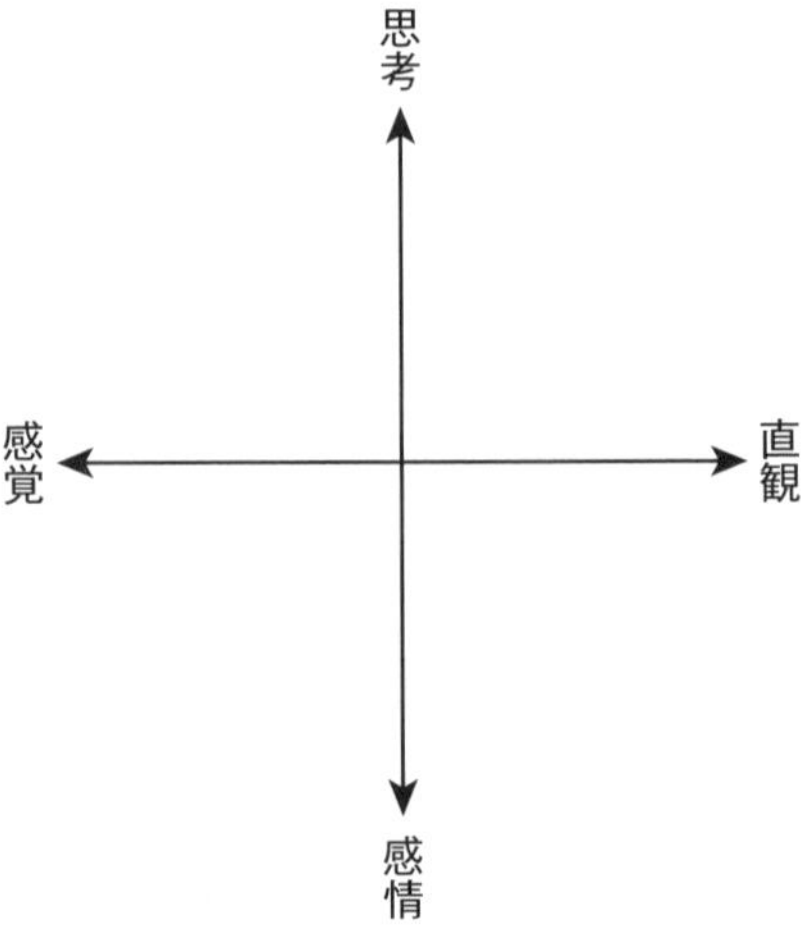

図5　四つの心理機能

さらに厳密に考えるとその中間型も想定することができる。

この四つの心理機能のうち、図5に示したように、思考と感情、感覚と直観はそれぞれ対立関係にあり、上部の思考が発達している人は思考が主要機能であって、感情は劣等機能となる。これは感覚と直観についても同様なことがいえる。この図はたまたま思考が上部にきている姿で描いたものであって、他の心理機能を上方において考えることもできるのであり、その場合も対立関係は同じである（この四という数字の象徴は心の全体を示している。これについては後に述べる）。[*15]そして図6に示されるように、その四つの心理機能であるが、普通は全部発達している場合はまれで、意識の領域でもっとも得意な機能を発達させている。それに比べてあとの三つは未発達であるが、特に反対の位置にあるのが最も未発達となる。思考が発達して、思考優位の生活をしている人は絵画などを前にしては、時に何を描いているか分からないのに出会うと、考えこんでしまう。反対に、感情が発達している人は、どんなものが描いてあろうと、よいものはよいので、これが大好きだなどといって喜んでしまう。思考と感情は両者共に判断する機能で、前者は正＝悪、後者は好＝憎で価値判断をするので、両者ともに合理機能といってよい。一見すると感情は非合理的判断のように誤解されるが、思考的判断とは全く違う判断というだけで、合理的判断である。よくこの感情の合理性への無理解から男女の誤解が生れる。もちろん、未発達な感情機能は合理判断といっても、未発達であるから、どこに合理性があるか疑われる場合もあるが、それは未発達にともなう欠陥であって本来は合理機能である。

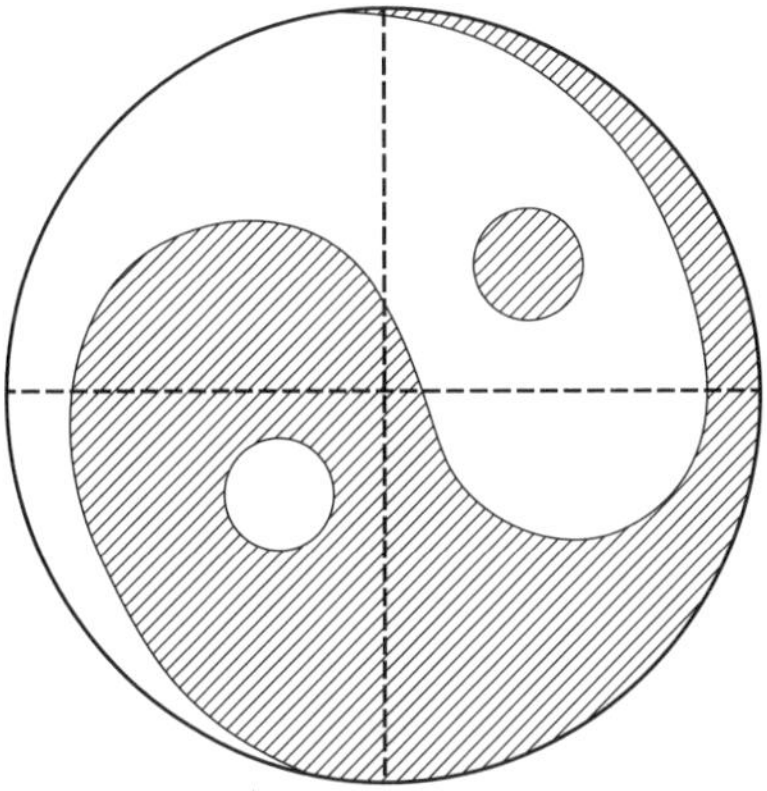

図６

したがって、思考の非常に発達した人は感情が未発達であるから、高度な哲学的思考のできる人が、皆も驚くセンチメンタルな歌に感激して合理的判断力を疑われる場合がある。これはこの人の劣等機能の価値判断力を使っているので、この領域ではその程度であることを示している。しかし、この劣等機能をそれに劣らず発達させようとする人もいる。有名な神学者のバルトはモーツアルトの研究家で、ティリッヒは近代絵画の研究、シュバイツァーはパイプオルガンの奏者であったし、やはり神学者のブルンナーはその自宅に招いていただいた時にも彼はすばらしいピアニストであることを私は知っている。そのようにしてそれぞれの人々は自分の主要機能を知って補償をしているのであろう。

ところで、感覚と直観も同様に対立物であって、前者は事実に基づいた部分を感覚によってとらえることによって次第に全体へと至るし、後者は瞬間的に可能性を含めた全体を直観的に把握してしまう。感覚は視覚、聴覚、嗅覚、味覚、触覚その他体内感覚で把握する。一方直観は刺戟の源泉を指摘することはできないが、どこからともなくきた超感覚、第六感でも感じる。そして、感覚と直観は共に理性を必要としないので非合理的機能といわれる。理性を必要としていないからといって理性に反しているという意味ではない。理性とは関係ないだけである。だから「なぜそうなのか」「どうしてそうなのか」と言われても、「そうだから、そうだ」としか言いようはない。幻聴や幻視などもそうである。理性に反しても、それに苦しんでいる人にとっては現実的で、なぜといわれても困る。しかし、非合理的機能によって把握できる。分裂病の病像についても、感覚型の精神科医は非常に詳細に、記述した記録をつくって病跡をみてから診断を下すが、直観型の医師は座ればピタリとそうと分かるのである。そして長年の経験からほとんど間違いはない。かえって、あれこれ言われると分からなくなると言っている。今診断と言ったが、この二つの心理機能自体は何ら判断を下す機能ではなくて、その感覚や直観に基づいて、他の機能を使って判断することになると思う。

今簡単にその八つのタイプを説明してみよう。

〈外向的思考タイプ〉

この外向型の人は図3に示したように、自我と客体とが同一化するので、外的事実をそのまま所与として受け取ってそれを基準として、自分の生活にあてはめようとする。外界を思考によってとらえるので、自分の独創的な概念よりも、外的世界に生起している事実を一つの体系や型にはめ込んで理解しようとする。ダーウィンとかアインシュタインのような科学者は多様な世界の事象に概念的な法則性を与えた人で、その成功例である。この客観的な事象への探求においてすぐれている。この型の人々はややもすると感情的側面が抑圧されて、人間的温かさに欠け、例外を許さぬ感情的反応によって周囲が苦しめられたり、傲慢や独断、頑固、冷酷になることがある。

〈内向的思考タイプ〉

この型の人は新しい「事実」より、「見解」という主観的要素に興味がある（図4）。それと主体が同一化してしまうのである。ユングはこの型の代表者としてカントを挙げている。自分自身の存在の現実の深さを理解しようとするような実存主義的な哲学者はこの中に入るであろう。古今東西の思想を渉猟し自分の「見解」に至る。その意見（概念）は実在の人物が死んでも、後世に残るほどである。ショーペンハウアーが瞑想に耽ったまま、公園の花壇に入り込んでしまって、園丁から注意され、「お前は自分が誰だと分かっているのか」ととがめられて（自分のしていることが分かっているのかの意）、「ああ！　それが分かってさえいれば！」と答えたという逸話は有名である。

極端になると、彼の「見解」は現実とのつながりを絶つ。これは精神分裂病の妄想の世界にみられる通りである。そこまでいかなくても、現実との関係が薄くなり、他人には理解しにくい独断的な見解となる。また、少数の同情的理解者をもつが、強情で、独裁的な思考になる恐れがある。本人にとってはこの見解が世界の問題を解く鍵でもある。

〈外向的感情タイプ〉

普通一般に思考型は男性に多く、女性には感情型が多いといわれるが（例外もあるので注意すること）、この外向的感情タイプの素晴らしい例は、太陽のように陽気なラテン系の女性たちの中にみられる。自分の気持ちのままに生きていて、その客体の環境の要求するとおり、豊かな感情生活をおくっている。他人に好感を与え、機転がきき、愛嬌があって、誰とでも会った人とは皆「関係」ができてしまう。楽天的な素晴らしいこの外向的感情型はどこか日本人と反対で、会うと気持ちのよいものである。ただし、これも極端にゆくと、未分化な思考機能が出てきて、みんながあ然とするような観念にとりつかれたりもする。それが強い憎悪と結合して、暴れまわり、それを言いふらし、周囲を混乱に落とし入れたりする。それらの観念はよくみると、少しも独創的なものではなく、月並なことが多い。また、平気で最新流行の服など、自分に似合うかどうかおかまいなしに着て歩くのもこの型の例である。

〈**内向的感情タイプ**〉

静かな水の中にたたえられた深さのようなもので、他からはよくみえないが、その中の内面をみると、そこには細やかな感情がたたえられていて、それを知ると全く驚かされるというタイプの人である。女性などで、詩や作曲に才能を示すが、他人からみると無感動なつまらない人のように映る。独自の感情の境地をもっていて、それが発揮される芸術や宗教の場を見出すといかに素晴らしいかがよく分かるようになる。しかし、これだけ豊かな感情の内面性もそれが一旦客観性を失うと、自分の感情の判断を他人に押しつけて、時に残忍にさえなる。時に、子供に対してこのタイプの人が愛情豊かなるが故に残酷になる例もある位である。

〈**外向的感覚タイプ**〉

外界に関する「事実」に興味をもつ型で、その意味で現実主義者である。大方悩むことなく、複雑な客観的事実をそのまま、その時の感覚にあわせて受け入れてゆく。低級なエピキュリアン（現世快楽主義者）になったり、高級な耽美主義者になったりする。厖大な資料を蒐集してドキュメンタリーを書く人やエンサイクロペディア型の学者はこのタイプである。また、自然科学の分野で活躍する有能な男性にはこの型が多いと考えられる。日進月歩のこの分野では下手な自分の「見解」を後生大事に持っているよりは、早く古い観念から離れて、新しい客観性を追う方がよい。この型の人にとっては独壇場である。近頃の日本人はこの型にすぐれた素質を示しているようだ。貿易における経済活動などもこのタイプに入るようだが、これまたあまり極端になると、「あやしげな直観」が突然火をふくとも限らない。曰く、「食糧危機」「石油ショック」など、あのようなリアリストのビジネスマンがこの変な直観で右往左往するのが不思議にみえるのはこの時である。

〈内向的感覚タイプ〉

この型の人はかわいそうに現在の世界への適応は一番困難な人である。ただし、成功した例もあり現代美術のシャガールのようになると、独自の空想の世界をもっていて、現代人の心の内部の美しさをみせてくれる。それがサイケ調の最初は外部に理解できないようなものであっても、奇怪なもの、グロテスクなもの、宇宙文明的なものなど、普通人には表現しようもないものを提示してくれることによって、現代というものを感覚的に知ることができる。このような独自の主観的要素をもっているのがこのタイプの人である。薬物依存による世界もそうであるが、これを人工的につくり出すことがひどくなると、現実とのつながりを失う。ただでさえ、外界とつながりにくい要素をもっているのであるから、生れつきこの感覚タイプ、しかも内向性をもった人には苦労が多いと思う。ただし、述べたように、このタイプの人が成功した時にはあらゆる意味でこんな「すごい」ことはない。

〈外向的直観タイプ〉

たえず外界に新しい可能性を求めて行動する人である。相場や仲買、他人の情事や事件の核心など、すでに人に知られている事実ではなくて、まだ可能的な事実を探求するのが好きな人である。例えば、野球のスカウトや歌手の発掘などに熱心な人などがそうで、一見突飛にみえ、次から次に変化するので不安定にみえる。長いこと持続的に一つのことに興味をもつことができなくて、次々に新しい可能性に気をとられてしまう欠点もある。しかし、月並な仕事には情熱を捧げないが、可能性に対しては努力をおしみなく出す。悪い面が出てくると、自分の身体の症状へのとらわれや将来の可能性に対する心気症的な不安や恐怖が現われるようになる。このタイプの人はしつこい場合が多い。

〈内向的直観タイプ〉

内向的な型の人は前述したように、外向的社会に住んでいるので、いずれにしても適応はむずかしいのであるが、この型はなおさらである。自分の内的世界の心像を大切にして、友人たちからは変人、奇人とされているような型の人で、そのうえそれが直観的な「見解」なので、非常に伝達が困難である。したがって自分の本来の傾向を無視して機械的にやったり、実際的にやろうとして神経症に悩まされるという例もある。しかし、現在のような世界以外の時代に生れていたら、天才的な思想家や宗教家、芸術家として尊敬され、社会に十分に適応していたであろう。ウイリアム・ブレイクなどはこの型の画家であり、詩人の好例である。

以上がユングのタイプ論なのであるが、そういわれてみると、それがあたっているようにみえるけれども、現実の自分の実像はどれにもあてはまっていないようであり、不審に思われる人もあるかも知れないが、それがユングのタイプ論の類型論的なところで、あまり自分は何タイプと気にしすぎる必要はない。どの人間もやはりあてはまる部分とあてはまらない部分とがあるのであって、論として構成される場合はユングといえど彼の思考型を使わねばならないし、それはそれなりの欠陥もあるのである。大切なのはそのメカニズムの力動性であって、たんなる分類ではない。

5　シャドー

シャドー（影）はユング心理学の重要な概念の一つであって、今までに他の項目の中で時々色々に説明をしてきたが、また、その中に、もうすでにたくさんのシャドー（影）の力というものが見え隠れしていたので、賢明な方々はお気づきのことと思う。まあ、それが影というものの特性であるといってよい。このように一項目を設けて日の目をみるのは、じつはシャドーさんには面映ゆいのかも知れない。

意識というのは自己拡大的で自己中心的であるということは憶えていられると思う。特に個性の強い人間はその中心に自我をもち、誰にでも認識できるような特徴となって、人々の間に聳え立ってみえる。そのように、人間は一つの外面に表われた性格をつくりあげると、必ず、心の内面には、それと反対の大きさでシャドーがつくりあげられる。ちょうど、一本の木を陽の中に立てれば、その木にみあう長い影の木ができるようなものである。だから、影のない人間に出会うと、むしろ、人間ではないような無気味さに襲われる。立派な人格者といえども皆人格の影をもっており、その影の陰影でむしろその人らしさが形成されていると言っていい。ところが、その人格者が全く自分にはコンプレックスなどない、すなわち、影がないなどと言われると、「ははーん！」と頭にぴーんときて、「あ、そうですか」とはならない。なぜかというと、皆人間である以上影の存在を知っているからである。このようにシャドーの存在についてはは日常経験的にわれわれは知っているのである。

シャドーには二種類の影が考えられる。一つは個人的無意識の領域の影と、もう一つは普遍的無意識のそれである。第一のものは、意識の影の部分として現われるもので、人生のある段階で自分の自我が確立されれば、それに応じて影も形成されるのは当然である。だから、影とは何かの都合で自分が意識的に「生きなかった」部分であるといってよい。意識によって生きることをやめた部分はじつは無意識にそれだけ蓄積されているのである。すなわち、その人の中の一卵性双生児の「黒い兄弟」とも考えられる。自分の中に生きているもう一人の兄弟がどのような人物であるのか自分で知るのも興味のあることで、夢の分析を受けた方はご承知のことと思うが、分析の初期の段階での重要な仕事はこの兄弟に出会うことである。たいてい同性の別人の姿をして夢の中に現われることがある。ある人には黒装束をつけて、背後に突然現われるかと思うと、怪獣のように巨大な姿で出現する。そして、意識の変化に応じて刻々とその姿を変えていく。分析をするということは、この巨大な影と戦うことをも意味しているので、寛永御前試合の忍術による変化自在の格闘のようなものである。すなわち、人間は子供の時から、人の前では悪いことをしないように、善を行うように仕立てあげられるから、倫理的な意識という生活においては世界に適応するために、いつのまにか善に親しむようにさせられている。幼児をみていてもそうである。歩行に例をとれば、最初は自由奔放に面白くて外に飛び出て目が離せないが、次第にどこへ行ったら叱られるか、という文化的な枠組みができてきて、してはいけないことをすると、自分でも不快になり、次第に抑制するようになる。このようにして、生きてこない影の部分が次第にその人の中に出来上がり、活動的に一方的に生きれば生きるほど、他方の生きなかった部分が巨大化する訳で、したがってじつは人格者ほど、影もまた大きいのである。夢の分析のためメモにとってもらって、患者さんが最初に持ってこられる時に、人格者といわれる人ほど、恐る恐る取って持ってこられるものである。例えば、「じつは、別に私がこう考えたのではないのですが、なんでこんな恐ろしい夢をみたのでしょうか、とにかく先生が何でも出てきたものを持って来いと言われたので……」と言い訳しながら、汗をかいて持ってこられる場合が多い。そして、手にとってみると、この方の人柄からは想像もつかないような泥棒や殺人の血なまぐさい人物がでてきたりする。またこういう方々は生真面目だから、夢をみたものの、どうして分析家にみせたらよいか迷われるが、遂に決心して、言い訳付きの提出となるのである。私はこういうのをみると、時々この人の中にある第二の人格ともいうべきその「悪い奴」がこちらをみて、ニタッと笑っているような感じがする場合がある。これが影である。

『イヴの三つの顔』という本の中でセイグペンとクレッキィーの報告した有名な二重人格の事例が報告されているが[*16]、この場合は一つの肉体をもつ女性の中に、複数の影が出てくるケースである。この治療家は最初彼がイヴ・ホワイトと呼んだ人格の他に、治療中にイヴ・ブラックという第二の人格を呼び出してしまうのである。片方は地味な、おとなしい貞淑な二五歳のアメリカの家庭の妻であるが、ある日、自分の衣裳タンスの中に見も知らぬ派手な服がずらりと並んでいるので、ビックリしていると間もなく、途方もない服屋の請求書を受け、夫を疑ったりして、その末どうしても不思議なので仕方なく相談にくるケースである。そして、治療を始めてみると、同じ体の中に別の人格が現れる。みるみるうちに、しぐさや表情が変わり、治療家に向かって、やったのは自分であると言いだす。彼女は派手好みで、陽気で、小さい魔女のようで、粗野な女であった。彼女はイヴ・ホワイトが睡眠中に寝室を抜け出して、街に遊びに行き、明け方急いで帰って来て、衣裳棚に自分の着ていた洋服をかけて知らぬ顔で寝てしまうのである。イヴ・ホワイトは全くイヴ・ブラックの存在すら知らないので、このような相談となったのである。ところが悪賢いイヴ・ブラックはイヴ・ホワイトが何をしているか何でも知っているし、彼女のやり方には不平たらたらで、しぶしぶ、もとの心の中に帰って行く。このイヴ・ホワイトを催眠状態にして、呼び出したのはよいが、この治療家がどうやってもとに帰すのかわからないで、あわてるところが面白い。とにかくお引き取り願って、その後、根気よく、面接でわからなくなると、呼び出す。そして話し合いを続けて行くうちに、もっと理知的で、現実的な第三の人格すらも呼び出すのに成功し、ただし、これはイヴ・ブラックほど強烈に鮮明な人格ではないが、さらにもう一つの存在も確認する。そのようにして、一つの人格にまとめて統合しようと治療的な努力をするのである。そして、これは実際のケースとして発表されたものである。最後に、イヴ・ホワイトは最初の人格からはほど遠いが、影にはもはやたいして脅かされずにすむような人になって、社会生活がおくれるようになる。

これほど、明瞭な形で出現するケースは珍しいが、それからまた、影が「二重身」（Doppelgänger）の現象として、夢の中にはしばしば出てくることがある。例えば、「自分が部屋の中に戸を開けて入ろうとすると、戸を開けたとたんにギョッとする。その中で静かに本を読んでいたのは自分であった」というようなものである。二重身の現象についてはやはり『影の現象学』[*17]の中で詳細に論じられているので、それにゆずるとして、要するにこの現象は「もう一人の自分」が見えたり、感じられたりすることで、精神医学的には自己視、自己像幻視などと呼ばれて、分身体験として興味をもたれていることを指摘しておきたい。シューベルトが作曲もしているハイネの詩の中に、「影法師」と訳されているのはこれである。正常人、神経症、精神分裂病、いずれの場合にもこの分身体験は起こるが、覚醒時に、しかも立派な分身として体験されるのはなかなか少ない。夢の中には時々現われるが、夢の中に現われた影が立派に一人立ちして意識の中に侵入してくるまでにはかなり距離と時間があると私は考えている。正常なある男性の精神科医の夢を一つだけ挙げておこう。

「病院への当直の途中雪が降っている。夜も十二時位で三〇センチの積雪がすでにある。当直室は暗い三階にあるので、二階から三階に行こうとするが、二～三階は壁をよじ登るようにしなければならないようになっている。それで、裏の山手へ（裏は神社の境内になっているが）まわることにすると、そこへ行くには急な階段を登らねばならない。

境内には十名位の人の声がしている。僕が階段をよじ登って行くと、『先生だ、先生が来た』と歓んで迎えてくれそうになるが、………僕は足をふみすべらして頭から転落してしまう。ふと気がついて見ると、僕は脳外科医として一人の患者の手術台の前に立って、今しも手術をしようとしているところである。

その患者というのが、どうも、一人の脳挫傷の患者らしく、それがまたどうしてか、足をふみすべらして墜落した僕自身のようでもある。

僕は手術台のもう一人の僕の頭を開いてのぞきこむと、右の脳はすっかり駄目――腐敗している――ようにみえます。しかし、その患部を吸引しはじめると、左の手足を自由に動かせるようになり……そして残念ながら死にます。つきそいをしていた患者の父が、『死ぬ前に駄目だった体が動いたのはせめてもの慰めでした』と感謝しますが、僕はびっくりして、(恐ろしくて)目が醒めます」という夢である。この中で、影について色々説明ができるが、ここではただ、手術台にいる患者も、それを治療している医師も共に同一人物として経験されていることに注目願いたい。他人の心の治療は外科手術と違って、自分の心を使って、他人の魂を癒すことだと前に述べたけれど、その場合、じつは医師の心の中にも病んだ患者がいるのである。その内なる患者を癒すことが、すなわち、患者をなおすことにつながっていくのであるが、彼の実際にしている医療のあり様を、夢は彼のシャドーを使って見せてくれる。彼は自分によって、自分が死んでいくのをみて驚くのである。興味があるのは彼の彼自身である患者に対する仕事ぶりである。決して強引に手術して切断したり、除去したりしていない。どのように「吸引して」いるか分からないが、吸いとることによって患者の左の手足が動かせるようになるのである。この動かし、回復させるという呼吸こそ医療の秘密なので、患者の父が感謝しているのはこの点なので、影が死んで消えることは別に不思議ではない。用がなくなれば

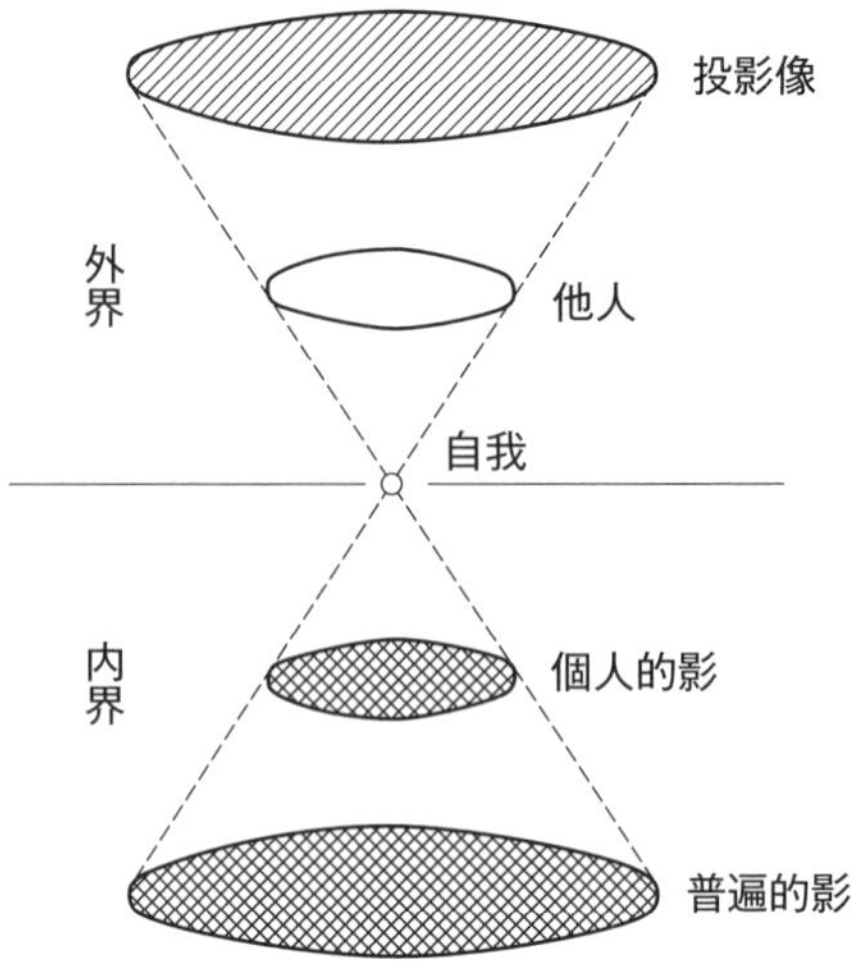

図７

影は仕事がないので消えてしまうのである。

　このように、影に対しては、第一にその影を認知すること、第二にそれと対決すること、第三にその影を統合することが課題になっている。もし自分の影を自分で認知しなければどうなるか。自分で引き受けなければ他人に投影することになる。図7をみていただきたい。自分の個人的な影は自分で引き受けねば、外界に投影されて、自分の周囲の人を悪者にしてしまう。これは影の「肩代り[*18]」と呼ばれるものである。さきに、個人的無意識の領域のことは述べたが、じつは第二の領域、普遍的無意識の世界の影の投影の方がもっと強大で、どうしても影の問題を考えるとき、重視されねばならない。この普遍的な影の投影を受け易く、また自分の方からも他に投影しやすい聖職者の普遍的な影の問題について、筆者は一度「牧会心理学における悪の問題[*19]」として発表したことがあるが、自分とは何の関係もない悪のイメージを投影されて困っておられる方の問題を知れば知るほど、この影の性格を考えざるをえないのである。宗教史の中ではスケープゴート、すなわち「いけにえ（贖罪）のやぎ」の問題として繰り返し取り扱われてきて、現代でも生きた課題であるといえよう。

　だから、影は元型の一種であって、その根底にはつねに普遍的無意識の深層からでてくるものがある。私のところに大学を卒業して心理療法家を志す一人の若いお嬢さんが教育分析を受けにこられたことがあるが、この方のおばあさんは立派なクリスチャンで、明治の方としても立派な才能と独立不羈《ふき》の精神を持った非の打ちどころない女性であられた。明治以来、日本を近代社会にするために努力したキリスト教の果たした役目が女子教育の上で、いかに大きかったか改めて知らされたわけであるが、普通の日本の女性よりずっと自立した自我をもっていらっしゃった。ところが、キリスト教しかもプロテスタントはどちらかというと善と結びついて、悪を追放する性格をもっていたので、この方も長い間、自分の中にある悪を否定する傾向にあった。こんな場合、悪はその方の周囲の人々、息子、嫁、孫などに投射されて、周りの人は何も悪いことをしていなくても、つねにこの立派な人と比較されるから、その方の前へ出ただけで悪が目立つようになる。そして、いつしか影を投射されて、その影を自ら演ずるようにすらなってしまう。同様なことでよく家庭で次男が悪役を演じて、長男は「母の良い子」になる例もよくみることがある。このように家族や人種など個人を超えた普遍的な悪を背負うようになるとこれは、普遍的影の問題になる。兄と弟という骨肉の争いであるカインとアベルの主題を個人から民族のレベルで読みかえることも出来るのはその意味である。

そもそも影というのは、もともと一つのものの半分ずつであったという性格をもっている。中国思想にも陰陽説としてこの善悪二元論は古くから存在していた。ただ、ユングが注目しているのはこの点で、中国思想でも必ずしも善＝明と悪＝暗とは絶対的には結びついていない。陽と陰というのは、陽の反対が陰というだけで別にどちらが善というのでもなく、もし陽が善と結びつけば、陰は必然的に悪になるというだけである。もし陽が善と結合し、「明るい」ということは善であると、「暗いこと」は悪となって問題である。例えば、皮膚の色が黒いということで、普遍的無意識のレベルで悪のイメージと結合するとすると生れつき黒い人はたまったものではない。しかしながら、西欧の近代では善と明、悪と暗が結合してしまった。西欧の歴史を近代の自我の歴史として把えるとき、この害毒は測り知れないものがある。ユングはドイツ民族の無意識の中に隠れていた冥界の魔神の像、ヴォータンの出現をみて、ナチズムの深層心理学的解明を行っている。

「かつてその樫の木が倒れたとき消え去ったこの神は、キリスト教の神が同胞相食む殺戮からキリスト教徒を救うにはあまりにも弱いことが分かったとき、再び戻って来た。ローマ法皇が力尽きて、ただ神の前に離れ去った信者の群れを嘆くばかりとなったとき、ゲルマンの森のほとりで老いた独眼の猟人は笑い、おもむろに駿馬スライプニルに打ちまたがるのである」[*20]と述べている。この荒れ狂う嵐の神、ヴォータンとナチズムとの無意識における相似性を指摘しつつ、その正体が何であったか、人々はどのようにこの普遍的影の犠牲になって死んで行ったかを分析してみせている。

深層心理学といえば人々は暗い世界を連想し、罪の告白や罪悪などを取り扱う学問であるとすぐ考えがちである。その連想には間違いはない。なぜなら、夢の分析など開始すると最初に取り扱われるのは、この「暗さ」であって、「明るさ」ではないからである。天上の宇宙に対して、地下の宇宙を取り扱う。しかし、天に明と暗とがあるように、夜にも、よくよくみると明と暗がある。月の光の世界であって太陽の世界ではないだけである。この人間の内的宇宙に神経症の患者のそれを通して入って行ったのがフロイトであり、またユングなどの深層心理学者たちであった。そして、内的宇宙を取り扱うことによって、その投影を通して、外的宇宙という近代世界において何が行われていたかを、映し出そうと試みた。古代人たちの宇宙観にもう一度戻ることによって、近代人が欠落させてしまった内的宇宙の解明を深層心理学という名前で行おうとしたのである。

したがって、最初にフロイトによって取り扱われてきたものは本能や衝動などの冥《くら》い「イド」であっても仕方がなかった。しかし、ユングはこれらの影は元型であって、これは意識の態度によっては転回しうる「暗さ」であることを知っていたために、当時誰でも、それが近代という外的世界の性格の欠陥を映しださせるような重要さをもっていようとは考えられなかった時代において、だから一生をかけて一人一人の精神病者の症候と取組んだのである。その影こそが長い間出会うことを望んでいた「もう一人」の双生児の片方であり、それによって統合が完成するその鍵であるという重要性に注目した。この点、アニマ・アニムスの問題を通して後に詳細を述べる機会があるのでそれはその時にゆずるとして、ここではこの点だけを指摘しておきたい。

6　元型

元型という概念はなかなか説明しにくいものである。つまり、概念として分かっていただくだけでなく偉力のようなものも知っていただきたいし、また概念としても明確に把握していただきたい訳である。要は読者に四つの全部の心理機能を働かせてつかまえていただく訳になる。この説明もどれか一つの機能が優勢にある人、例えば感情を発達させた人には思考を使って概念を説明できても、自分に訴えて響いてくるものをもたないだろうし、さっぱり分からないということになる。したがって、なかなか難しいが、まあ、やってみるより仕方がない。

例えば、ネクタイならネクタイがあるとしよう。「ネクタイとは何か」とあらたまって尋ねられると、なかなか説明しにくい。自分がいま、しめているネクタイを読者にお見せして、これがネクタイですと言うのも一つの方法であろうと思う。たまたま、私のネクタイは棒ネクタイという奴で、一般的ではあるが、ちょっと流行おくれの幅の狭い奴だとしよう。すると一人が「蝶ネクタイはネクタイではないのでしょうか」と言いだしたり、もっと幅の広い布のようなものを出して、「このネッカチーフはネクタイではないのでしょうか」、「女のネクタイはネクタイではないのでしょうか」などと問われるとまあ大変うるさいことになる。さて、なるほど、ネクタイという現象としてのネクタイには様々あって、どれがネクタイかとなかなか言いきれないほど種類は多くあり、人々によってそのイメージが異なるものであるが、じつはその現象の背後には、「ネクタイとはこういうものだ」というネクタイの本質ともいうべき、元になるイメージ、(primordial image, Urbilder, 原始心像) というものがあるからこそ、これは「ネクタイだ」、「いや、そうでない」と言えるのだと思う。ところが、われわれの目にみえているのは個々の具体的現象としてのネクタイであって、ネクタイそのものではない。それ自身は現象の背後に隠れている。ユングはこれをプラトンのイデー (eidos理念)[*21] から学んだと言っている。これは新プラトン主義者の時代になると、『ヘルメス文書』の中に表われ「神は初原的な光」であるという時の原始の意味で、元型 (archetype) という言葉が使われているし、アウグスティヌスもその著の中で、この元型がイデーであると書かれていると彼は指摘している。[*22] ネクタイは物質であるが、古代・中世では物質でも今日のような物質だけを考えてはいないのであって、神が創造したものであるから、そこに神のイデーが何らかの形で表現されていると考えられていたのである。そうすると、この本質の方がよりネクタイであって、個々のネクタイはその本質的なネクタイを分有していて、あるものは本質から遠く、あるものは近くあり、あるものはより純粋で、あるものは不純と考えられる。したがって、ネクタイという名前はただ名前だけの抽象的なものではなくて、名前が指し示す実体を表わしている。実験や検証によって、その存在が確認されるものではなくて、その存在はアプリオリ (apriori・前提条件) としてある、そして、元型も同様であるという考えである。このプラトン的な思考法というのは、現代人の思考法に抵触する。むしろ、われわれは誕生の際に白紙の状態 (tabula rasa) として生れてくるのであるという思考法に慣れているといってよい。もちろん、これもある意味で正しくて自分の人生は生れた時から、すでに決定づけられているという運命論的決定論におちてはならないし、ここは大切なところで、ユングを運命論者と同様に誤解してはいけない。「元型は意味の見えざる核を保持している。しかしながら、それは原則においてであり、具体的表現においてではない」。卵という表象で、生命は地上に出現するが、そして、その後のあらゆる発展はその卵の中に可能性としてすでに秘められているが、現象としては一定でない。現象は様々に変化し、発現するが、その本質である存在の型は一定なのである。これが現象学的方法といわれるもので、ユングの心理学もこれに準拠している。この元型を実体として把握して、それがむしろ、現象よりも根源的な実体であるという考え方は、哲学史においても、初期の頃のプラトン的な発想に戻らないと、アリストテレス的な、しかも近代哲学の観念論の伝統に親しんできたものにとっては理解するのがなかなか困難なものである。私はここで哲学的論議の詳細に入るつもりはない。臨床心理学的な経験からみて、この観点の方がより説明しやすい位に考えているのである。

例えば、コンプレックスの項で述べたが、意識からみてこのシャドーの存在は第二の人格のごときものであり、さらにそれが第二の人格となり、むしろ元型の方が普遍的無意識の領域では、本質そのものを持っていると考えざるをえない場合が生じてくる。意識の中に入り込んでくる現象はこの本体の歪んだ、むしろ、影の影なのであって、主体である光源がその本質であると考えるべきである。最初、ユングも意識に侵入してくるその初源的なイメージだけに注目していて、一九一二年以来それを原始心像と呼んだが、後年この考えを発展させ、一九一九年以降は元型という言葉を使うようになり、一九四六年はっきりとその心像をつくり出してくる元型そのものと意識領域に侵入し、知覚可能な元型とを区別するに至った。そして、元型そのものは無意識に隠れているのであり、そのものは見ることはできないが、その象徴であるイメージを通してわれわれにその存在が知られるものと考えてきた。

その元型《アーキタイプ》（これは古態型、原型、原始類型、神話類型などと訳されているが、どれもアーキタイプのことであって、一般に受け入れられている元型という語をこの本では使用している）は古代から人間が繰り返し、繰り返し行ってきている同一の行動様式で、したがって人種や民族を超えている。時代と空間の超越性はもとよりさらに徹底して、人間の動物性や植物性の段階にまで遡っても考えられる。事実人間には胎児の時代に魚のように水で泳いでいた時もあり、進化論の説明するような過程を十ケ月の間に素晴らしいスピードでたどって人間段階にまで至ると考えることもできるし、退行する場合、動物的段階はもとより、ユング派のカルフが説くように植物的な段階まで、箱庭療法[*23]などで示されるケースのように、無意識下では到達するとみることができる。

ヤコービの書物[*24]に出てくる図8を挙げておくが、これによるとなぜ人間が他人のことを理解（understand　下で、立つの意）できるかがよく分かる。この図のⅠ、Ⅱ、Ⅲはそれぞれ異なった個人であるが、共通の無意識をもつがゆえに、例えば、母といえば、言語は異なっても、「母なるもの」は共通であり、それから生れる「子なるもの」もまた元型としては共通であって、表現の差異をこえて、その深層の下では共通の立つ場があるから理解できることが分かる。したがって様々な子の形態があり、明らかに子供と分かるもの

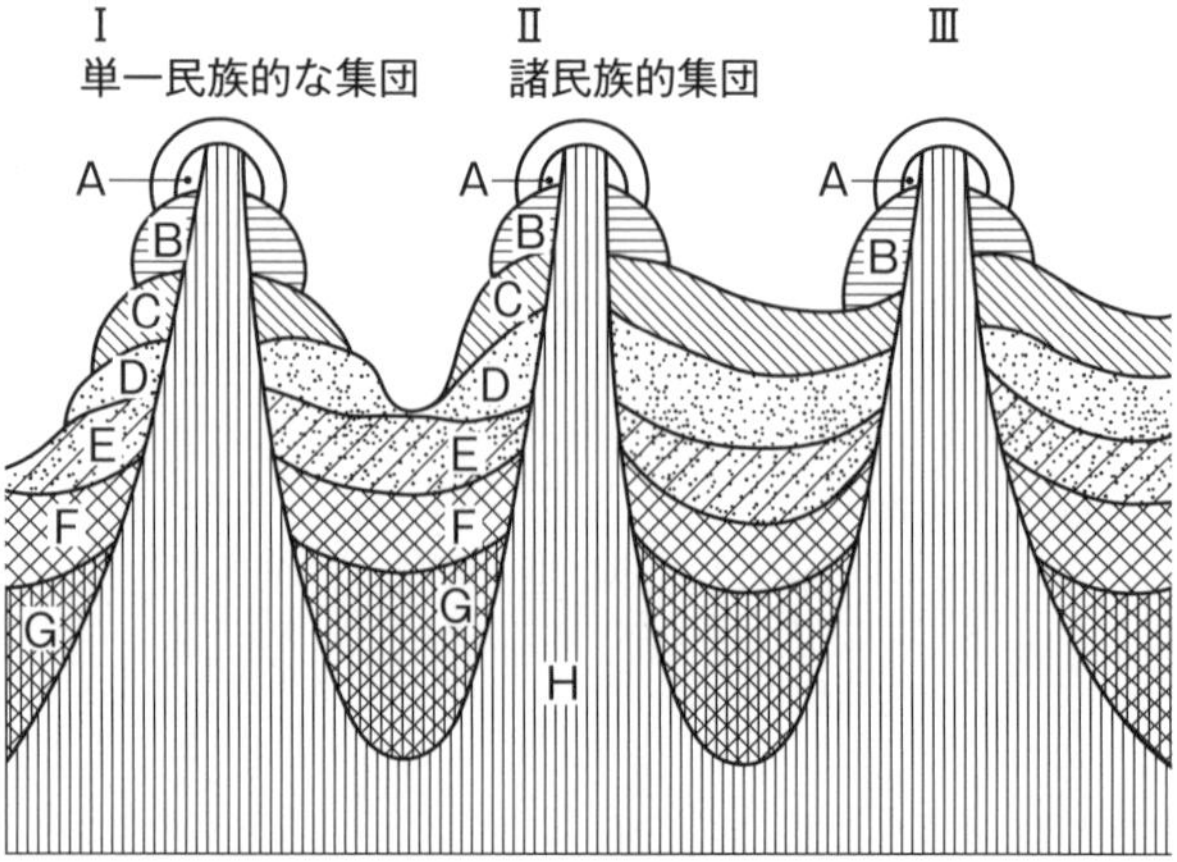

A　個人
B　家族
C　血族
D　民族（国民）
E　種族
F　原始的人の祖先（人類）
G　動物の　〃　（動物）
H　中心的エネルギー

図8

もあり、またもう老人になって子供でないような人もいるが、それでも父の前に出ると子供は子供であり、「子なるもの」は存在する。もし、この元型が与えられていなければ、何を言っているか分からないはずである。その元型は明らかに同一の家族内でその意味が分かるもの、また同一の民族の中で理解できるもの、そしてその言葉を発音するたびにある範囲である感情を呼び出してくるものなのである。国旗や国語などもその例であり、それが文化の障壁をこえて人類のレベルという深い共通の場で、共有しているものもある。そして、「飢え」「性」などのように動物的レベルの無意識の深層に深くなればなるほど、その象徴は強力で、その影響は大である。フロイトが「性」の元型というものを取り出して論じ、アドラーが「力」に注目したのも、それらがより元型的なものであったからである。

ところが、この二つ以外にも、無数の元型が存在している。それはちょうど、無数のコンプレックスが存在しているのと同様である。その典型的な例を示すと以下のごときものである。「アニマ」・「アニムス」、「母」、「老賢人」、「男」・「女」、「子供」、「トリックスター」、「死と再生」、「イニシエーション」、「英雄」、「太陽」、「樹」、「悪魔」、「巨人」、「風」、「自己」などであって、それぞれについて説明をしたいが、いずれ必要なものについてはそれぞれの箇所で解説がなされるであろう。

ここでは一例として、「偉大なる母・太母」の元型だけを取り挙げ、それがいかに現代も元型としての力を人間に対してもっているか、例をあげて述べてみたい。

ノイマンの著に『偉大なる母』(The Great Mother) というのがあるが、古今東西の文化から大地を象徴するような母性像を取り出してみると、あらゆる地域、文化に及んでいることが分かる。日本でも豊饒の地母神像が各所にみられる。その現象としては色々あるが、一般的には腰のまわりが豊かで、多産の神で表わされている。胸には乳房が大きく前につきでて、いかにも力強く、子供を抱いている場合も多い。それらの一つ

写真４　地母神像（キプロス島出土）

や二つは見たことがあると思う。それである。母というのは面白い存在で、女であって女でない存在である。異性を意識する年頃の少年は時々この母の奇妙な存在に気がつく。また、中学生ぐらいになった息子に対して、「男臭く」なったといって気味悪がる母親もいる。いずれにしても、母は男と女の両性的な（hermaphrodite）存在であることを意味している。[*25] 嬰児にとって、母の上半身にある乳房は実際に男根的攻撃性を意味するだろうし、また彼女の下半身は子を産む女でもある。子を育てるものであると同時に子を呑みこむ否定的母親にもなりうるのである。大地にはもともとそのような両面背向的な性格があったので、これが基礎であり、そこからすべてが生れる母体である。したがって元型の母という場合に、それは自分の具体的な母を意味する場合もあるが、それを頂点として、無意識の底辺に向かって、例えば、自分の母―祖母―祖先―森―海―夜―母なる大地というように、表象こそ変えられるが、同じ感情を呼び起こすような心的エネルギーの塊を想定することができる。同じ表象であっても、ある人にとっては母を、ある人にとっては父の象徴である場合もあろうが、いずれにしても「母なるもの」の意味を内包する一つの形態（ゲシュタルト・Gestalt）である。もし、彼にとって現実の父が父として、また母が母として機能しない場合は、より深い元型としてのそれが彼の無意識の中で動き出すことになる。

ある時、二十三歳の女子大学生に出会ったことがある。この人の父は太平洋戦争でこの人がまだ誕生して間もないとき戦死したらしく、戦後内地には帰ってこなかった。どこで死亡したか分からないが、ただ未帰還であったので戦死と認定された。この人は父の実家に残った母と共に育てられ、その伯父の家には子供がなかったので彼女は可愛いがられて、何不自由なく育てられて、やがて大学にまで入った。ところが、その後その家業を継ぐため、養子をとるかどうかの問題が起こり、彼女は自分の職業及び将来を決定しなければならなくなって、問題を感じ、相談にみえたのである。この時、彼女は私に、「自分のものは何もありません。この洋服も勉強も、みな他人がくれたもの、他人のためのものです。あるとすれば私の日記だけです」と言って大学ノートをみせてくれた。本当に自分というものがなく、これから自分をみつけて、何もかも身につけねばならない程追いつめられていたようだ。その時印象に残った彼女の言葉があった。「私には父はいません。隣の家にはいて、なぜ自分に父がいないのか随分と今まで考えました。私の辞書には父という言葉はありません。今までは父という言葉を口に出して言ったことも一度もなかったのです。そういう破目になると他の言葉で、ごまかしてきました。だから、教会で父なる神に祈れず、そこを省略して黙って次を祈っていました」と言う。この人はその後、様々な苦労をして、父を求める心の旅に出るのである。父よと大声で叫び祈るような激烈な教団に入ったり、戦死した父をもつ子供たちの会に入ったり、男友達に父を求めたり、そして最後に、結婚して幸福な家庭に入り、母となるのだが、その間、父のイメージを求めて、彷徨している。この場合、具体的な自分のイメージを投影できる父親が周囲にない場合、いてもなぜかそれを受け止めてくれない場合は、元型としてのそれが出現するので、より理想型であったり、迫力があったりして、それによって彼女の意識生活がおびやかされ、激動に激動を重ねた生活を送るのである。この娘の母親も同様で、娘の動揺期には自分から絶対に娘を離すまいとして、無意識で行動しているのではないかと思うほどになった。そして、必死になればなるほど、否定的な母親像が出てきて、一見して神経症とわかるほどであった。このような衝突を通して彼女は母親から分離し、父親像の助けをかりつつ、母とは異なる一個の女となり、そして男と出会って結婚するに至ったのである。書くと簡単であるが、本人や周囲の人々の苦しみは大変なものであった。ギリシャ悲劇のように性格《キャラクター》と性格《キャラクター》の対立なのだから、どんなによい母でも、また素直な娘でも他人の運命を代ってやることは出来ない。治療者はその人生という劇を見守るだけである。そして、成し遂げると何事かが完成し、失敗すると破滅するのである。私は心理療法というのは、このような元型的な作業であると思っている。患者さんを社会に適応させたり、人格を変化させたりすることが心理療法の一つの目的ではあろうが、最終的にはこの元型と元型の力動性を回避したり、逆行させたりはできないので、より究極的な、そしてこれまた元型であるその人の「自己」を実現させるほかには道がないのである。それゆえ、最近ユング心理学を元型心理学（archetype psychology）と呼ぶ人もあるくらいである。これを、したがって、概念のレベルでとらえるばかりではなくて、これと自分の中で格闘しつつ知ることが大切だと思われる。まだ、多くの説明を要するのだが、すべてユング心理学の中には元型が随所に出てくるからその都度これにふれるので、ここでもまた一応これだけに止めておこう。

7　アニマ・アニムス

「神は人間をつくらなかった。神がつくったのは男と女である」と、もし私が言ったとすると、神話的表現をとっているので、多少読者には抵抗があるかも知れないが、これはある意味で真実である。精神分析をはじめとして深層心理学が問題にするのは「男」と「女」であって「人間」ではない。西欧の思弁哲学のように「人間」一般の概念をどのように取り扱っても、具体的存在である「男」、「女」は明確になってこない。近代になって、人間一般ではなくて、男や女が問題になったのは十九世紀の最終、深層心理学の出現によってであると言っても過言ではない。真理というもの、人間の存在というものを、男と女という性的表現による独特な形で取り扱った新プラトン主義のグノーシス思想にユングが注目したのもうなずけるし、フロイトはまた同様にユダヤ教的神秘主義の知恵の中から「性」の思想を取り出して、西欧の中心的課題である「人間」の問題に現実性を与えたのもわかるのである。

「男」とは、「女」とは一体何であるのか、これはむずかしい問題であって容易には解くことができない。現在、われわれがこれらについて知っていることは、ごくわずかであって、それも生理学的な知識、例えば染色体の数の差異とか、男性・女性ホルモンなど物質的な区別であるが、これも一歩踏み込んで問うと、もう分からなくなる。オリンピックですら、セックス・チェックを行ってもどうも男女の区別を万人の納得できる程度には行えず、しばしば混乱している。同性愛者同士の結婚や性転換の問題など、「男」とは何か、「女」とは何かが不明なために、どう対処してよいのか分からず、引き起こされる混乱は検査技術の進歩とあいまって、次第に混迷の度を増している。伝統的文化的に区別されていた男と女という社会的なペルソナとしての性が分解するにつれて、一体それは何であるのかという解明もまた迫られることになる。

ユングの一つの解答がこのアニマ（Anima）とアニムス（Animus）である。このアニマというのは「男性の心の中に生きている女性像」であり、アニムスは反対に、「女性の心の中に生きている男性像」である。いずれも、元型として存在するものである。

そもそも、現実の男性はその体内に男性ホルモンと女性ホルモンの両ホルモンを分泌するように、両性的（bisexual）な存在である。男性の中に女性ももっているのである。その元型としての女性性をアニマと呼んだのである。アニマは元来ラテン語で魂とか、精神とかを意味しており、その男性形がアニムスである。すなわち、アニマは男性にとって自分の魂であり、導き手であるという意味である。意識が男性であれば、無意識は女性に自然になるので、自分が男性を意識すればするほど、無意識は女性となって、彼の内的世界で対《たい》峙《じ》することになる。したがって、男性は女性を意識し、絶えずそれとの対比によって自己を確立してくるのであり、魂であり、導き手である所以である。元型としての「男」は少なくとも「女でないもの」という意味である。「女」は反対に「男でないもの」ということである。「一」が「二」の世界に入って具体性を帯び、相互に相補性をもちつつ、対立性を与えられている。もし、思考（論理）が意識領域にきて、主要機能となれば、他の三つの心理機能は無意識の中に沈み、そのうちの一、すなわち、感情は最深の劣等機能となることは前に述べた。前者が男性の主機能として発達すれば、後者はそのもっとも原始的な未熟な機能として残る。思考的に立派な著作を著している学者が、ある少女と出会ってセンチメンタルな恋に陥り、そのアニマに憑かれてしまう如きである。勇猛果断な男性タイプのペルソナをもち、社会で成功している人間が、彼の無意識の中に宿した発達しないアニマ像に強く魅せられ、あるきっかけからそれを周囲の女の一人に投射して病気の娼婦を救い出すために全生活をかけるというような小説によくあることである。なぜそのような反転が起こるかはシャドーの元型のところでふれたはずで、それが男と女の軸で起こるのである。

　アニマの投射は内の深奥から出て、外の何かの標的に当るという姿で理解され易いが、実際はそんなものではない。理性でコントロールできるようなものではなくて、すべて無意識の中で瞬間的に起こってしまうのである。あっと思った瞬間に磁石のようにひっつく。「ひっつく」というより、そうなっていたことがあとから分かるという方がよいかもしれない。

　結婚という人間関係の力動性の中にこの現象が一層はっきりとみられる。結婚が失敗して離婚にまでいってしまう例の中に、このアニマとアニムスの相互の誤った投射のダイナミックスをみる。すなわち、男性は自分が結婚の相手を選ぶとき、そのアニマを基準として選ぶことになるが、そのアニマは、彼が自分の今までの全人生で出会うことのできた女性たちの像の結集として出来上がったものである。もちろん、まず男性であれば最初の異性、母親に始まり、姉妹などの関係、そして女友達、最初の恋人などの関係から出来上がる像である。そして、いよいよ、彼の中にある女性像に照らして現実の女を選択するということになる。結婚すれば、何かにつけて自分のアニマを相手に投影しはじめる。もし、彼に妹（例えば、嫁に行かない妹がいるとする。この妹はしばしば無意識的に彼のアニマの重要な部分となることがある）がいる場合など、このダイナミックスのイメージがより明瞭に把握できる。妻たる彼女は彼女で「男性たるものは何々でなければならない」（例えば、彼の妻もまた男性像を血のつながる自分の兄から形成しているとする）というアニムスを彼（夫）の上に投射する。現実の彼の妻は彼のアニマではない。実像と虚像にはズレが生ずる。多くの結婚においては相互に投射しつつ、その像との同一化作用が働き、相手はお互いに変化させられて結婚に一体性がでてくるのであるが、この実像と虚像の差が極端であると、妻は虚像に同一化できず、反抗する。そしてなお一層今度は自分のアニムス像を相手に投影して、それとの同一化を強制する。その投射されたものが原始的なもの、未熟なものであればある程同一化は困難になり、同時に、自分自身も自分の中の女性像と連絡、統合ができなくなり、破局がくることになる。もし、自分の投射しているアニマを正しく認識し、それとは異なっている妻の実像を正確に把握することができれば、夫と妻との間には差異はあっても、コントロールできないほどの強力なエネルギーの強襲に悩まされることはない。

アニマは第一に、自分のこれまでの人生で出会った異性との経験の積み重ねから出来上がると理解されるが、第二に、それだけに止まらず、「女なるもの」という人間の経験のすべてがそこに問題にされている。

つまり、男性が受けつぐ女性についての普遍的心像であるといってよい。それには、人類がこれまで歩んできたあらゆる社会の女についてのイメージが集積されている。

したがって、アニマ像は多種多様である。永遠の女性、娼婦、妖婦、処女や、人間界を離れて、女神、魔女、天使、ニンフ、妖精、さらに動物の姿になり、雌牛、猫、虎、船、洞穴になるなどその現われる形態は無限であると言ってもよいほどである。ただし、夢の中で、異性の像としてアニマが現われる場合に、人間の姿から離れているものほど、原始的であり、人間の姿をとっているものでも、物質的側面だけを強調している売笑婦などの像は低次の段階で、魂の巡礼が上昇するにつれて、生物学的段階から、ロマンチックな段階、精神的段階、叡智的段階へと進んで、色々のアニマの相貌《そうぼう》を見ることができるのである。

アニムスはアニマに比してもう少し漠然としている。アニマがエロスとして表現されるのなら、アニムスはロゴスであり、しかも「多数」の意見という形で代理される場合が多い。絶対に間違っていない意見や反論の余地のない判断、世間誰でもがもっている常識などによって代表される。女性の中のアニムスが意識の表面に踊り出る時、論理は正に例外を許さない絶対論理のかたちをとって出てくる時問題である。なぜなら、多くの場合、劣等機能として彼女の無意識の奥深く眠っていたからそれが出現したのであって、貞淑なふだん意見を言わぬ女性が子供のことか何かの事で、急に自分を主張せざるを得なくなった場合などに使われるのがこの論理で、絶対に妥協を許さないものである。アニムスが個性のない兵士とか、騎手とか、闘牛士、カウボーイ、映画スターなど一般的な姿をとるのも特徴的なことである。マリリン・モンローなどは一時代前には肉体的女性像として現代の男性のかなり多くのアニマ像を引き受けていたし、また、そのようなアニマ像がたしかに存在していたが、それに比較して、個性的なアニムス像は見当らないのが特徴である。E・ユングはアニムスの特徴を四つ挙げて要約している。それらは、力、行為、言葉、そして意味である。力は最初、肉体的段階によく表現される。前出のスポーツ選手、カウボーイ、闘牛士などのレベルである。さらにそれが精神的レベルにゆくと、行為的な男性の英雄像が入ってくる。積極的、勇敢な行動力である。さらにそれが知的な段階に入ると、言葉としてロゴス性が発揮され、直観や感覚と結びついた感情のこもった行為としてのロゴスの意味が考えられるようになってくる。「たかが小娘に何が出来るか」というふうに見られた若い娘の言葉が全国民を動かし、国を救うというような、意味のある言葉になることもある。少女の姿をしたアニムスは、オルレアンの少女のごとく、男性のもつロゴス以上の、感情に裏打ちされた言葉の力を発揮できるのである。劣等機能（ロゴス）であっても、自分の中の主要機能（感情）と連結する時、創造的な力をもつが、反対にアニムスも、感情と分離されて、ロゴスだけが一人歩きすると、「夫は○○大学出でなければならない」とか、「子供は九時に寝るべきである」とかの、空想的非現実的な論理となってしまう。このような「科学的」育児論や教育論がその例外を許さない過酷さで、どれだけ子供に心理的害を与えるか想像にかたくない。「教育ママ」というのはこの彼女の感情から遊離した論理において最もその害毒を巻き散らすのである。例えば、四時間おきにわが子に授乳するものときめてかかれば、どんなことがあっても、極端なほど厳格に守って、乳児がどのように泣いて欲しがっても、彼女の方針をまげないというようなもので、この原則は彼女のアニムス（女性の中の男性性）を表わしているが、反対に、彼女の中には泣けばかわいそうになって原則をまげても、その愛情にほだされてつい感情のままに、乳を与えるという彼女本来の女性性もまたもっているのである。そこで、女性の中においても、また彼女の中の男性と女性との幸福な結婚が必要となってくるのである。

そのように、男・女は相互にアニマ・アニムスを投影しあいつつ、それぞれによって自分の中の劣等機能を補正発達させることによって、自分の中の異性を高次元に統合して行くのである。例えば、夫婦げんかの場合男性は自分の主要機能である論理性の強化はもう十分であるので、もう少し、相手が何を感じているかを共感的に理解し、女性は自分で感じていることを少しでも他人にわかるように論理化し説明できるよう努力するなら、もう少し男・女は理解しあえるのではないか。ただ、男にとって女は最後まで神秘である。だからこそ、同じ人物でも夫婦として一生添い遂げられるのである。なぜなら、神は男でないものを女、女でないものを男と名づけてつくったのである。互いに最後まで神秘であって、離れつつ、引き合っている存在であるということができよう。

有名なゲーテの『ファウスト』に「永遠に女性なるもの」がでてくることは知られているが、その原語は das Ewig-Weibliche で、この箇所を森鷗外は「一切の無常なるものは、只影像たるに過ぎず、………永遠に女性なるもの、我らを引きて往かしむ」と訳している。この個所について水上英廣教授によれば、旧制一高の岩元禎氏が「玄牝《げんぴん》」という言葉で訳していることを指摘している。この玄牝はアニマのイメージをよく示している言葉のように思えて、面白いので少し紹介してみよう。すなわち、玄牝は元来「神秘な牝」、「不思議な母親」というような意味に使われるらしいが、そもそもは老子の中に出てくる語である。その上篇第六章に「谷神《こくしん》は死せず。是れを玄牝と謂う。玄牝の門、是れを天地の根と謂う。綿綿として存するが若《ごと》し。之を用うれども勤《つ》きず」とある。同氏はこの老子のこの個所を借用して、アニマ「永遠に女性なるもの」の意味にあてている。それははじめてドイセンの『形而上学提要』で使われたという。ドイセンという哲学者はニーチェの親友で、しかも、ショーペンハウアーの弟子であって、「人間は意志（欲望）を父から継ぎ、解脱へ向う智力を母から受ける」という思想をもっていたようで、この人の「永遠に女性なるもの」を玄牝と訳されたのである。アニマに牝というような動物的な側面の意味も含ませながら、精神的なものも含ませているよい言葉であると思う。東洋にも昔このような用語が存在していたので、あるいは今私たちはアニマというべきところを「玄牝」とおきかえて読んでみるのも面白いだろうと考えたりする。太母神の中に含蓄されるような女性の地の力も、われわれに感じさせてくれる。

8　自　己

この自己（the Self, Selbst. 個我とも訳す）というのはユング心理学の中でも、最も中心的なしかも特異な概念である。自我と明確に区別して使用しているので注意されたい。フロイトの精神分析学の中にはこの概念はない。強いていえばイドの中にみられるのであるが、随分とそれからは遠い概念である。この「自己」を個我と訳して区別したりするが、英語では大文字で書き始めて、単なる「自分のもの」という意味の自己と区別している。本書では、「自分のもの」の意味の self は自分自身と書いて区別している。ところでこの自己というのは一体何かということを考えてみよう。

自己というのは意識と無意識を含めた、人格の全体性の中心およびその全体性そのものを表象する元型である。意識の中心を自我というので、無意識の中心と考えてもらってもよいのであるが、無意識は意識に比較できない無限の拡がりをもっているので、両方の中心と言ってもよい。光はその中心である光源とその光の届く、そして照らし出す外周とがあって、同時にそれぞれは光の性質の異質の両面を表わすように、自己という概念も外周と中心で両面が表現される。

われわれ東洋人には自己の一般的表象であるマンダラで説明した方が理解しやすいのでその方からとりかかることにする。

自己の象徴であるマンダラはキリスト教にも仏教にも、その他の宗教にも数多くみられるが、その中でも

写真５　チベットの曼荼羅図

仏教のそれは種類も多く、深遠で多彩である。人々にも日常的に親しまれている。密教の曼荼羅に表わされるまでにも、印度の最古の文学「梨倶吠陀《リグヴェーダ》」には「区分」という意味で、梨倶の讃歌を十の区分としてその一つ一つを曼荼羅と呼び、また、「大史詩《マハーバーラタ》」には「軍隊」や「仲間」の一団としての意味に使われているので、仏教以前からも存在する概念であったのであろう。仏教に入って「円輪」または「円団」という意味に、密教では「本質、道場、壇、聚集」などの概念の総合したものとして使われている。[*28] そもそも「曼荼」はチベット語で「本質」を意味していて、それは牛乳を精練して、精練しぬいてできた醍醐味というイメージをもっており、「羅」は「所有」を表わす後接語であるといわれている。したがって、それをもって、本質または心髄を表わし、仏教の菩薩または悟りの境地を描いている。そこから、円や壇も表わし、仏が正覚を得た菩提樹の下の聖地を表わしたり、仏、菩薩の全体の集まる場所を図示したりした。古代エジプトでは太陽の光の束、キリスト教では特に東方教会がイコンの像をもち、聖杯、花、宝石、四福音書記者像、十字架象徴など数多く残されている。このように表現においては多様であるが、いずれも人間の心《プシュケー》の本質を表象しているといってよいであろう。心《プネウマ》自身をその中にもつ中心の心《プシュケー》で表現したものと考えてみられるとよい。

臨床的にみると、神経症などで症状という苦悩が現われるとき、意識がこの意味を認めないで、抑圧(Verdrängung)し、排除しようとすると、無意識の補償作用が働いて、この自己の象徴が夢や妄想などになって意識に侵入することがある。[*29] 前述のように、無意識はそれ自身「自律的」「客観的」「相補的」なので、意識を含めてバランスを取ろうとする。そこに、この心的エネルギーの元型として自己の表象であるマンダラがみられる。箱庭療法やファンタジー・グループ（巻末付録参照）など、無意識的な象徴の投影を通じて行われる心理療法で、しばしば一般的にみられることが報告されている。ただ、ここで誤解をさけるために一言しておかねばならないが、マンダラ表象が心理療法中に患者の夢などでみられたからといって、その患者はただちに治癒すると機械的に考えてはならない。むしろ経験的にいえば、その逆である。そういう後は必ず経過が荒れてよくない場合が多い。もちろん、これは無意識の補償作用であるから、それによって相互補償作用が働いて、治癒する場合もあるが、これはごくまれである。なぜかというと、意識がその作用を自分に対するものとして受け入れ、それに応じた力をもっているかどうかという点に問題があるからである。ある重篤の神経症の患者はあるとき大変きれいなマンダラを絵にして、私に持ってきてくれたが、マンダラはマンダラでもそれは山下清画伯の描いたような花火のマンダラであった。それについて、何の説明も感慨もなく、花火のようにすぐ終わってしまうはかないものとしてこれが表現されていた。彼にはそれを統合する力はなかったのである。

もし、意識と無意識が同一化して、前者が後者によって占領されてしまうことになったらどうであろうか。精神病などの場合で全く自己と自我が同一化する場合、中心が重なり、無意識の力が自分の力として意識されるので、危険である。例えば行者が超能力が自分に与えられたと思って高所から飛び下りたり、海の上を歩んだりすると、現実感覚が極度に喪失する。これはいわゆる自我肥大（ego-inflation）といって、普通の人間でも、誕生につづく嬰児から幼児になり、初源的な自己の世界が欠けていく時にみられる。何でも欲するものは泣けば得られると思うわけで、自我と自己とがその時代全く同一化している。大人になっても、全く同様の状態が状況によっては一時的に出現し、自我の拡張を経験することがあるが、普通これは一時的である。しかし、あまり拡大して、上昇すれば墜落する危険がある。ユングはこの自我と自己との相互作用と対決（Auseinandersetzung）を心理療法の目標として考えていたわけで、たんなる同一化をめざしたのではなかった。

しかしながら、人間はこの自己を完全に実現すべく、現実を吟味しながら、意識を次第に拡大し、影を統合し、アニマ・アニムスの段階を通って完全な自己が成就した状態に至るのである。われわれが個性と呼んでいるのは、この自己の現実的に表現された完璧な姿である。これを個性化の過程と呼んでいる。この個性化（individuation）は自分自身になり切ることであり、その限りでは、個性をもった人間となること、他者との違いを意味すると同時に in-dividual で「分かちがたい」ものになることを意味している。たんなる individualism（個人化）とは似て非なるものである。個人は分かちがたく、全体と結びついているし、単なるエゴイズム（自我主義・利我主義）とは異なる。自己は自我という主観ではなく、他者の幸福を願いつつ、自我が生きるという境地のものである。四つの心理機能に示されるように、それぞれの固有の機能は独立して、機能が発揮されつつ、一つの全体として分かちがたく結びあわされているのである。この矛盾的自己同一体とも呼ぶべきものが自己の本体である。

それが哲学的にではなく、一個の人間としてある程度実現している姿を、私はチューリッヒのユング研究所の特に女性のアナリストたちにみる。中でもフォン・フランツ女史の講義を聞くといつもそれが想い出される。以前はよく研究所の講壇に大きなブルドックをつれてこられていた。主人が講義している間机の下で目をつぶってうずくまっておとなしくしているが、時々ギョロッと目をむいて睨む時がある。彼女の顔は時に少女のように優しく美しく魅力的に見える時と、一瞬男性よりも力強い確信にみちた顔に変化することもあった。もうかなりのお年の人であるが、全くどうにでもみられるような容姿には驚きである。そして、このブルドックも時に彼女の獰猛でまた従順な動物性を表わしていて、彼女の人格の一部となっているのではないかと一瞬疑わせもした。そのつもりで両方をみていると、アメリカ人の学生など変な時に質問をすると、彼女は丁寧に親切に一つ一つ質問には答えるが、その下で犬はギョロッと目を覚まして学生を睨むのである。また、ある時研究所の外に出て通りを歩いていると、一台のベンツの箱型クラシック・カーが街をとばしてくるではないか、その窓越しに私は彼女の顔をみた。その時、その自動車という箱すらも彼女の一部になっているのをみてハッとするような気がした。このように、すべては一体となって人格に組み込まれているが、それらの一つ一つは個性をもっていて、全体としてやはり特異なものという性格を失っていないのである。そのような方でもう一人の人に箱庭療法のカルフ女史がいる。彼女もユング派の女性の分析家であるが、彼女がある時ダライ・ラマと会ったとき感じたといって私に教えてくれた英語の表現がある。それは日本語に訳しようがないし、またそんな英語があるかどうかさだかでないが、suchness という言葉で、強いていえば、「そのようであること」というのだろうか。「その人はそのようにあった」というのをこう表現した。悟りの境地であろう。一人の人間がそれ以外の何ものでもなく、まさにあるがままのそのもののそのような形を今表わしているということである。自己実現には永久に成就ということはないが、その究極の統合へと向かって行く道程として個性化の道があると考える。

このように個性化は一つの過程であって、けっして止まるところを知らない生成発展の道程として、把握することが重要なのであって、静的にとらえてはならない。マンダラに象徴された自己も、治療の過程のどのような段階でも、それは「本来的な自己」の象徴として、その人の無意識の中から突然に出現することはあろう。しかし、それだけを抽出してそれだけに価値があると考えるのは誤りである。マンダラ象徴は人生のいかなる発展段階の中でも、それはそれなりの統合段階があり、その合一化象徴として、それが超越的に統合されるとき働くものなのである。ユングの考えていた人間の中に働く魂という生ける真理は、初源の「一」という世界から、シャドーの発生による「二」の世界に対立が生ずることによって入り、それが、アニマ・アニムスとシャドーのからみあいで動的な「三」の世界へと次第に入りこんで行く、そして、「四」の象徴の意味するような完成へと導かれていくことになる。マンダラ象徴には好んで「四」のシンボリズムがみられるのもこのためで、上下、左右の部分に分割されつつ、相互に反するものが、円または四角によって統合されるのである。先に示したユングの心理機能の四タイプなどもその例であって、人格の全体性をそれで表示しようとしたものである。

この数字のシンボリズムについては夢の解釈の際重要であり、これについてのかなりの知識が必要であるが、ここで指摘しておきたいのは、この「四」が最終ではなくて、「五」は四と一、または二と三との混合として、「四」を越えてもさらに発展していくということである。「八」はその四と四との結合であって、民族や文化によって、聖数の概念は異なるが、「八」を重視する民族もかなり存在するのである。マンダラはその中にイメージという美術的要素と同時に、幾何学的要素を内含していて、それは先に述べた内的宇宙がけっしてでたらめな混沌ではなくて、神の知恵や意志によって、正確に運行されているという考えに基づくものである。したがって、数にすら意味があり、数のシンボリズムは内的世界を取り扱うものにとって重要になってくる。迷信的に、また否定的要素としては「四」は「死」につながるので、ホテルや病院の部屋の数字として使用しないというように、現在でも無意識的に考えられているが、現代の数学ではそのようなことは問題にしない。この例にも示されるように、現代人はただ恐怖と結びついたような数のシンボリズムだけを残滓として受け入れて、その全体像への積極的な関心は失ってしまっているのである。いかに片よっているかはこの事実でもわかるし、自己の象徴のように、壮大に分化した象徴の全体の意味が分かるようになるのには未だ多くの時間がかかるのではないか。その点で、わが国には密教が素晴らしいマンダラ象徴を多数保存していて、その一つ一つの細部を写真にとって発表する人も現われ、それらの意味が次第に人々のものになりつつあることは嬉しいことである。同様に、キリスト教会においても東方教会の中に存在しているイコン（キリストの似像）に表われている象徴の研究は新しい関心を呼んでいるし、歴史の彼方に置き忘れてきたものの評価を新しく求められている。ユングがその後半生の大部分を憑かれたもののように、この自己の象徴の研究に捧げているのも故なしとしないのである。

〔注〕

＊1　Neumann, Erich, The Origins and History of Consciousness, Vol. Ⅰ and Ⅱ, New York: Harper & Brothers, 1954. Neumann, Erich, The Great Mother, Bolleingen Series XLⅦ, New York: Pantheon, 1955.

＊2　フロイト、懸田克躬他訳『日常生活の精神病理学他』人文書院、一九七〇年、五四頁

＊3　ティリッヒ、前掲書、九八頁

＊4　これについては、Ｄ・バカン、岸田秀他訳『ユダヤ教神秘主義とフロイド』紀伊国屋書店、一九七六年、にフロイトとユダヤ教の関係が論じられていて興味深い。ユダヤ教神秘主義については、Ｇ・ショーレム、高尾利数訳『ユダヤ教神秘主義』河出書房新社、一九七五年、が参考になる。

＊5　ティリッヒ、前掲書、二六頁

＊6　ヤコービ、前掲書、五四頁

＊7　笠原嘉『青年期――精神病理学から』中央公論社、一九七七年
Kasahara, Y., "Fear of Eye-to-eye Confrontation among Neurotic Patients in Japan", Lebra, W. P. (ed), Youth, Socialization and Mental Health, Univ. of Hawaii Press, Honolulu, 1974.
＊8　河合、入門、前掲書、一九九頁
＊9　河合隼雄『コンプレックス』岩波書店、一九七一年
＊10　ヤコービ、前掲書、七二頁
＊11　京都市カウンセリングセンター『カウンセリングセンター紀要』1〜8にくわしい。なかでも、浪花博『学校恐怖症の心理機制と治療』一九七一年、を参照されたい。怠学と学校恐怖症の相違を的確に説明している。
＊12　C. W. 12, 557.
＊13　フォーダム、前掲書、三五頁
＊14　C. W. 6, 572.
＊15　ヤコービ、前掲書、三二頁の図より私訳して掲げた。
＊16　Thigpen, C. & Cleckly, H., The Three Faces of Eve., MacGrow-Hill, 1957.（川口正吉訳『イヴの三つの顔』白揚社。また、『私という他人』講談社、一九七三年）
＊17　河合隼雄『影の現象学』思索社、一九七六年
＊18　河合、同掲書、四四頁
＊19　拙稿「牧会心理学における悪の問題」『基督教研究』三五巻、二・三号、一九六八年
＊20　C・G・ユング、松代洋一訳「ヴォータン」『エピステーメー』朝日出版社、一九七七年五月号、八六〜九八頁
＊21　C. W. 9, I, 5.
＊22　ibid. 5.
＊23　河合隼雄『箱庭療法入門』誠信書房、一九六九年、ドラ・M・カルフ、山中康裕、大原貢訳『カルフ箱庭療法』誠信書房、一九七二年

＊24　ヤコービ、前掲書、三三頁

＊25　C. W. 9, I, 138.

＊26　Jung, Emma, Ein Beitrag zum Problem das Animus, Rascher, Zürich, 1947.（エマ・ユング、笠原嘉・吉本千鶴子訳『内なる異性――アニマとアニムス』海鳴社、一九七六年）

＊27　永上英廣「永遠に女性なるもの」『ちくま』一九七六年六月号

＊28　栂尾祥雲『曼荼羅の研究』高野山大学出版部、一九三二年

＊29　ヤコービ女史は抑圧と抑制とを区別して使っている。抑圧は排逐《はいちく》とも訳せる、Verdrängungで排除する意味をもっている。抑制はUnterdrückungで意識の力の支配下にある。ヤコービ、前掲書、二三一頁注参照

第４章　ユング心理学と夢分析

1　夢とその解釈

現代人にとって夢とは、「お前そんな夢のような話するな」というような使われ方に現われているように、「あてにならないもの」という意味である。自然科学主義的な認識の仕方になれているので、夢などというものは、「くだらない」「あてにならない」ものの代名詞として、使われているほどである。幻想や空想も同じ様な夢の兄弟として扱われている。ところで、夢はそのように、確かに当てにならない、意味が全く分からないという面をもっていることは否定できないが、反対に「忘れようとしても、忘れられない夢」というものもまた事実存在しているのである。このすぐ忘れやすい、何を夢でみたか分からないほどであるという面と、はっきり憶えていて、忘れようと思っても忘れられないという夢の側面とがある。「自分が何かになりたい」とか、現在何かの職業について今日あるのは、多く少年時代の夢に負うとか、あるいは、いつかみた幻想が忘れられないで今日にきているといってもよいような夢もあるのである。人生という舞台の上で人間の未来を次第に現実化していく力は、この夢の働きといっても言いすぎでない。こういう意味で、犬などの動物と比較して、「人間は夢みる動物」であるといえるかも知れない。この夢の部分が人間をして人間たらしめているといえよう。この忘れようとしても忘れられない大切な夢を古代人たちは「大いなる夢」（big dream）として神託などと共に重要視していた。近代に入って合理主義が発達すると、これらを非合理的なものとして捨ててきたのである。

この夢をもう一度人間にとって不可欠のものとして真剣にとりあげたのは、フロイトであった。そしてユングは一九〇〇年、フロイトが『夢判断』を出版すると直ちにその説に賛成して、これを自説の中に取り入れることにした。その後、夢の研究はそれを取り扱う人間の態度を問題にしつつ、その夢についての歴史は次第に発展してきたのである。例えば、実存分析学者であるルドウィッヒ・ビンスワンガーはその最初の論文で、ギリシャ時代から十八世紀に至る夢概念の変遷を取り扱っているが、今日人間の精神の問題を探るとき、この夢は無視できない主題となっている。そして、ビンスワンガーは『夢と実存』[*1]の中で、「かれは、なにものかを『創る』。だが、かれが創るものは、生命ではない。何となれば、単独者が生命を創ることはできない。かれが創るものは、歴史である。さきにわれわれが打ち立てた区別に結びつけると人間は夢みるとき『生命機能』で「ある」が、覚醒するとき、かれは『生命史（生活史）』を創る。しかも、かれは、自己に固有な生命の歴史、すなわち『内的生活史』を創るのである」[*2]と言って、彼の見方からの夢の迫力について述べ、そして、夢みる者から覚醒者へという彼の主張をしているのである。この実在論的な主張の可否は今ここで述べないが、このように人間をして人間たらしめる要素としての夢を現代的に把握している点で引用させてもらった。

このように、人間の意識を支配する力をもった夢が存在する事実をまず認識してかかる必要がある。ここで、私のところに夢の分析にこられたある人のことを想い出す。その方の夢には繰り返し、繰り返し出てくる一つの情景があった。それは「幻の大連」ともいうべきものである。アカシヤの樹に囲まれた、そしてこの方が最も良き中学時代を送った町である。その町は赤い夕陽の中にきまって出てくる。恐らく現実の大連とは全く異なったものであろう。しかし、この人にとって何か意識の危機に臨むとき、やおら夢の中にこの「幻の大連」が出てくる。当時、しばらくして、この大連を扱った小説が何かの賞に入賞してこの方が喜んでおられたのを知っているが、この夢はこの人に大きな力を与えた。大陸から引揚げてきて苦難の中に人生を再建するのだが、この人はこの夢をたよりに生きているように私には見えた。それを強烈な印象でみていたのを憶えている。

このように夢は意識が弱体化した睡眠中に、侵入してくる無意識の一部である。そして、それが表象として現われ、意識がそれを捕えた瞬間にもう無意識であることをやめて、意識となるのである。したがって、夢そのものに秩序や序列があるかどうかは疑わしい。例えば、私の友人が夢の分析を私と共に受けていたときのことである。私はメモで夢をとっていたが、ある時彼は夢を全部一網打尽に捕えることを計画した。そして、夜中にテープレコーダーをベッドのわきに持ち込んで、夢をみた瞬間にガバッと跳び起きて、吹き込むのである。彼はある時、その方法で全部夢を吹き込み終えて安心して、また満足して寝た。あとでそのテープを回してみると、全部吹き込んだはずのテープからは彼の声は聞こえるが、全く何を言っているか分からなかったのである。そして、鮮明に聞こえてくるときは反対に、どうも全部吹き込めていなくて、まだその時吹き込み忘れたものがある感じで、何回やっても満足にはいかなかった。これは、無意識には何の秩序もなく、それを夢として受け取っているのは、意識の力であって、その意識の器に応じてしか夢はとれないということがこの例によっても分かる。もちろん、侵入してくるエネルギーそのものは無意識であろう。

しかし、それを一つの夢として、あるいは二つの夢としてそれぞれの形にしてわれわれに見せてくれるのは意識の力であろう。すなわち、夢とは無意識から来るメッセージであり、それは「意識の言語」によって書きとられたものである。この「意識の言語」は必ずしも、概念としての言語ではない。言葉にならない原体験の感覚を含む「ことば」であろう。ヨハネによる福音書の冒頭の「はじめに言葉があった」[*3]というのはこのような意識の初源についての言及である。そして、これがグノーシス主義思想の色彩を強くもつという事実は面白い。また、夢は脳波の検査手段のようなもので、大脳生理学的視点からつかまえることができるし、そして、今日ではどのような時に夢をみるか、その時間的な長さも測定することができる。すなわち、その量については外側から、ある程度測定できるが、現在のところ、その複雑な精神作用の内容にまでは入ることはできない。まして、「あの女の子の夢がみたい」と思って一生懸命それを念じて眠りについても、みることもあるが、大抵は無駄である。すなわち、無意識は自律性をもっていて、意識によって都合よく、支配できないからである。また、夢の分析を始めてみて驚くことがある。一人の人が何年にもわたって、何百という夢を分析するが、みる夢は一つとして同一のものはない。しかも、次に何をみるかすら予測することができない。ユングは生涯に六万箇の夢を分析したそうであるが、少ない私の経験でもその点では同様である。もちろん、同一主題という反復夢はしばしばみられるのであるが、いずれも細部のどこかに重要な差異がある。

夢の面白いところは、夢をみる人間が自分の夢の中に出てくる点である。主体であると同時に客体でもあるので、夢こそ、もっとも人間を人間とするものである。別に哲学に興味がなく、反省的な自己がなくとも、夢をみている限り、自分を客観化せざるをえない。なにしろ、明確に自分を見せつけられるのであるから。その意味で、夢こそは人生の生きている知恵者というべきであろう。

したがって古代の人々はこの無意識からのメッセージを神から送られたもの（Somia a deomissa）として受け取ったのであろう。ただ、古代人といえども、これを尊重したが、それを完全にそのまま受け入れたのではなかった。そこには必ず解釈ということが入り込むのである。それは、ヨセフの夢解釈という旧約聖書の記事をみれば明らかである。多少、長いけれど引用してみよう。

「二年の後パロは夢を見た。夢に、彼はナイル川のほとりに立っていた。すると、その川から美しい、肥え太った七頭の雌牛が上がってきて葦を食っていた。その後、また醜いやせ細った他の七頭の雌牛が川から上がってきて、川の岸にいた雌牛のそばに立ち、その醜い、やせ細った雌牛が、あの美しい、肥えた七頭の雌牛を食いつくした。ここでパロは目が覚めた。彼はまた眠って、再び夢を見た。夢に、一本の茎に太った良い七つの穂が出てきた。その後また、やせて、東国に焼けた七つの穂が出てきて、そのやせた穂が、あの太って実った七つの穂をのみつくした。ここでパロは目が覚めたがそれは夢であった。朝になって、パロは心が騒ぎ、人をつかわして、エジプトのすべての魔術師とすべての知者を呼び寄せ、彼らに夢を告げたが、これをパロに解き明かしうる者がなかった。[*4]」

そのとき給仕役の長がパロに、自分が獄にいるとき会ったヨセフを思い出し、パロに告げた。そして、ヨセフは地下の獄屋からパロに呼び出されることになった。

そして、ヨセフにパロが「聞くところによると、あなたは夢を聞いて、解き明かしができるそうだ」と尋ねると、ヨセフは「いいえ、わたしではありません。神がパロに平安をお告げになりましょう」という。そして、パロがその夢を語ると、彼は「パロの夢は一つです。……」に始まる有名な彼の夢の解釈を述べることになる。

「七頭の良い雌牛は七年です。七つの良い穂も七年で、夢は一つです。あとに続いて、上がってきた七頭のやせた醜い雌牛は七年で、東風に焼けた実の入らない七つの穂は七年のききんです。わたしがパロに申し上げたように、神がこれからしようとすることをパロに示されたのです。エジプト全国に七年の大豊作があり、その後七年のききんが起り、その豊作はみなエジプトの国で忘れられて、そのききんは国を滅ぼすでしょう。後に来る……」[*5]と続くのである。そして、この聖書の物語は危機に対処するためのヨセフの計画と、それのパロの受諾をもって終わる。そして、それに続くところでは彼の解釈がいかに妥当であったかが説明されたというのである。

ここに示されるように、素朴な形ではあるが、夢はそのまま信じられるというのではなくて、解釈者の解釈を通して受諾されるということが分かるだろう。このヨセフの夢の理解はいささか直観的であるとフォーダムは彼の印象を述べているが、[*6]夢の解釈の技法はこのような単純な直観主義だけではすまされない。ただ夢に対する基本的態度はこれと同様であるといってもよい。

すなわち、夢は象徴として存在しているのであって、記号としてでないという点にまず注目せねばならない。記号（sign）は標識であって、表面に現われたもの以上の事柄を示さない。交通標識のようなもので、それ以上の何物でもない。ところが象徴というのは、表面に現われている以上のものを示すものである。そこには、比喩の要素が入ってくる。すなわち、ドイツ語の象徴（Sinnbild）は意味（Sinn）と像または絵（Bild）の合成語で、意味を、ある絵が運ぶということである。したがって、象徴では、それをみるものの解釈が幾通りも成立つということになる。例えば、母なら母というものは、それをみる人々の心に無限の意味を運んでくる。これをみる人の根本的態度すなわち解釈をつねに要求しているといえるであろう。

夢というものは甚だ漠然としているようにみえて、時に非常に明確なものである。例えば、「四十歳の女の人が入ってきて……」と夢をみた人はその夢を述べてくれるが、では、「その夢の女の人はどんな顔か……」とか、「何国人であったか……」と問うても答えられない場合がある。「それではなぜ四十歳位で、しかも女の人でしたか」と尋ねると、「いや、なぜか知りませんが、その人は四十歳位なんです。それで男でなく、女なんです。それ以外、名前も、誰であったかも、また、これと似ている人も知らないのです」と答えることがある。これは大変面白いことで不思議である。夢は表象で、しかも意識に現われた所はびっくりするほど明瞭であるが、反対に全く不明な部分もまた存在する。つまり、それらは所与として入ってくるのである。だから全く言えることは言えるが、言えないことは言えないということになる訳である。

ユングが夢を解釈する場合、この表象としての夢を書きとめるところから始める。外部に表われたものを第一資料として大切にするのである。このユングの夢解釈の手法を拡充法といって、まず、患者がその夢をどのように考えるかという点を重視する。これを主観的拡充法（subjective amplification）といい、患者のそれについての連想を求める。そして、その連想はたとえどのようなものであろうと、尊重される。その主観的な連想が患者の意識に浮ばない場合だけ、客観的拡充法（objective amplification）といって、はじめて、その被分析者の連想を助ける意味で分析者の解釈が必要に応じて与えられる。フロイトの還元法とは解釈の方法が相違していることになる。ユングは夢をどこまでも象徴としてとらえて、記号とは考えていなかったから、したがって、先の凸ったものはすべて男性象徴であり、凹はすべて女性的なものを表現するとは単純に考えなかった。太陽は時には恵みを下す母性とも地方によっては考えられるが、他の地域では父性を意味することもある。被分析者の内的世界の意味が尊重されねばならないのである。

ある意味で夢の解釈というのは被分析者と分析者との共同作業である。たとえ、分析者がどのような的確な客観的解釈を下そうと、その被分析者がそれを受諾しなければ意味は発生しない。反対に、どのように被分析者が自分の意識に都合のよい解釈をしても、それは分析者を満足させない。そこは両者にピンとくるものがあるはずである。この、共に他者の主体性を認めつつ、「ピンとくる」というのをわれわれはユングと共に、これを布置（constellation）されたものと呼ぶのである。それ以外に解釈しようがないと心が捕えたものであって、もはや、これは意識の作業とは言いがたい。夢の分析というのは、深い意味で双方の無意識が出会ってなされる作業といえよう。したがって、夢を分析者がどのように解釈するかは、ある一面で重要ではあるが、もっと大切なのは夢が夢で解釈されるということであろう。ユング派の分析者の場合、必要な場合は分析者は彼が被分析者についてみた夢の必要なものを分析中に話してくれることがある。これは、その無意識のレベルの解釈をより重視するからではなかろうか。

そこで、どうしても夢の補償性の問題にふれておかねばならぬ。夢はその夢をみた人の無意識の調整活動の一端であるということができるので、それによって、彼の片寄った意識活動の歪みを知ることができる。この場合、補償（Kompensation）は全体の調和、統合という観点からとらえられる作用であって、幅の広い補完的な修正作用をいう。また、補充（Komplementierung）は狭い意味の限定的充足作用を指している。したがって、意識にとっては考えてもみない、意表をつく補償作用が夢を通して行われる。まさに、孔子曰くではないが、思わず「夢曰く……」と言いたくなるような夢の言表に出会うことが多くある。

その場合、このように夢にいかに補償作用があるからといって、ただちに意識が受諾できないことがある。その場合、前に述べたような夢は繰り返し、同様の課題を意識につきつけてくる。だから夢はその全体のコンテキスト（前後関係）の中で継続的に解釈されねばならないものであって、一回の夢を一回で正しく解釈できるというものではない。そういう場合もあろうがあくまでも例外的なものである。

このような夢の多義性と多様性にもかかわらず、両者の協同作業として、夢そのものが主体になって、それを展開させて行くようになると分析も佳境に入ったともいえる。もちろん、夢は千差万別であり、どれ一つ同じ物はないと述べたが、よくみると、五言絶句のように起承転結のあることがよく分かる。一つの夢の中でそのようになっている場合もあるし、一連の主題のものがそのような物語性をもっている場合もある。第一は、場所、時、登場人物の提示で夢の始まり、第二は発端で夢の課題の提示とその展開。第三が急転ともいうべき紛糾と葛藤、それに続くクライマックスである。第四はその解決や解消で、これが絶句となる。ここで特に注目すべきは第三の急転である。つねにそこに期待していなかった予測せざる何かが起こる。そこを、なぜ起こったかという観点からではなく、何のために、そのようなことが夢の中で起こったかを夢の分析にあたって考えることが大切である。意識にとって不都合なことがあっても、全体のこころの働きにとっては大切なことがしばしば起こるからである。それは、もはやフロイトのいう「願望の充足」ではなくして、心の全体の自律的活動である「補償作用」が夢を通して起こったとしか言いようのないものである。

2　夢分析の実際

ここで夢分析の実際について述べることは二つの筆者の体験が土台になっている。その一つは、チューリッヒのユング研究所におけるヒルマン博士による筆者自身の受けた教育分析であり、もう一つは帰国後、十数年にわたる夢分析の実際の作業である。ここでユング派すべての夢分析がどうであるかをみな述べるなどということはできないし、まして、ユング自身の夢分析がどのようなものであったかは実際に受けられた人の話を聞く以外にわからない。しかし、たとえいくら自分自身でユングの夢分析を体験したからといって、彼がいつもそのように万人にされていたかどうかは疑問なのである。そのように夢分析は一人一人の分析家によっても異なるし、一人一人の被分析者の心の状態でも相違していて、一つとして同じものはないといってよい。すなわち、この固有性と一回性を抜きにしては語れない。そのことを前提としながら、ユング派ではどのようにして夢分析が行われているかの概略を知ることによって、ユングの心理学の土台となった彼の夢分析の実際はこうであったということを理解していただきたいと思う。

夢分析は分析者と被分析者との「契約」を基礎としている。ここでは具体的治療契約もさることながら、分析そのものの性格をいっているのである。契約概念について、もっとも明確な概念をもっていたのは、イスラエル民族であった。彼らの言語によると、それはベリース（berith）ということであって、最初は印や証文を半分ずつにして、契約成立とともに、双方がその証文の半分ずつをもって権利を主張できるようになっていた。したがって、どちらかが契約違反をすれば、その契約は無効となって、成立しないことになる。すなわち、主体は半分ずつ、両方がもち、契約という有限の責任性をもつということである。ユング派ばかりでなく、フロイトの流れの精神分析はこの最初の治療契約をひじょうに重要視する。ユング派とても原則では同様である。後述するように、若干の差異はあるが、根本は契約である点では変わりはない。

この契約という概念は西欧以外の国々、特に東洋的風土に育ったわれわれにとっては理解しにくい点である。分析関係がすぐ師弟の関係になる。特殊な有限の人間関係が、一般の無限にみえる人間関係といつしかなってしまうのである。契約関係というのは、「始め」があって、「終わり」があるということである。カウンセリングや心理療法ではどの派のものでも、一回一回契約を更新したり、回の長さを最初に明示してあるのはそのためである。はっきりいうと、つねに患者は自分の意志でいつでも治療関係を打ち切れる状態にしておかねばならないし、その状態ではじめて分析関係が成立するのである。この点、日本で分析関係がもたれる場合、なじみにくいせいかついついその点がぼけてしまうので、強調しておきたい。ただし、原則さえふまえていれば、また分析者の力さえあれば、後はどのように変化させても一向に差支えない。この柔軟性こそユング派の分析の特徴ともいえるものである。ただ、どのような分野でも同じだが、基本を行った方が応用より失敗は少ないことは無論である。

さて、基本的な「契約」関係ができると、分析は夢を中心に行われる。被分析者（以後一応患者という）は自分の夢をタイプするか、日本では筆記またはコピーして二部作成するように要請される。一部は患者本人が持ち、他の一部は分析者が手許に保管する。そして、その一部は分析者のものになることはあらかじめ契約の中に入っている。ただし、絵のような一部しか出来ないものは、分析者によって、みせてもらってから返す人もいるが、また、スライドにしてどちらかが原画を保管する場合がある。このように、夢は患者が個人的にみるものであるが、無意識という領域では両者に交渉があるし、どちらでもなく共同の作業という面があるので、このように平等に手許にもつのがよいのである。ただ、実際上面白いのは、コピーといっても、オリジナルと複製とがあり、そのうちどちらでもよいわけであるから、どちらを分析者にどの時期に提出するかという問題は、治療者が時に、関心をもってみている点である。

そして、次にその夢に番号をつけてもらう。これはあくまでも整理に都合の良いためである。何番の夢といえば、二人の間ではたちどころに指定の夢が取り出せる仕組みになっている。そして、その回にもし夢がなければ、連想でも、随想でも夢以外のものを持ってきてよい。つまり、それは、患者の時間であるのでどのように使おうと患者の自由である。料金は患者が支払っているという事実がこの場合有効に働く。したがって、契約の際、料金というのは重要な問題であるがそれはどこまでもその関係を維持するに必要な額であって、患者にとっての負担が過多でも、過少でもいけない。そして、いつもこのことは自由に話しあえて修正できるようにしておく。どこまでも治療という目的のために存在していることを知るべきである。それから、絵や詩など、ユング派では特に制限せず患者が持ってくることが奨励される。夢は時に言語化されるより、イメージで視覚的に表現された方がよい場合が数多くあるからである。また、患者に思いがけない才能が眠っていたり、ぜひ、自分のみた夢を説明したいばかりに、下手と思っていた絵を描くうちに上手になったりすることもある。それらもない場合は、別に何も持って来なくてもよいので、話しという言語だけを通して分析が行われる。よくそのような場合、患者は「夢がなくてすみません」と言うが、これはかりはどうしようもない。夢は自律的なので彼や分析に合せてくれるものでもない。出だすとまた整理できないほど出てくるものであるから自然にしておくのがよい。

したがって、分析の回数も夢の出かたによって両者で決定する。ヨーロッパでは週二回が普通であるが、日本では生活の様式にもよるが一回が適当のようである。そして、場合によって増加することもあるし、時に抜く場合もある。また、夏、冬など、適当な期間、休みを取ることも必要である。できるだけ、尋常の場合、自然のサイクルにしたがうように心がけるべきであって、異常の状態ではそれはそれでまた、それに対応するように計画される。

ユング派では患者は男性と女性の分析者の両方につくことが望ましい場合がある。これは、男性、または女性の患者がそれぞれの同性および異性の両方の分析者につくことで、それぞれの分析者の組み合わせで異なった対応をする場合が多く、シャドーやアニマの問題について分析がしやすいからである。しかし、必ずしもそうすべきであるという訳ではない。河合隼雄氏はマイヤー博士（男性）とフレイ博士（女性）につかれた経験を書いておられるが、[*7]筆者はヒルマン博士（男性）だけであった。しかし、実際に他の方の分析を自分以外の女性の分析者にお願いしたことはある。その場合これは患者自身の願いでもあり、いずれもよい結果をみたので喜んでいる。この場合、どちらが主の分析者であるかという点は決めておいた方がよい。決めるというより自然に定まるのかも知れないが、これは大切である。

また、どのようにしても一対一が基本である点では変わりはないが、特に、協力できる異性の分析者がいると、その患者のもつアニマ・アニムスの問題に取組むとき、それに対する反応がより明確な姿で表われてくるので分析しやすいということを経験している。患者の側からすれば、どの夢をどちらに見せるか、両方に同じものを見せるかという選択の問題がでてくるであろう。それで患者の意識の力が鍛えられることになる。もちろん、それが極端になると分析者を操作する意識の力が働くまでになる。したがって、これに対応することは分析者としては自明のことである。

次に、分析の作業の行われる場所のことである。これは次章の錬金術師の実験室のところで述べるが、重要である。ユング派の分析家は資格をとると（この資格については河合隼雄著『ユング心理学入門』付録参照のこと）、普通チューリッヒ市内に自分の事務所兼分析室をもつことになる。患者はその人々のリストを研究所で容易に手に入れることができるので、それで電話をかけて直接に交渉して、アポイントメントを取る。すでに述べたようにすべては直接の一対一の契約である。それぞれの分析家によって異なり、自宅で分析する人もあるが、治療室を別にもっている人も多い。例えば、ヒルマン博士は研究所に近い建物の三階に持っていた。その建物も

写真６　分析中のユングの書斎
（ユング著〈河合隼雄他訳〉『人間と象徴』河出書房新社より）

部屋も、古風なもので、チューリッヒの旧市街ならどこにでも見かけられるようなものであった。他の分析家の部屋も見たが、ふつう、いずれも誰が分析に来ているか分からないようになっている。ヒルマン博士の場合も半階上の階段の踊場のような所に椅子があり、そこに腰かけて待つようになっていた。前の患者は終わると下から出て行くが、そこからは誰の姿もみえないようになっている。ユング自身はキュスナハトの自宅の書斎や湖の対岸にあるボーリンゲンの別荘で患者と面接したようだが、いずれも湖に臨む中世風の建物の一室であった。マイヤー博士は自宅を使用していた。このように、各自思い思いの場所を分析室に当てているが、いずれも看板などどみあたらない、患者としては充分に秘密の守れる場所である。分析家としては書物など、参考にする資料がすぐ手に届く、くつろいだ場所にあてているようである。フロイトのように患者を長椅子に寝かして、患者の背後でみえない位置を占めるということはない。ヒルマンの場合、部屋の唯一つの明るい窓に向かって二人で坐れるように、斜めに籐椅子がおいてあった。人間と人間の対話的な関係がうまく保持されるようにできていたのであるが、奥には長椅子もおかれていた。多分、場合によっては使用されるのであろう。

いずれにしても、この分析室を中心に私の夢分析は行われた。定められた時間、定められた間隔で行われていった。いわばそこは両者が秘密を共にする、人格の変容を取り扱う場所であった。そして、分析が終了し、帰国することになり、最後に、別れを告げてそこを出た時のことを忘れることはできない。それは、両方にとっての一時の作業の中断であり、万感が胸に去来する時である。彼は全くいつものように戸口に来て、手で戸を開けてくれ、そして「さよなら、またお会いしましょう」と言って中に入って行ってしまった。

ではその中でどのようなことが起こるのか、心理療法としての夢分析をこのような外面的なことでなくて、内面的なことを少しみてみることにしよう。

3　心理療法としての夢分析

心理療法というのは、何らかのかたちで人間の変容を取り扱うものであると言えよう。治療というのは病いの状態にある人間が、健康な状態に変化することであり、その中心に変容（transformation）がある。夢の分析もまた同様であって、それを通して、広義の「健康」な状態に向かって変化させていくことである。そこで、その変化に焦点をあてて、心理療法としての夢分析のもつ意義を考えてみたい。

治療者と患者の力動関係

その最初に注目すべきことは夢分析者自身の問題である。心理療法というのは、言語による治療であるから、薬物は使用しない訳である。催眠療法も原則として使わない。ここで「言語」というのは語られる言葉という意味だけではなくて、「生きた言葉」すなわち、語る人も含めて分析者自身が治療の主要な要素となってくる。分析者は患者を自分の治療室に迎え入れ、特殊な人間関係を結ぶことによって、その人間関係によって、（自分もいく分かの変化をするが）相手に変化をもたらすことを使命として行われることになる。そこで提供されるのは彼自身の全人格、意識と無意識を含めたすべてである。特に、患者との無意識の関係が治療には決定的となる。したがって彼が自分自身について、自分の行っていることを、どの程度まで意識化しているか、すなわち、自己分析ができているかが決定的な意義をもつことになる。そこで今ここでその間に存在する両者の間の力動性について考えてみる必要がある。

まず、「病い」というものの本質をどのように考えるかから始めたい。「病い」とは人間が部分化される、という意味である。例えば、癌なら癌に犯されると、その部分は全体からの統制を脱して、自己充足的に、部分化が起こる。そして、部分が全体とのバランスを失って自己増殖を異常につづけるから、全体は死に至ることになる。この全体との関係が切れて、部分になることを「病い」という。その反対に、「全体化すること」、「全体になること」は反対概念の「健康」ということになる。ところが、現代の「健康」という概念はあまりにも物質界のみに限定した概念で、その深さを充分に表現していない。「健康」というと、「健康馬鹿」という言葉を思い浮べるほど、ただ肉体だけ発達していて魂が発達していないような状態を意味するようになってしまった。古代では「病い」の反対概念はむしろ「救い」[*9]であって、それは、神や人とのあらゆる関係を保持した完全性を意味していた。現在はこの語はあまりにも宗教的な要素が強すぎて、正しい意味が表現しにくいが、一教派の信者になるという意味ではなくて、ユングによっては統合とか、自己実現として、治療の目標について使用されている概念である。

したがって、心理療法の目標はたんに「症状の除去」や「解消」ではなくて、「人間の変容」である。ただ、症状がとれて、苦痛が去ったといっても、心の病いの場合、人間の基本的な依存関係がもとのままならば、同じ症状が起きたとき、再び、同じ治療者に頼ることになる。また、症状は消えても、病気が治らなかったり、症状が様々に変化するだけで、病いそのものには変化がなかったりする。そこで今症状を形成している「徴候」について一言してみたい。この徴候というのは治療にとって、大切な手がかりである。患者の手土産のようなもので、大変に有難いものである。どのように非合理的なものであろうと、それなくしてはどこに病気があるか、他の人間にはみえない。発熱して、体温が高く、不快であるからこそそれが手がかりになって、治療が進行するのである。徴候（symptom）はもともとギリシャ語のスンプトーマ（σύμπτωμα）からきていて、象徴と同じように、それは「一致点」つまり、内的なものと、外的なものとの一致を意味するから、その徴候をたよりに、そのものの内側へと入ることができる。「そこに病いあり」というしるしである。そのせっかくの内から外への贈り物をただ解消してしまうのはおかしいことであって、治療としては下である。上等はそれを入口としてもっと症状の内側に入るということである。

次にこの徴候とならんで、初期に注目すべきは、患者の最初の夢である。これをイニシアル・ドリーム(initial-dream・最初の夢)といってユング派では大切にする。文字通り、最初の夢の場合もあるが、二番目であろうと三番目であろうと、それにはあまりこだわらない。患者も分析者もこれがイニシアル・ドリームと一見してわかるものである。これからの治療の過程を予知しているものが多い。終了してから、それをみて、全くその通りであると感心することも少なくない。ある女子の学生の夢で、「地震が起こって友達と逃げるが、地面がどんどん起きてきてあぶない。大きなお寺が安全というのでお寺に逃げるが、その前に橋があって、その端にお巡りさんが立っている。私は一人で渡ろうとするが、全部持ち物をおいて行け、と言われて、大切なノートだけを持って、橋を渡って行ってほっとする」という夢があった。この方は、その後、様々な苦労をされて、お寺ではなかったが、ある宗教集団に入り、結婚し安定して幸福な家庭の主婦となっている。しかし、そこにくるまでに、「川の橋」を渡らねばならなかったし、自分のノートというそれだけをもって行ったが、じつはその中に過去の全部の日記が書かれていた。その後の経過はその夢のとおりになった。

このように、全く全体を予知していたことは驚くばかりである。しかし、これは結果的に言えることであって、どちらの意識にも明確でない場合が多い。そして次第にその意味が認識されてくるようになるのである。もちろん、患者には全く分からないが分析者には明瞭に読みとれる場合もある。しかし、その場合でも本当にそのようになるかどうか全く保証はないし、ただ、それを尊重し、記憶しておくだけの時も多い。徴候も同様であって、治療過程が様々に展開して、何で分析に来られたか全く忘れてしまう場合もある。しかし、この徴候、しばしば主訴と一致するが、この徴候から入ったということは、特に終了時にまた何で来られたかということが、必要になる場合が多いので、大切なものである。教育分析のように、被分析者に何も明確な「病い」のない場合、すなわち症状のないときはなおさらこの最初の夢は重要になってくる。そうでないと、終了が困難になる場合が多い。

次に考えておかねばならないことは、分析者の影の問題である。現在のユング研究所の所長グッゲンビュール博士は助力関係における「力」の問題を影の働きとの関連で分析している。医師、看護婦、ソーシャルケース・ワーカー、カウンセラー、分析家など、このような他者に助力を与える専門家の影の問題を取り扱っているので、ここに注目すべき諸点を簡単に述べてみたい。[*10]

まず、専門家というのは他人の「秘密」を守ることができるということと、「天職としての職業（仕事・召命）」をもつということを意味している。だから、とりわけこれらの人々は人一倍、他人に対する好奇心が強いし、それだけ愛情の大きい人と考えてもよい。良く言えば使命をもっている人である。これらの人々を聖職者と呼び、「癒す人」というものの元型には、これらの使命を神から天職として受けているという型が存在している。現在でも、大体カウンセラーにでもなろうと志す人は、他人より好奇心と愛情も大きい人がなるように見受けられるが、今ここで、筆者はこれらの人々の現実態をみて悪口を言おうとしているのではなくて、そういう人々こそ、他人よりいくらか「善」をなすだろうが、影もそれ相応に多いので注意すべきだとこの著者に共鳴しつつ言うのである。すなわち、これらの人々は自分の影の犠牲になりやすいのである。

こういう方々がどのようにして自分の影の犠牲になるのか、その道筋はこうである。治療者になると、「すべての人々は治療者の救いを待っている」、そして、「すべてを捧げて治療者は患者のためになすべきである」という、世界救済《ユニヴァーサル・サルベーション》と自己犠牲を前提するようになる。そして、相手がこれを拒否すると、自分の愛がまだ不足しているせいであると思って、なお強く愛の強制をするようになる。「善意」は「使命」と結合したとき、「狂暴」となる。宗教裁判も異端審問もすべて、「善」の名によってなされたことを銘記すべきである。それは power-shadow（力＝影）の働きである。普通の場合、このような治療者が強力な理論武装をして患者に対するのをみてもわかる。心理テストや診断的技法などがこのような善意という観点から操作されると、患者にとっては迷惑至極である。このような思考型の理論タイプの治療者ほど、それが患者によって受け入れられないものとなると、子供っぽい、意外とセンチメンタルな泣き落しや懇願に頼ろうとするのは面白い。やがて、それも有効でないことがわかると、一転して影は狂暴になって、無防備な患者に治療のためという名のもとに襲いかかることになる。

この力動性が増幅されるのは、患者からの治療者の像の投射による場合である。つまり、治療者に、すぐ苦痛をとってくれる「よい先生」という魔術師なみの即効性と奇跡を期待するのである。苦痛が激しければ激しいほどそうなるのも無理はない。「患者」という元型には、この依存的な、絶望的な人間という要素があることを忘れてはならない。病気で入院すると、どんな病気でも、一様に依存的な「患者」にさせられてしまうのはこのためである。そこで、治療者がこれを引き受けたり、肩代りしたために、その完全な「患者」の依存によってしばしば「癒す者」自身の人生を廃虚としてしまうことがある。患者はたえず無意識的に医師に全面的に依存する欲求をもっていることを充分に知るべきである。そしてこれが、医師の力＝影に作用して、むしろ、強力な医師を発動させることになる。

グッゲンビュールは「医者」と「患者」の元型を一つの組として考えている。そして、医師の中には、もちろん、医師としての自己像である医師の元型が存在しているが、治療するという場合、問題は医師自身の中にある「患者」がどうなるかという点であるし、患者が治るというのは、患者の無意識の中に働いている

「医師」の元型がその中でどのようなよい働きをするかにかかっている、と考えている。もし、医師は自分の中に「患者」を引き受けないか、引き受けても医師の心の中の「患者」が病んでいれば、それを他人に投射するだけだとすると、その名医に近づく患者はつねにますます病気になるはずで、また病気にさせられることになる。その名医自身は影を投射して自分には病むところがないので、その意識はますます健康になって行く。ただ、彼の無意識の影としての「患者」はますます病んで自律的ではなくなってゆく。その反対に患者の側も同様であって、患者はそれの投影を受けて強力な依存性をもつ病人になると同時に、彼の中の医師はその癒す力のない無力な「医師」となる。

そこで、治療者自身の中で何が起こらねばならないかは明白である。治療者自身が自分の中にある「内なる患者」を救わねば、治療関係は助力関係に変質しないのである。これが古代の医神などにみられる「癒し」の本質であり、現代心理療法もその例外ではない。フロイトが治療者側の転移を心理療法の基本になることを見抜いて、それを精神分析の基礎にしたように、ユングにおいては「癒し」はその元型として取り扱われているのである。前に自分の無意識で相手の無意識を癒すのが心理治療であるといったのはこういう意味においてである。すなわち、治癒というものは癒すものの、心の中で始まるといってよいであろう。それが治療行為なのである。彼の中の依存的な「患者」は癒されて自律者になる。そうなることで、この作業が終結する。

ユングの心的エネルギー論

ユングの夢の分析の過程で、人格の変容を取り扱う場合にどうしても考えておかなければならない次の問題として、心的エネルギー論と時間論が考えられる。ユングはこの二点で非常に独自の見解を示しており、しかも彼の夢の分析の基礎になっている。今、その心的エネルギー論をまずみてみよう。

ユングはこの心的エネルギー（psychic energy）論を、一九一二年から、二八年、四八年と、しばしば手を入れて展開しているが、主としてそれは「分析心理学に関する二つの論文」の中に収録されている。[*11] 彼もフロイトと同様にエネルギーの力動説をとっているが、フロイトと比較して著しい差異が生じている点は、フロイトが性的エネルギー論をとるのに対して、彼は心的エネルギー論をとった点である。ここで心というのはすでに説明したサイキ（こころ）の意味である。フロイト自身もこの性的エネルギー論をとるにあたって決して狭義に理解していた訳ではなくて、彼の性は広く生命という意味で使われていたことはすでによく知られているところである。しかし、生命のエネルギーという意味で使用されたとしても、本質的には生理学的色彩の濃いものであったことは否定できない。そして、それは因果論的見解をその根本にもっていた。神経症というのは幼児期などの外傷的経験という原因によって、その結果として起こると考えられ、それを溯及的に原因に向かってみる見方である。したがって、自由連想法が用いられ、結果から原因にさかのぼって分析は進むのである。この因果論は仮説として彼のエネルギー論の根底に存在している。生命というエネルギーの流れは、様々な性的な表現をとりながらも、流れつづけるのであって、したがって、フロイトの「昇華」というのは質の変化ではなく、表象の変化を意味するのである。すなわち、量の差異であるということができよう。したがってフロイトの性エネルギー論では質の変化というのは考えられていないと言えるだろう。

それに反してユングのエネルギー論は目的論的に考えられている。ただし、本当は究極論的理解というのが正しいと思う。なぜかというと、ユングはエネルギーの質的変化を考えているので、目的論的（teleological）とだけ言うと、心的エネルギーが人生を目的に向かって流れて完成へと向かうというように考えられ、その過程で起こる質的な変化が考えられないことになる。このような意味での目的論的というのではなくて、むしろ究極論的（final）な観点からみるのである。物事の究極、それは原始でもあり、終末でもある究極的なものから、現在をみるという観点である。ちょっと理解しにくいが、例を示そう。例えば、病気というのはエネルギーの流れからみると、進歩ではなくて、退行とみられるであろう。ユングはこのようなエネルギーの否定的な動きである退行をも、進歩への準備の段階として重要視する。コンプレックスや影も否定的要素ではあるが、全体的な立場からみれば、高度の統合へと至る重要な固有の意味をもった現象である。後退のないところ、前進はなく、退行（regress）にも前進（progress）と同様の価値を見出しているし、ただエネルギーの方向が逆だけであるという観点をとる。したがって病気にも究極的な意味があり、意識には分からないが神経症の症状すら、その発生には意味があるはずである。それは、ただ機械論的な因果論からは解釈できない。原因なしに人間は苦しむこともありうるのである。そこで、彼は東洋の易経などの思想からヒントを得て、布置の理論である同時性律とも言うべきものを、因果律と対等の重要なものとして設定した。この同時性理論（synchronisity theory）は自然科学的には証明できないが、心の現象を取り扱うとき無視することの出来ないものである。理性に合致しないものを切り捨てたり、無視するのではなくて、それらをも含めた合理的理論を設定することが本当の合理の態度であるから、ユングは理性で認識しえないような現象にも、合理的な精神で臨もうとした。そして、この同時性の理論に至ったのである。

これは簡単に言えば、こういうことである。よく「二度あることは三度ある」と言うが、階段で足を二度すべらせたから、必ずもう一度今日中に足をすべらせるだろうと考えていると、そのすぐそばから足をすべらせた、というような時に使うが、このように最初足を踏みすべらすという現象と、もう一度という他の現象とは一つ一つが孤立していてじつは因果関係がないにもかかわらず、あたかも一つのエネルギーの中心に向かって磁場でもできているように、起こるということである。分析者と患者との間にも不思議に同じようなことがよく起こることがある。時に、次に起こることが予測できたり、彼がこれからしゃべり出す言葉が分かることすらある。これはもう、起こることが布置されているように感じられるのである。実際に、治療においてこの特別な布置が出来上がると、全く予期しないことが生起するものである。それはちょうど、コンプレックスがある感情の核を中心として出来上がる星座か星雲のようなエネルギーの磁場と考えられるようなものである。このエネルギーは究極的観点から変化を起こすようである。

そのことはエントロピーの法則を夢の分析という作業にあてはめてみると、より明確になってくると思う。エントロピーの法則というのはエネルギー恒存の法則に基づいている。それはペルジウスの法則とも呼ばれているもので、「無からは何も生れないし、いかなるものも無にならない」という定理である。ギリシャ人のクラウジウスという人はしかし自然ではエネルギーを使えばなくなるので、これをどう考えたらよいかということになり、エントロピーの法則を考え出したのである。すなわち、「エネルギーは散逸したのであって、なくなったのではない。ただ、利用不可能になったのだ」と。これをエントロピーの増大といい、自然の流れを逆にすれば爆発的なエネルギーが得られるということにした。このエントロピー減少の装置によって、エネルギーを蓄積して、蒸気機関のように人間に利用可能のエネルギーとして変化させることによって創造的な仕事ができるようになる。位置のエネルギーを運動のエネルギーに、水力発電のように変換することも可能な訳である。分析室というのは一種の圧力釜であって、この身体的な症状というようなマイナスのエネルギーや自然のままに惰性で生きる人間のエネルギーを、ある人工的な分析室という装置を通して、創造的な心的エネルギーに変換するためにあるのだといってもよい。そこは、エネルギーの量だけではなくて、質の変換が問題にされるところである。ユングはフロイトの性的エネルギー論をけっして否定はしなかったが、エネルギーを質的に変化しうるものとして考えていたので、心的エネルギー論を選んだのである。そのエネルギーは物質的人間の世界だけに働くものではなく、生魂《プシュケー》的人間界にも働く、プネウマ（霊）としての心的エネルギーを考えていたのである。この霊《プネウマ》は前二者を究極的に人間として成就せしめる「本来の自己」の力で、究極的な変容を迫るのであるという仮説をもっていた。だから、このエントロピーの法則もまた、心理療法に応用されることとなった。

インキュベーションと「女の時間」

さて、第2章で夢の分析は古代宗教の癒しの神の本質にみられるインキュベーション[*12]の性格をそなえているという点にちょっと触れたが、ここでそのインキュベーションに使用される時間論を少しみてみたい。ユングにおいては、フロイトの使用するユダヤ教的直線的発達史観だけでは理解できないところがある。ちなみにいうと、ユダヤ教的な主要な歴史観は開始があって、終末がある直線的発展史観である。これに対してギリシャ人は主として永劫回帰の循環的史観をもっていた。今ここで、私が説明したいのはじつはこの循環的な時間論にも含まれるが、男の時間と女の時間と私が呼ぶものについてである。そして、心理療法の過程はこの女の時間にも基礎をおくと考えられる。意識の時間を男の時間と呼ぶならば、女の時間は無意識の時間である。前者を太陽のカレンダーとすれば、後者を月のカレンダーといってもよい。男の時間は等質の時間の連続として考えられるが、女の時間のすべては同質ではない。例えば、月には満ち、欠けがある。満ちる時と欠ける時とでは質的に異なり、なす仕事も違う。「蒔《ま》くに時あり、獲るに時あり」という時はこのような異質の時を指している。幸（favorable）の時と不幸（unfavorable）の時があり、そこに月満ちるまで「待つ」ことの必要性が生じる。女が子を宿し、妊む時、それはまさしく女の時であって、生産の時ではない。生産は等質の時の上で行われ、成長は異質の時の上で行われる。泉井久之助氏の指摘によると、[*13] ラテン語の自然（nature）の語の核には -gna- が存在していて、それは子を育む力、産む力を意味している。そこで、cultura が耕すになり、また、文化となる。またギリシャ語のメーン（μήν）（men）は月であり、メタノイヤ（μετάνοια）は新しくする、メテール（μήτηρ）は母、メトラ（μήτρα）は子宮である。このように、月という語は感情の動きについてじつに多く使用されている。音楽はまた時間の芸術であり、速い、ゆっくり、強い、リズムなど、また、その時の気分、即ち楽しさ悲しさの表現を伴う時の質を問題にしている。月の世界はまた、一様に暗いのではなく、濃淡の世界でもある。このように、女と無意識は切っても切れない関係にある。

写真７　ゴヤの〈時間の神クロノス〉の絵

ところで、インキュベーションとは卵をふ化させることであるが、これに使用される時間を私は女の時間と考えている。卵がふ化する時はいわば決定的な時であって、親鳥の嘴が外からたたくのと、内から準備が出来てひなが出てくるのとが一致していなくてはならない。早くても遅くてもいけない。未熟は死を意味し、同様に過熟は全体が無駄になる。スペインの生んだ有名な画家ゴヤの作品に写真のような時間の神クロノスが、自分の子供をのみこんでしまう絵があるが、これは時間の否定的傾向を象徴的に示したものであり、女の時間にも子を育むと同時に子を食べてしまう破壊的な要素のあることも事実なのである。錬金術師たちがその作業をするのに子宮の形をしたペリカンを使ったのもうなずけるわけである。分析が完成するのもこの女の時間においてである。その時が至るのを安定した愛情という持続的な熱で温めるのが、すなわち分析なのである。すると卵が全く新しい物に変化して出てくる。それがメタノイヤ（新生）であり、創造と呼ばれるものである。そういえば女の仕事には女の時間を使うものは多い。例えば、料理の「炙《あぶ》る」「煮《に》る」「醗酵させる」「漬ける」などすべて、一定時間をかけて、材料の変容を目的とするものである。途中で取り出したのでは全体が失敗してしまうという性質は、一プラス一は二という等質の男の時間とは異なって、変化と成就を目的としているからである。その誕生のカイロスを禅宗では「啐啄《そったく》」という特別の言葉で表現しているのは味わい深いものがある。夢の分析は何回行えば何回分の効果があがるというものではない。一回でよい場合もあれば、何年行っても一向に変化のない場合がある。現代は男の時間の世界ではあるので、われわれも週一回というように男の時間を便宜上は使用しているが、夢の分析に直接使用されるのはむしろ女の時間であって、男からみると繰り返しや退行が多くて進歩がみられない場合があり、たとえ停滞や繰り返しがみられてもその中に固有の時間の意味を見出して、新生の時を「待つ」感覚が要請されている。[*14] このように夢の分析というのは結局において、待ちながら決定的な変容の時を期待するものなのである。

〔注〕

＊1　フロイト、高橋義孝訳『夢判断』人文書院、一九六八年

＊2　ルドウィッヒ・ビンスワンガー、荻野恒一訳『夢と実存』みすず書房、一九六〇年、一五四頁

＊3　日本聖書協会『新約聖書』一九五四年改訳版、ヨハネ福音書一、一
＊4　日本聖書協会『旧約聖書』一九五五年改訳版、創世紀四一・一―八
＊5　同掲書、創世紀四一・二四―三一
＊6　フォーダム、前掲書、一五四頁
＊7　河合、前掲書、母性社会、一〇七〜一一六頁
＊8　河合、前掲書、入門、三〇一〜三一七頁
＊9　救い σωτήριον（sōtērion）は動詞 σώζω（sōzō）からきて「生かす」「全体になる」の意味である。
＊10　Guggenbühl-craig, Adolf, Power in the Helping Professions, New York, Spring Publications, 1971.（樋口和彦・安渓真一訳『心理療法の光と影』創元社、一九八一年）
＊11　C. W.7.
Jung, C. G. and W. Pauli, The Interpretation of Nature and the Psyche, Bollingen, New York, 1955.（河合隼雄・村上陽一郎訳『自然現象と心の構造』海鳴社、一九七六年）
＊12　マイヤーの前掲書の他に拙稿「教会心理学における Incubation についての一考察」『基督教研究』同志社大学神学部、一九七四年参照
＊13　泉井久之助『ヨーロッパの言語』岩波書店、一九六八年、二九頁
＊14　これに関しては小さいがノイマンのすぐれた論文がある。Neumann, Erich, "The Moon and Matriar-chal consciousness," Spring, 1956.

第５章　ユング心理学の展開

１　童話と心理療法

童話の深層心理

童話というのは子供のためのやさしいお話ではなく、文学の特殊な形式であって、けっして子供のためばかりに書かれたものではなかった。むしろ、人間智の集大成として、この形式を通して伝えたかった何かがあったからではないかと今日では考えられるようになった。そういう目でみると、童話はたしかに道徳書ではない。道徳的に書きかえられたものは、かえってすぐ子供にもあきられてしまう。そのような目でみてみると、子供にみせるのはどうかと思うような性的なもの、冷酷なもの、残酷なものも多く出てきて、あらためて驚くほどである。

童話がなぜ人々の心を引きつけるかというと、それは元型的なものをその中に濃厚に含んでいるからである。童話には特定の作者というものがない。「読み人知らず」という要素があって、この点が特色となっている。この作者の不詳性ということは、その話が代々語り伝えられることによって、人々の無意識によって濾過《ろか》されて、次第に角がとれ、魂だけの元型となって形をなしたと言ってもよい。したがって、文体は美しく、簡潔で、しかも人間の心の働きの本質をギョッとするほど正確に伝える。

ここでメルヒェン（Märchen）というのはドイツ語で、中世ではメーレ（Maere）といって、「知られた」「有名な」「うわさ」「知らせ」などの意味に用いられていたらしい。それらがグリム兄弟によって収集され、今日の童話というものとして保存されるようになったのである。童話は日本でも最初は昔話とか民話として語られ、「噺」や「咄」という言葉が当てられて、自然発生的な要素が重んぜられている。後に、いわゆるアンデルセンや日本では小川未明などの特定の作者によって、創作童話が書かれるようになったが、深層心理学的関心からいえば、長い間民衆の心の中で熟成され、後に採集されたもの、現在も人々が喜んで読んでいるようなものにわれわれは価値をおくのである。その点で、どちらかというと、伝説は異常なものに対して、それを無気味なもの、恐怖を感ずるものとして描いているが、童話は伝説と違って、場所も時代も特定せずに、しかも、異常なものに対して無感覚であるところが面白い。それはあたかも無意識というものを全く肯定しているかのようなずぶとい態度をとっている。伝説では相当に血なまぐさくなる殺人の場面でも、童話ではアッケラカンとして、平然としているのは読む人にとっての驚きである。そういえば、治療の場面にみられる子供の心理の中にも、そのように自然の暗さを平気で受け入れる強さがあることをみのがすことはできない。そういう訳で、夢の分析でその夢をどう考えるかという夢の解釈で、先に述べたように、客観的拡充法が必要になってくる。そのような場合、これから述べるような童話、神話、人類学、宗教学などの知識が必要欠くべからざるものとなってくる。ここでは、童話学の専門の観点から、童話について解説を試みようとしている訳ではないが、それらが心理療法とどのような点で意味のある連関をしているか、夢分析の経験に沿いながら少し述べてみたいと思う。ただ、童話を例にとってその解釈をしようとすると面白いものが無数に挙げられ、いずれも割愛するのは惜しいほどである。すでに河合隼雄氏によって、二、三の論文や最近著書[*1]も公刊されているし、いずれまたこれだけについて述べる時もあろうかと思うので、ここでは、それらの結びつきの感覚をある程度つかんでもらえる程度に一つ選んで、考えてみたいと思っている。

この分野で精力的に研究を続けているユング派の学者を挙げると第一に、フォン・フランツ博士がいる。彼女には『童話の解釈』[*2]、『童話のシャドーと悪』[*3]、『メルヘンと女性心理』[*4]、神話の部類にも属するが、少年神の研究で『永遠の少年』[*5]などの著作がある。筆者も研究所で、これらが本になる前のレクチャーを聴いたのであるが、非常に魅力的な講義で、われを忘れて聴き入ったのを憶えている。彼女は「童話はモチーフを集めた町である」と言って、一つの童話の中に森のモチーフあり、母のモチーフあり、娘のモチーフあり、それがもっとより大きい統一主題に統合されて行く様子がどれにも表われていると言っていたのが印象的であった。したがって、童話は何千何万種類というようにどの国にも存在し、消えては現われ、現われては消えてゆく。元型と同じでどれ一つとして同じものはないが、しかし、その多様さの中に共通性があり、その核になる様々のモチーフが人々の心を捕えるという。これは人間の心的現実の多様さと対応していると考えられるだろう。面白いことに、花咲爺の話の中で、よいお爺さんがしたことと全く同じことを真似してやってみても、悪い爺さんの場合は、結果は反対である。このような機械的反復はよくない。これはこぶとり爺でも、舌切り雀の話でも同じことである。これはちょうど心理療法で、前の患者にはなおる良い方法が、全く次の患者には効果がない、それどころか悪い結果をきたすということと同じで、たんなる繰り返しは結果が悪いということを言っている。これは人間の心の現実である。したがって、多様な心的事実に対して、汲めども尽きぬ教訓を心理療法家に示してくれるといって過言ではない。そこで、例をグリム童話集の第一話、

「蛙の王さま」にとって、その関連性を述べてみたい。まず、テキストを金田鬼一訳のグリム童話集、「蛙の王さま」（一名―鉄のハインリヒ）にとることとしよう。[*6] まず、長いが原文を挙げておこう。ただ、話の後半は別の話、忠臣「ハインリヒ」というのが加わっているので、その部分は省略する。

イニシエーションを扱った童話の解釈

蛙の王さま（一名）鉄のハインリヒ

むかしむかしのおお昔《むかし》、まだ人のねがいごとがなんでもかなったころのこと、一人《ひとり》の王さまが住《す》んでいました。王さまのお姫《ひめ》さまがたは、どれもこれもうつくしかったのですが、そのなかでも、いちばんすえのかたは、きわだってうつくしく、お日さまなどは、そういうのをたくさん見なれていらっしゃるのに、このおひめさまばかりは、顔《かお》をお照《て》らしになるたんびに、どうしてこんなにうつくしいのかと、ふしぎにおぼしめすほどでした。

王さまのお城《しろ》のちかくに、大きな暗《くら》い森があって、その森のなかには、菩提樹《ぼだいじゅ》の古木《こぼく》の根がたに、水のもくもくわきだしているところが一《いっ》かしょありました。暑くってしようのない日には、おひめさまは森のなかにはいって、このすずしい泉《いずみ》のへりにすわることにしていました。それから、退屈《たいくつ》すると、黄金《きん》のまりをだして、それをまっすぐにほうりあげては、落ちてくるのを下でうけとるのがおきまりで、これが、おひめさまのなによりすきな遊戯《ゆうぎ》でありました。

ところが、あるとき、この黄金のまりが、どうしたのか、お姫さまのさしあげていたかわいらしい手のなかへは落ちてこず、すれちがいに地《じ》めんへすとんとおちて、そのまま、ころころと、水のなかへころげこみました。おひめさまはまりのころがったほうへ目をつけましたが、まりは影《かげ》もかたちもありません。泉は、ふかいのなんの、底《そこ》なんかとても見えるものではないのです。

おひめさまは泣《な》きだしました。なく声《こえ》はだんだん大きくなりました。けれども、いくら泣いてもどうしてもあきらめがつきません。なさけなくって、かなしくって、おいおい、泣いているところへ、だれだか、

「どうなすったの？　おひめさま。そんなにおなきになったら、石でも、おひめさまをおかわいそうに思うことでございましょう」と、呼《よ》びかけたものがあります。その声がどこからでてくるのかとおもって、あたりを見まわすと、目にとまったのは、ぼてぼてした、いやらしいあたまを、水の中からつきだしてる一ぴきの蛙《かえる》でした。

「なあんだ！　おまえなの、水のぺっちゃりぺっちゃりさんなら、おなじみじゃないの。あたし、だいじな黄金《きん》のまぁりが泉のなかへおっこちたので、それで泣いてるのよ」と、おひめさまが言いました。

「おだまりなさいね、おなきになるものじゃありません」と、かえるがへんじをしました、「わたくしならば、なんとかなるとおもいます。ですがね、もしもわたくしがおひめさまのおもちゃをひろいあげてまいりましたら、おひめさまは、わたくしに、なにをくださいますか」

「かえるさんのほしいものなら、なんでも」と、おひめさまが言いました、「いいこと！　あたしのもってるきものだの、あたしのもってる真珠《しんじゅ》だの、いろんな宝石《ほうせき》だの、それから、あたしのかぶってる黄金《きん》のおかんむりもね」

すると、蛙は、「おひめさまのおめしものだの、真珠や宝石だの、黄金《きん》のおかんむりだの、そんなものは、ほしくはございません」と、うけこたえしました、「けれども、おひめさまが、わたくしをかわいがってくださるおつもりならば、わたくしを、おひめさまのおあいてのあそび友だちにして、おひめさまとならんでかわいらしいお膳《ぜん》へすわらせて、食《た》べものは、おひめさまのかわいらしい黄金《きん》のお皿《さら》でたべさせて、飲《の》みものは、おひめさまのかわいらしいおさかずきで飲ませて、おひめさまのかわいらしいおとこのなかにねかせてくださいまし。このお約束《やくそく》さえしてくだされば、下へおりていって、黄金《きん》のまりをひろってきてあげましょう」

「ああ、いいとも。まぁりをとってきてくれさえすれば、おまえののぞみは、なんでもお約束してあげることよ」

口ではこう言いましたが、お姫さまは、おなかのなかで、「蛙のおばかさんが、なにをべちゃくちゃいうことやら。かえるはかえるどうし、水のなかにかたまって、オレキレキ・アナタガタってないてるんじゃないの。人間《にんげん》のおなかまいりなんか、できやしないわ」と、おもっていたのです。

蛙は、おひめさまがたしかにうけあったのをきくと、あたまをひっこめて、下へ沈《しず》みました。それから、すこしたつと、四肢《よつあし》で水をかきながら、ぶかぶか、浮《う》きあがってきましたが、口にはまりをくわえていて、それを草のなかへほうりだしました。おひめさまは、また世にでてきたりっぱなおもちゃをみつけると、すっかりうれしくなって、それをひろいあげるなり、横っとびにとんでいってしまいました。かえるは、

「待《ま》ってえ、待ってえ！　いっしょにつれてってえ！　おひめさまみたいに、かけられやしない」と、声《こえ》をはりあげました。けれども、かけだしていくおひめさまのうしろから、いくら死《し》にものぐるいになきたててみたところで、なんの役《やく》にたちましょう、お姫《ひめ》さまは、そんな声なんか耳へもいれず、いそいでおうちへかえって、蛙のことはすぐ忘れてしまいました。かわいそうに、かえるは、よんどころなく、もとの泉のなかへおりていきました。

ところが、そのあくる日、おひめさまが王さまやごけらいみんなといっしょに食卓《しょくたく》について、かわいらしい黄金《きん》のお皿《さら》でごちそうをたべていると、ぴちゃりぺちゃり、ぴちゃりぺちゃり、なんだか、大理石《だいりせき》の階段《かいだん》をはいあがってくるものがありました。そして、上までのぼりきると、戸をたたいて、

「王さまのおひめさま、いちばんお末《すえ》のおひめさま、ここ開《あ》けてえ！」と、よびたてました。

お姫さまは、だれが外にいるのだか見てやろうと思って、早足《はやあし》に行ってみました。ところが、あけてみると、例《れい》のかえるが、戸の前にぺちゃんとすわっているのです。おひめさまは、戸をぴしゃりとしめて食卓《しょくたく》へもどってきましたけれども、心配《しんぱい》で心配でたまりません。王さまは、おひめさまの胸《むね》がどきどきしているのを百《ひゃく》も御承知《ごしょうち》で、

「ひめや、なにがこわいの？　戸のそとに大入道《おおにゅうどう》でもいて、ひめをさらっていこうとでもいうのかい」と、声をかけました。

「いいえ、そうじゃないの」と、おひめさまがおへんじをしました、「大入道なんかじゃなくってよ。きたならしい、いやらしいかえるなの」

「どんなごようがあるの、かえるが、ひめに？」

「あのねえ、おとうさま、わたくしがねえ、昨日《きのう》森へいって、いつもの泉のそばであそんでいましたらねえ、黄金のまぁりが、水のなかへおっこちましたの。それで、大きな声で泣いてたもんで、あのかえるがまぁりをひろってきてくれましたの。それから、かえるがあんまりたのむもんで、お友だちにしてあげるって、かえるにおやくそくしちまったのよ。だって、わたくし、かえるが水のなかからでてくるなんて、てんでかんがえなかったんですもの。それだのに、

今おへやの外へやってきて、わたくしのとこへはいろうって、いうこときませんの」

そのとき、また、戸をたたく音がして、大きな声がきこえました。

「王さまのいちばんおすえのおひめさま、
あけてちょうだいなあ、
きのうのことはどうしたの？
すずしいいずみの水のそばで、
おひめさま、あたしになんと言いました？
王さまのいちばんおすえのおひめさま、
あけてちょうだいなあ」

それをきいて、王さまが、

「おやくそくしたことは、どんなことでも、そのとおりにしなくてはいけません。さあ、行って、あけておやり」と、いいました。

お姫さまがたっていって、入口の戸をあけると、蛙が、ぴょこんととびこんできて、おひめさまのあるくとおりにくっついて、おひめさまの椅子《いす》のところまでやってきました。そして、そこへぺちゃんとすわって、

「おいすの上へ、おひめさまのおそばへあげてくださいな」と、よびかけました。

おひめさまはぐずぐずしていましたので、とうとう王さまが、はやくあげてやれと、ごめいれいになりました。蛙は、やっと椅子へあげてもらったかとおもうと、こんどは食卓の上へあがりたがりました。食卓の上にすわると、

「二人《ふたあり》でいっしょにたべられるように、おひめさまの黄金のお皿を、もっと、わたくしのほうへよせてくださいな」と、いいだします。

おひめさまは蛙のいうなりにしてはやりましたけれども、じぶんからそうしてやろうと思ってしたのでないことは、

だれにでもちゃんとわかりました。かえるは舌《した》つづみをうってたべましたが、おひめさまのほうは、ひと口《くち》ひと口が、のどをとおらないくらいでした。ところが、そのうちに、蛙が、

「おなかいっぱいいただいて、だるくなりました。おひめさまのおへやへつれてって、おひめさまの絹《きぬ》のおふとんをしいてくださいな。ふたりで寝《ね》ることにしましょうよ」と言いだしました。

お姫さまは泣《な》きだしました。蛙がこわくなりました。こんな冷《つめた》いかえるなんぞ、さわるのもいやなのに、それが、おひめさまのうつくしい浄《きよ》らかなおとこに寝《ね》ようなんて言いだしたのですもの。すると、王さまがお腹《はら》だちで、

「だれにしろ、じぶんがこまっていたときに力をかしてくれたものを、あとになって、ばかにして相手《あいて》にしないという法《ほう》はない」と、しかりつけましたので、おひめさまは、二本指《ゆび》で蛙をつまんで、お二階《にかい》へもっていって、おへやのすみっこへおきましたが、おひめさまがねどこへ横になると、かえるは、ぴちゃりぺちゃり、はいだしてきて、

「だるくってしようがない。あたしも、おひめさまとおんなじようにねたいもんだ。上へあげてくださいな、でなきゃ、おとうさまにいっつけるからいい」と言うのです。

これをきくと、こんどこそ、お姫さまは、すっかり腹《はら》をたててしまって、蛙をひろいあげるなり、力まかせに壁《かべ》へたたきつけました。

「さあ、これで楽《らく》ができるだろ。いやらしいかえるったらありゃしないわ」

ところが、その蛙が下へおちたときには、蛙ではなく、人なつこい美しい目をした王子《おうじ》でした。

この王子がおひめさまのおとうさまのお気にめして、お姫さまのなかよしのお友だちであり、おむこさまでありました。そうきまると、王子はおひめさまに、じぶんは悪者《わるもの》の魔女《まじょ》の魔法《まほう》にかかっていたこと、おひめさまのほかには、だれひとりじぶんをあの泉から救《すく》いだせるものはなかったこと、それから、明日《あした》は両人《ふたり》そろってお国《くに》へかえるつもりだということを話しました。


これは明らかに少女のイニシエーションを取り扱ったものである。子供である少女がどのようにして女である娘に変化して、結婚できるようになるか、その内的世界の発展を示したものといえよう。普通、女性の

イニシエーションは男性のそれと比較して、明暗がはっきりしていないので、娘が母の世界から独立するのは、それなりに困難であると考えられる。そこでこのような少女のイニシエーションの話が必要となる。そして、この話は、信じられないほど、明瞭にその過程を明示しているので、その跡をたどってみよう。第一は、最初のウロボロスというべき両親と自分が一体になった時代を美しく描写している。「むかし、むかしのおお昔、まだ人のねがいごとがなんでもかなったころのこと」という短い文章で子供の無垢の世界を言いあてている。これと同類の、例えば、「神さまがまだ人間のあいだにまじって、この世の中を歩いていたころ」とか、「動物がまだ口をきいていたころ」というのは同様の世界を表現したもので、童話の冒頭に多く出てくるので、お気づきの人も多いと思う。自我と自己が全く同一化している世界であるから、何でも自分の願いごとがかなえられるということになっている。ところが、それは本当は生れたてのほんの初期の短期間の間の夢であって、赤ん坊といえど泣かなければ次第に願いごとはかなわなくなってくるのである。そこで、自己と自我とは次第に分離されてくる。赤ん坊の自我は泣くことによって何でも与えられると考え、自分にはそれによって万能であるという意識ができ、事実、泣く子と地頭には勝てないのであって、ここに自我のインフレーションが起こってくる。これを自我肥大（ego-inflation）現象と呼び、子供の世界にしばしば起こるものである。[*7] 愛されること（受身）を望み、その愛が拒否されると、他者に向かって攻撃的に愛を強要する。筆者はこれをこの時代の特徴的な「攻撃的依存性」として注目している。半面、このような時期の子供はとても、愛らしいものであるが、それが極端になると、他者を破壊するほどの力をもつようになる。この甘えの暴力は学校恐怖症などにみられ、他者に対する愛（能動）が、バランスをとって発達しない場合にこのような両親を破壊しかねない力となる。「美女と野獣」の童話をご存知だと思うが、[*8] その最初のところで彼女は自分の父親に向かって薔薇《ばら》を自分のためにとってくれという試みの難問を出す。父は娘が可愛いの

写真８　コクトーの映画「美女と野獣」より

で、それを受け入れ、魔法のかかった野原の白い薔薇をとってやろうとして危険に陥ってしまうのである。それをみて美女は驚いて、自分のために死にかかったのであるから、身代りになって野獣の城にとらわれることになる。そのように娘は父に対して乱暴で、そしていつも優しい。この矛盾した両面は少女のもつこの時代の生き生きとした性質でもある。

　この童話でも王とその娘の姫とを軸にして話は展開する。王というのは国の頭であり、すべてを統御する象徴としてここでは出てきている。そして、彼の手の中で、イニシエーションが進行していくことになる。この娘の表現している無心の無垢がどんなに美しいものであるかは、「お日さまなどは、そういうものをたくさん見なれていらっしゃるのに、このおひめさまばかりは、顔をお照しになるたんびに、どうしてこんなにうつくしいのかと、ふしぎにおぼしめすほどでした」とじつに上手に童話は表現している。そこには完璧な美女のイメージが出てきている。「国中で一番美しい」とか、「くらべもののない美しさ」とかという表現も童話にはよくあるが、これにくらべるとありふれているように思える。とにかく、燦然たる輝きをいっているのであろう。この娘が末の娘である点が面白い。童話には末娘は特別の任務をもって、ひじょうによく出てくる。シンデレラの場合など憶いうかべていただくとわかる。お気づきと思うが、姉妹で一番最後の女性の姿をとった娘は王にとってはアニマ像である。王の無意識の中で否定的な姿をとれば、シンデレラのように放置され、未来可能性はあるが不幸な状態になっているアニマを表現している。この物語の場合、不幸な状態ではなくてどれも幸福な状態におかれている。ところが、幸福な状態にあるということが、この娘のイニシエーションにとっては、不幸な状態といってもよいであろう。なぜなら、成長などしなくても、このままの状態が天国であるからである。立派な両親に育てられた娘はすべてが幸福であるが、たった一つ不幸なことがある。それは、心の成長ができないということになるからである。子供は両親から分離して、一人の異なった男性または女性となって結婚することになるが、このように幸福な男女は、そのことにかぎってむずかしいことにまきこまれる。よく全く何であんなにすべて従順である娘が、結婚のことになると反抗的になって従順でなくなるのかわからないという親がいるが、それは理の当然である。なぜなら、親が完璧なら、それと同一化している娘も完璧でしかも「善」であって、そこからの分離は至難である。それに反して、不完全な人間的親はどこか破れているので、子供はそれを利用して、自分を確立することができる。悪い親にも一つぐらい取り得はあるものである。

ところで、この王に対して娘、やがて出てくる蛙と王子、というこの四者の配置を念頭において、話を追ってみていただきたい。この配置が童話では重要だからである。さて、この娘が遊んでいたのは「黄金《きん》のまり」であった。この「毬」という球型は自己の象徴であることはすでに述べた。そして読者もそう想像されたであろう。筆者のところに相談にみえたあるアメリカ人の学生であるが、あるとき夢をもってきた。その夢は、彼の妻と二人で道を歩きながら、足でやはり金のまりをけとばしているというものである。夫から妻に、妻から夫にと蹴球の練習のように遊びながら坂道を下ってくる。すると、球はコロコロところがって、交差点を横切ってむこうに行ってしまった。あわてて二人は信号の所を追おうとすると、信号が赤になってしまった。それにもかかわらず無視して追いかけて行き、拾おうとしてふと顔をあげると、お巡りさんの顔がそこにあった。彼は巡査に許しを乞うと、にこっと笑って許してくれ、チケットを目の前で破ってくれた、というものである。ここにも金の球が出てくる。この夫妻はじつは離婚問題で相談にこられたのである。些細なことから、口論が始まって、大切なものを足蹴りにするほどになってしまった。そして、その大切なものをあちらにやったりこっちにやったりして、「争い」を遊んでいたのである。

遊ぶということは子供の固有の仕事である。それは現実と幻想の間を行き来することであって、もし、「現実」によるものだけにすると遊びは面白くなくなり、その動きは次第になくなる。反対に、遊びが「幻想」にだけなると、その動きは大きく活発にはなるが危険がまし、やがて破綻することになる。それから、子供に球を与えると、何時間でも遊べるのに大人はあまり上手でない。それは子供が自己と遊ぶ能力をもっているからではなかろうか。そして、球に気をとられて、秩序を犯してしまう。そこで、球の本当の意味を知るのである。それまでは遊びそのものに夢中になる。このアメリカ人の学生は新婚早々で、この人にとっては結婚も遊びであり、当初はその結婚生活に夢中であった。この童話の娘は、一人で「まり」で遊んでおり、しかも上方に放り投げて、下で受けとる遊びをしていた。この少女の肥大した自我が上方へと向かう知性だけを使っていたことはこのことでも明白である。その反対に、彼女は感情、特に性に対する感情を発達させていなかった。それは抜けていたのである。そこから、球はころころところげて泉の水の中にころげてしまったのである。

泉は暗い森の中にあって、そのほとりに菩提樹の古木があった。その根かたから水が湧き出していて、その泉は「ふかいのなんの、底なんかとても見えるものではないのです」というほどであった。これは明らかに彼女の無意識の世界を表わしている。森というのはヨーロッパでは特別な神秘的な意味が付与されているのが普通であるが、今日でも、森に対するそのような感情は想像以上で、しばしば奥深く、ちょっと散歩に行った人も道に迷うことがある。したがって、童話には森はよく出てくる。これは、彼女がまだ開拓していない、未知の領域であろう。しかもその中に底知れぬ泉とそのそばに一本の生命の樹ともいえる巨木がある。その奥深い底に金の毬を落としてしまうのであった。むろん、手は届かず泣くより外仕方なかった。「石でも、おひめさまをおかわいそうに思うことでございましょう」という表現は、童話では石にも感情があることを表わしている。童話の中では、動物、鉱物は人間と交流できる範囲にいる。鉱物の場合、人間からの距離は動物に比して遠い。反対に動物でも温血動物は冷血動物に比して近く、猿のように知恵のあるものはもっと人間の近くに位置を占めている。だから「石が叫ぶ」ようになれば、その感情のエネルギーの強さは大きいといわねばならない。今日の日本でも物質に心をみる表現は、強いわれわれの感情を表わすとき使われる。

そこで出てくるのが主役の蛙である。そして、その蛙は冷血動物である。蛙の象徴するものは多彩であるが、第一は女性性、特に形から子宮を象徴すると考えられる。第二に、蛙は水陸両用であるので、意識と無意識の媒介としての役目を果たす。そのような亀とか、水鳥のような両棲類的な動物は夢ではよく中間的存在として重要な役割を演じている。

姫にとって蛙はシャドーであり、水の中にとじ込め、押え込んでその存在すらも日常生活の中で意識的に注意することはなかった、彼女にとってまことにいやらしい存在である。性的欲求とも、彼女の心の中の女性性ともいえるであろう。彼女は「おなじみ」と思っているが、じつは表面で知っているだけで、その真の性質というものは知らないのである。そして、この助けなしには、自分の「本来の自己」を救い出すことはできない。そこで、姫は蛙と取引きをする。ここにイニシエーションの一つの性格をみることができる。自分の犠牲なしには「真理」を把握することはできないということ。それが人間的な真理の性格であって、自然科学的真理は自分の犠牲なしに捕えることができるが、これはシャドーから取引きを要求される。童話では「なぞ」とか、「問題」とかを仕かけられて、それがとけないと首を切られてしまうといったことはしばしばあるが、あれである。蛙の要求は真珠や宝石のような彼女が今持っているものをほしいというのではなくて、彼女が「たまらない」くらい感情的に嫌いと思っている蛙と一緒に食事をすること、そして、一緒に同じベッドで寝ることであった。しかし、娘はその意味がわからず簡単にみえたので軽く約束をしてしまった。それは、毬を取ってきてもらいたい一心であった。そして腹の中では「人間のおなかまいりなんか、できやしないわ」とそっと思っていたのである。性を軽蔑している少女の性に対する考え方が手にとるように伝わってくる。この時点では、性が動物的な段階のものであって、人間的なものとはまだ考えていないのである。すると、この蛙によってやがて彼女との約束の実行を迫られるように筋は進行する。毬が彼女の手許に帰ると彼女はその約束を忘れてしまう。蛙がやがて彼女に迫る。彼女がそれをもて余す様子がじつによくこの童話に描かれているが、思春期の少女のイニシエーションのケースではよくこれと同様な心の働きをみることがある。そして、その度にこれが本当によくかけていると驚く。この場合、王様の動きは立派である。王は蛙を肯定している。けっして娘の窮状を甘くみていないし、訴えを聞き届けはしなかった。父は娘に、約束したことはどんなことでも、その通りにしなくてはならないという社会の規範を明確に宣言する。この娘はいわば女となって家庭から社会へと出て行くのであるが、その時に父の力をこのようなかたちで借りるのである。けれども、父が、自分のアニマでもあり、シャドーになりうる娘に反対に敗北していたら、この娘は父を打倒してしまってその父の力は借りられない。娘のアニムスはまず、その父によって強く影響を受けることがお分かりいただけるであろう。これは父の好ましい反応である。「だれにしろ、じぶんが困った時に力を貸してくれたものを、後になって、ばかにして相手にしないという法はない」と叱りつけることによって、これから娘が出てゆく社会の法則を示すのである。彼女はそれによって、本当の男性に出会えるよい準備をすることになる。

彼女が本当に出会いたかった男性はじつは彼女がいみ嫌っていて、蔑視していた蛙であった。しかも、ともあろうに腹を立ててその蛙を拾い上げて力まかせに壁にたたきつけた。すると、その瞬間に、蛙は美しい目をした王子に変身するのである。ここは正に童話らしいところである。そして、この「怒り」は感情の全面的な表現で、「怒り」ほどその人の全体を表わすものはない。娘の場合も同様で、この時はじめて、全身で反応した。人間は部分的に怒るということはできないし、また、他人から叱られた時、いやではあるがその人の全人格を怒りを通してみることができる。だから印象に残ることが多いものである。「怒り」はその人の真実の全面交渉ということができるであろう。欲求（demand）は満たされることを要求するが、必要（need）は表現されることを望む。そこに彼女の必要性があった。この蛙は彼女のたんなる性的欲求のシンボルではなくて、彼女のより全体性へと向かう生命のエネルギーの象徴なのである。そして、この女性は男性と出会って、結婚して統合されるところで話は終わっている。

もちろん、この話をもっと多様に解釈することもできるし、他の人からみるとおやと思うところがあるかも知れない。しかし、フォン・フランツ博士が「童話は色々のモチーフの集まった町である」と言ったように、様々なイメージが重なりあい、モチーフがぶつかりあって、より高い次元へと統合されていく様子が分かるであろう。

童話に現われるシンボルの意味

さらに、他の色々の童話を選んで、私なりの解釈を加えてみたいのだが、紙数に制限があるので他の機会にゆずるとして、夢の分析のとき、その客観的拡充法を進めるのに必要な、基本的な二、三の点を憶え書のように書き加えておこう。

その初めにどうしても「狼」を挙げたい。「狼と七匹の子山羊」や「赤ずきん」などに出てくる主役である。狼は抜け目なく残忍であり、満腹するとたわいもなく眠りこんでしまうという性質にたいてい描かれている。食欲などの、低級な生理的な飢餓感を表わすのである。飢えた胃袋を代表するといっても良い。「赤ずきん」の中では森の誘惑者として出てくる。赤ずきんという「まるで学校へでも行くように、むきになって歩いている」子供の彼女を誘惑するのである。体だけ大きくなっても精神的にまだ「赤ずきん」の女性はこのような男性の性欲に時に直面しなくてはならない。童話は、主人公がこのような悪の代表に出会った場合、どのような態度をとるであろうか。無意識の倫理は悪に対して意識とは違って二つの態度をとるようにみえる。一つは「避けて通る」こと。もう一つは「殺してしまう」ことである。こちらの力が強ければ、避けて通ることも出来るが、弱ければ殺されてしまうのである。非常に簡単明瞭であって、意識の倫理とは相違する。[*9] 無意識の中で、シャドーに出会うとき、どのように直面したらよいかを暗示してくれていると考えられる。また、童話では死は自然の一部として全く肯定されているようである。「狼と七匹の子山羊」でも、狼は子山羊を丸飲みにしてしまうと寝てしまう。欲望の直接性、瞬間性を表現している。しかし、一匹だけ食べられずに時計の中に隠れていて、その子山羊が狼の腹を切り、その中から仲間はみんな出てくることになる。そして、そのあとに石がつめられて、狼は苦しむという筋書きになっている。ここでは「死と再生」が自然の出来事として全く普通のことのように取り扱われているが、ユーゴスラビアのこの話は「母山羊が眠っている狼の腹をさき、六匹の子を救いだし、代わりに一塊の塩をつめこんでおくと、塩のためにのどがかわいた狼は水を飲もうとして井戸に落ちて死ぬ[*10]」となっているそうで、これも面白い。ところで、メルヘンの多くはハッピー・エンドになっているけれど、それはたんなる表面的なことではない。相沢博氏の説によると、「すでに破けたもののうわべだけを糊塗し、安易なめでたしめでたしにもってゆく。……聞き手の願望もあるけれど、そればかりではなく、むしろ叙事文学としての正義感と鋭い洞察力が合致したもの」[*11]で、これが童話の本質の一つとなっていると述べておられるが、それは、深層心理学的にいうならば無意識の中に潜む心的エネルギーの帰結という外はなかろう。やせ我慢して自分よりも強大な悪に立ち向かって、蛮勇をふるうというような意識の強さとはこれはちょっと相違していて、もっと根源的な力強さを感じる。

次に「巨人」のことも挙げておこう。主人が従えている大きな怪物で、実直につかえる巨人などがその例である。そもそも巨大なものというのは感情がしばしば肥大化し、そのイメージが巨大化したのである。調和を失った心的世界にはしばしばこの巨人のイメージが出没することになる。同時にまた「小人」もそうである。それは子供ではなくて、時間は経過したが発達しない小人が侏儒の形をとって出てくるので、これは童話の重要な登場人物である。内的世界にある発達していない心理機能などはこのイメージが投射されて夢の中に現われる場合が多い。白雪姫の小人はその例である。その外「城」や「教会」などが自己のシンボルとして現われたり、他にも童話に現われるシンボルとして「宝物」「卵」「黄金」など数多くあり、童話は正にシンボルの宝庫である。今日、これらの童話や民話がただ非科学的な荒唐《こうとう》無稽《むけい》な物語であると考える人はもういなくなった。そして、一見「桃太郎」などのように、何が教訓なのか本当は分からないながらも残るものもあり、教訓的に書き換えられたものは反対に残らず、民衆の中に生きて語り継がれるものだけが、どんな時代が来てもそのまま受け継がれていくということは面白い現象である。

童話というとすぐグリムの次はアンデルセンということになるが、アンデルセン童話はグリムと異なってむしろ創作童話の方に入るのである。フォン・フランツ女史などは、彼は偉大な詩人ではあったことは間違いないが、彼が生涯独身でしかも神経症的な部分をもっていたので、それが童話にも、どことなく表われていることを指摘している。そして、アンデルセン童話がお好きな人には許していただきたいが、彼女は彼の本を読むと、ちょうどナイフでお皿をこすられるようで、神経にさわって読むことに困難を感ずるそんな部分があると言っている。すなわち、彼の個人的な部分が多くて、万人に読まれる童話とはならないのではないか、というのである。創作童話としてはそこが面白いのかも知れないが、深層心理学的立場からは病状に対する興味はあっても、元型的な深みまで充分至っていないように思われる。そして、すべて、われわれは心理治療にあたって童話をこの元型という角度からみていくのである。その点で日本には「昔話[*12]」という日本人の普遍的無意識を知るのに好都合なものがある。

最近出版された、三木アヤというカウンセラーの方の本の中に、箱庭療法で使う砂の遊びで表現されている童話があるので紹介しておこう。[*13]これは創作であって、創作でない面がある。これは四角な砂の入った箱の中で、自由につくられた箱庭であって、自分の心の中が投射できるようになっている。箱庭療法はユング派の分析家で、チューリッヒ郊外に住むカルフ女史によって主として開発されたもので、日本でも河合隼雄氏などの指導により、ユング心理学の概念を基礎にして現在色々な児童相談所などで盛んにとり入れられている方法である。色々なおもちゃを使うので童話的な表現にはむいていると思われる。しかも、箱庭は古来から日本にも存在していたので親しみやすく、日本人の心性に合致する面があって、今ではスイス以上に普及しているのではないかと思っている。ユング心理学の基礎が分からなくても臨床的治療的に取り扱えば解釈はできるし、また、遊戯療法の一種としてすぐれたものである。これはいわばアクティブ・イマジネーション（active imagination）の一種であって、その本に書かれている森への道、からはじまり、船出の朝で終わる巡礼の姿をとった心のメルヘンは、日本の一女性の心の中を童話で表現してわれわれにみせてくれる。内的世界と童話がどれだけ密接なものかが分かっていただけると思う。いずれにしても、たとえすでに成人していても心の中にはいつも小人が住んでいるし、そこは童話の世界なのである。そして、自分の未来をはらんでいる小人はその童話的世界の中で次第に育っていくのだとつくづく思う。

2　錬金術と心理療法

錬金術というのは悲劇の技術といわれている。紀元前のエジプトの昔から、十八世紀までの数千年の間、巨大なエネルギーがこれに投下されたが、結局、金を造り出すことはできず、全く無駄なエネルギー投資として結果は失敗に終わり、少なくとも地上の表面からその姿を消してしまった。現在ではこの錬金術は一般の人々から、科学以前の蒙昧《もうまい》で神秘的で非科学的ナンセンスとして次第に忘れられようとしている。その忘却の淵から、固有の意味を世界にもう一度紹介した一人がユングであった。彼は少なくとも二つの意義をこれに認めていた。その一つは、近代科学に対する疑問からであり、もう一つは、じつは錬金術は物質的な金を求めていたのではなくて、人間の魂の救済という意味の理想の金を探求した独自の思考方法であったというその内容そのものを考えるという観点からであった。その神秘に包まれた着物《ヴェール》をとって中身をみせ、現代人にどのような意味があるかを心理療法との関連で説き明かそうとしたのである。そして、彼は人生の重要な時のかなりの時間をこの錬金術の研究に捧げたのである。彼の全集の中でも『心理学と錬金術』[*14]『錬金術研究』[*15]それに『アイオーン』[*16]となって今に残っている。この中でも、最初の本はユングの主要論文の一つで、最近邦訳がなされたので、この大著に直接触れることができる。以下、錬金術がどのように近代の心理療法と関係をもっているか、その概略を述べてみたいと思う。

錬金術とは何か

もともと、アル・ケミー（錬金術）というのはアルというアラビア語の冠詞と「黒い土《ケム》」を意味する言語とから成っていたといわれている。このケムは砂漠の赤い土に対する黒い土で、エジプトのナイル川に起源を求める説が有力である。そのくらい、古い時代から古代東方諸国で発達してきた。古代末期から中世に至って、錬金術が次第に形をなし、やがて全盛をきわめるのであるが、その全部の歴史を通し、絶えず秘密の臭いがしていた。「より冥《くら》きものによって冥きものを、より知られざるものによって知られざるものを」というのが彼らの好んだモットーであった。心理療法も本質的に同様である。一対一の密室の作業である。そのために、しばしば錬金術師たちは迫害にあったし、世間から隠れて、その実験室をもたねばならなかった。黄金ができたという噂だけでも、王は彼等をつけねらったろうし、充分に危険であった。E・A・ヒッチコックという錬金術の研究家は「錬金術の唯一の対象は人間であった[*17]」と言っているように、じつは物質としての金ではなかったのである。真の錬金術師は世俗的な富や名誉は追求しなかったし、彼らの本当の目的は人間の完成であり少なくとも人間を改善することであった。彼等が物質と呼ぶ金属は人間のようにすべて救いを必要としているものであり、低い不純なものは、不完全な金であって、最終的には貴金属に変成することを望んでいると考えた。この目標を賢者の石（lapis philosophorum）と呼び、あらゆる金属を変成させる力をもつと考えていた。東洋の錬金術では金の形をとって、病気をなおし、天寿を全うする不思議な効能をもつ不老不死の仙薬、金丹と考えられている。これは西欧の錬金術の賢者の石に当るものであろう。『抱朴子』、内篇、第四巻では、「抱朴子が言う。私は長生法の書物を研究し、不死の処方を集めた。今までに読んだもの何千篇、何千巻にのぼるが、すべて還丹（薬を還元変化させる）と金液（液化した黄金）を骨子としている[*18]」と述べている。このように東洋の錬金術では物質的な金ではなくて、不老不死の薬と結合している点、心理療法との関連を考える時、東洋の方が容易である。

そもそも、この錬金術という術が面白い。学ではなくて、術である。天文学と占星術、化学と錬金術、いずれも学と術の差がある。心理療法は精神分析学や深層心理学を含めているが、このような臨床科学は本来は学でなくて、術であるべきなのである。理論と実際とが統一されているのが術であり、対象と実験主体との間の関連性がつねに問われるのが術である。例えば、天文学において観測する者の心の態度は対象たる星に影響を与えない。星もまた同様である。そして、誰が観測しても観測の仕方が同じなら測定値は同じはずである。ところが、占星術では違う。星は人間に影響を与えるのである。錬金術でも、その金属を変化させる実験を行う実験者の心の態度がその変化に影響を及ぼす。心理療法も同様である。医師の心の態度が転移感情の同一化現象として、その相手に変化を起こさせる。そしてその力動性はただ客観的には測定できず、ただ参加的観察者だけが、参加することによってそれを観察できるのである。この意味で臨床心理学は厳密な意味で学にはなれない。それは技術なのである。その根底には今日の学問体系に対する方法論的な批判がこめられている。どちらが上・下というのではなくて、方法論が異なっていて、現代の学問もその制限された方法論的妥当性の上で、その存在が主張できるので、人間すべての現象、特に心《プシュケー》の現象に対しては謙虚でなければならぬことを教えている。

錬金術の原理の探求

さて、その錬金術の原理であるが、今日の科学からは、随分異なった内容をもっていたが、ユングの心理学の基本的考え方の大半はここからきている。なにしろ、数千年にわたるペルシャ、ギリシャ、アラビアなどの様々の要素の混成で、キリスト教的色彩をもつ中世の錬金術にしても、新プラトン主義の思想をその中核にもっているが、その錬金術を行う人によりそれぞれ説くことが異なり、しかも神秘学という形態をとっているのである。中にはほら吹きや詐欺師たちも含まれていたろうし、今日残されている文献にも統一性はなく、読んでも特別な符号や隠喩などが多数用いられていて、何を意味するか全く分からないものも多い。最近、ヘルメス叢書として、原典が翻訳[*19]されているので、一読をおすすめするが、正直のところ分からない所が大部分である。しかし、その原則的なものは、共通しており、その基本的考え方が心理療法に意味をもっているので、それらの点を挙げて述べてみたいと思う。

その一は「対応の原理」と呼ばれているものである。深層心理学というのは人間の内的世界を取り扱うものであるという点はすでに述べたが、この無意識という内的世界はつねに外的世界との対比でとらえられている。小宇宙《ミクロコスモス》と大宇宙《マクロコスモス》の対応である。占星術でも、七つの惑星と七つの臓器は対応しているし、無意識の中のコンプレックスは直ちに投射されて、外的な影となるのである。この対応をユングはスイジィギー（syzygy）と呼んだ。意識の領域にあるエネルギーと等量のエネルギーが無意識の反対極に存在するという考え方である。これはまた、エナンツォドロミア（enantiodromia）ともいい、彼のエネルギー論の基本にある。それは錬金術の「対応の原理」からきたもので、面接中でも、過度のお世辞は心の中の軽蔑を意味したり、強い否定はかえってその存在を肯定していることになるということなど、カウンセリングの現場で体験的にこの原理の一端はよく知られていることである。また、「いかなる星の下に生れたか」という表現もあり、人に不幸ばかり起こるようなとき口にするが、これは、古代では天上の世界は地下の世界と対応していたので、星はその下に住む人間の運命に影響を与えるという対応関係があったからそのような表現が生れたのである。自分の星があって、他の星との関係をみることによって、自分の運命を知ることができたというのは、この対応の原理を根源にしている。万物照応の原理といってよい。今日、臨床ケースで患者が癌にかかった場合、

「なぜ、癌は発生するか」（本当は未だ説明できないが）ということは医学である程度説明できるが、「なぜ、隣の人でなく、悪いこともしたこともなく、ピンピンしているこの他ならぬ『私』にできたのか」という理由は現在の科学的因果論では、患者を納得させることはできない。この起源をその人の内的世界にさぐり、その人間にとっての病気の意味として発見させるのが、心理療法であるといえる。そもそも、なぜ、近代になって、しかも現代というこの押しつまった時代において、この暗い人間の内的世界を深層心理学が問題にしはじめたかというと、近代は人間中心の考え方が支配しているために、古代や中世のもっていた壮大な宇宙論を捨ててしまったからであると私は思う。古代の人々は上と下、外と内の両宇宙をもっていた。それは、円くて天井に雨のふる穴があいている円屋根《ドーム》のようなものであったけれど、それと対応する、やはり壮大な人間の内なる世界があり、重さ、広さは同等であった。中世では、次第に古代ギリシャ・ローマの外的世界が崩壊するに及んで、アウグスティヌスの『神の国』に示されるような、人間の内的世界だけが残った。しかし、近代はそれも壊してしまったのである。なるほど、地球からみれば古代も中世も変わらず、同じものを見ているが、じつは近代は大ざっぱに言って人間中心で人間だけが残り、上の宇宙も下の宇宙も両方を失った人間しかみていないのである。これについては次の図9をごらんいただきたい。このように次第に人間は宇宙を失った。そこで、深層心理学はその内的宇宙の再建にかかったのである。フロイトの最初の網に引っかかったのは、その暗い影であった。暗いのも当然で、あんまり長く光をあてていなかったからである。しかし、よくみるとその暗い月の光の中には、明るさと暗さという濃淡があり、さらに普遍的無意識という深奥のあることも、そして、それは普遍的なシャドーという元型として外的世界に投射されるとき、二つの大戦というかたちでヴォータンの荒れ狂う戦場となることも分かった。ユングの言いたいのはこの内的世界の再建が、同時に、外的世界の再建であるということであった。一人の患者の神経症という、とるにたりな

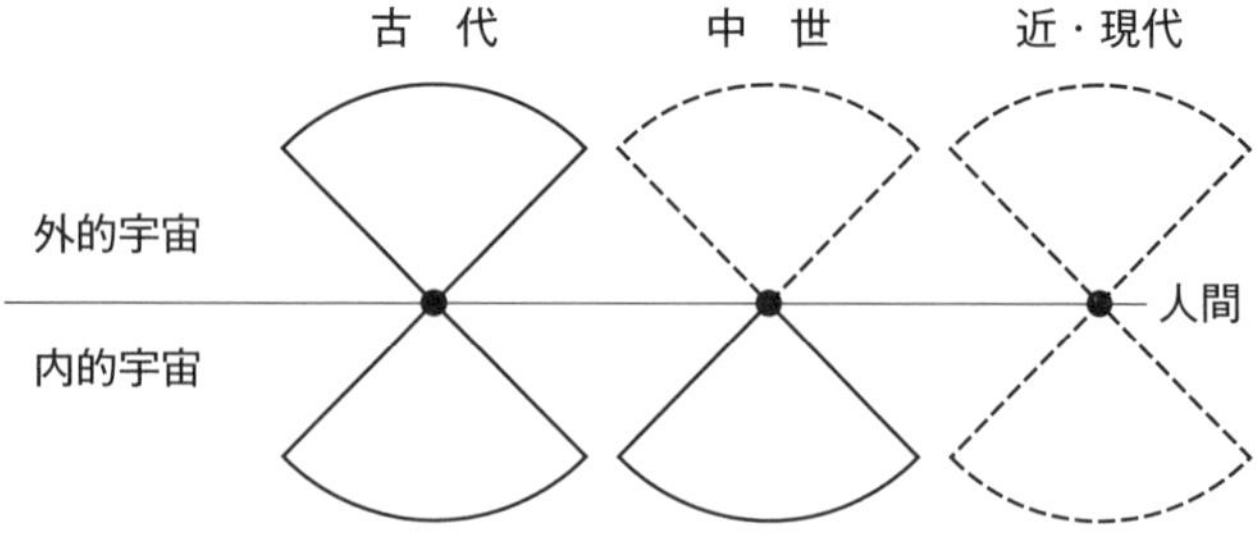

図9

い内的世界に向けられている目は、じつはこの「対応の原理」で、外のその世界に向けられていたのである。

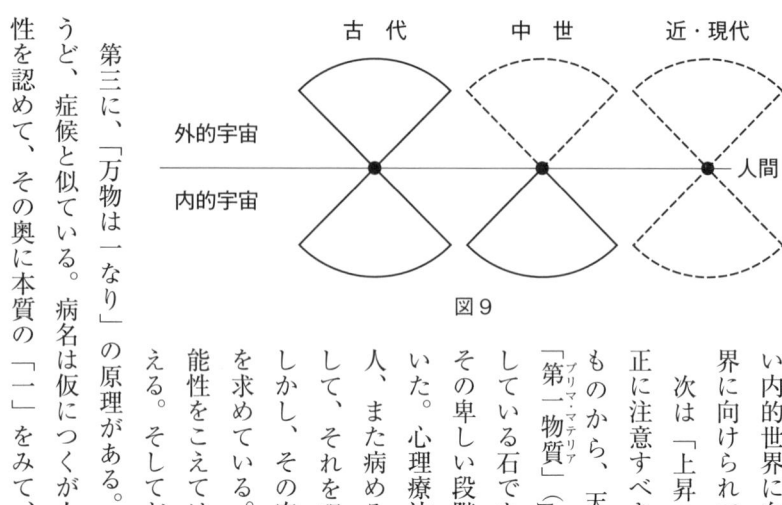

次は「上昇の運動」である。奇《くし》くもフロイトは昇華という言葉を使ったが、正に注意すべきはその方向性である。錬金術では卑金属から貴金属に、病的なものから、天的な叡知へと向かう運動である。彼らが最初に手にする「第一物質《プリマ・マテリア》」（prima materia）はどこにでもある普通の石であり、道端のごろごろしている石である。そして、どのような石でも、石である以上金を含んでいる。その卑しい段階から、そのもののもつ最高の段階へと高めることを目標としていた。心理療法もまた同様で、患者として治療室に招き入れられるのは普通の人、また病める人である。そして、その人間の中にある可能性の全部を引き出して、それを現実化すること。もちろん、石がそれを拒否する場合もあろう、しかし、その肉体の牢獄で捕われの身となっている魂（金で象徴される）は救済を求めている。その究極の完成を自己実現というのである。医術はその人の可能性をこえては、手だし出来ないし、その可能性そのものは神の手になると考える。そしてどの物質の中にも、神の手になる心が存在しているのである。

第三に、「万物は一なり」の原理がある。物質の世界は多様であって、一つとして同じものはない。ちょうど、症候と似ている。病名は仮につくが人間の病気は一つとして同じものはない。このような現象の多様性を認めて、その奥に本質の「一」をみて、二元論的に考えるのが、錬金術の特色であって、現象学的思考と同じである。シェリング哲学もこの存在と本質を区別して使っている。錬金術ではその多様性を物質である石に求め、その奥に金で表象される「一」を予定した。そして、その「一」に至るいくつかの段階を考えていたのである。その過程として、例えば対立の「二」の世界は相互に矛盾する性質をもつ「一なるもの」、例えば、飲める金、燃える水、食べられる石や水の火などの段階に進むのである。

最初は、みずからの尾を噛む蛇（ウロボロス）という状態であったもの、それは発端であり終末である状態で、「一は金であり、かれによって金があり、かれのために金であり、かれにおいてである。蛇は一であり、われは二つの象徴（善と悪）をもっている」というこの世界蛇が二つに分かれるのである。

第一質料

硫黄　男性　能動　熱　不揮発性
水銀　女性　受動　冷　揮発性

という二要素に分ける。その中間に塩または砒素を入れて三分法を展開している者もいる。しかし、ここではまず、二要素をみる。さらに、それは四大元素に分けられて、プラトンの輪と呼ばれるものになる。「水」、「土」、「空気」、「火」であり、図10に掲げておいた。[*20] これらは必ずしも実際にその名で呼ばれる具体物を指すのではなくて、物質の状態であり、様相である。ただ、実際に、その物質の外観と全般的な物質の状態に対応している。「土」は固体的状態、「水」は流動性、「空気」は揮発性、「火」はエーテル状の流体である。そして、「土」と「水」とにはそれぞれ二つの不可視の元素、「火」と「空気」を内部にはらんでいる。そこで、二が四となる。そして、これもまた五番目の元素として、「エーテル」あるいは「第五元素」を設定する場合もあるのである。

その第五元素の一つにアゾットというのがある。アルファベットの最初の文字とラテン語、ギリシャ語、ヘブル語のいずれも終わりの字を加えてＡＺＯＴＨとしたので、架空の物質であるが、今日では窒素のことを意味している。これは「火とアゾットがあれば、汝はすべての物が得られる」といっていて重要な物質と

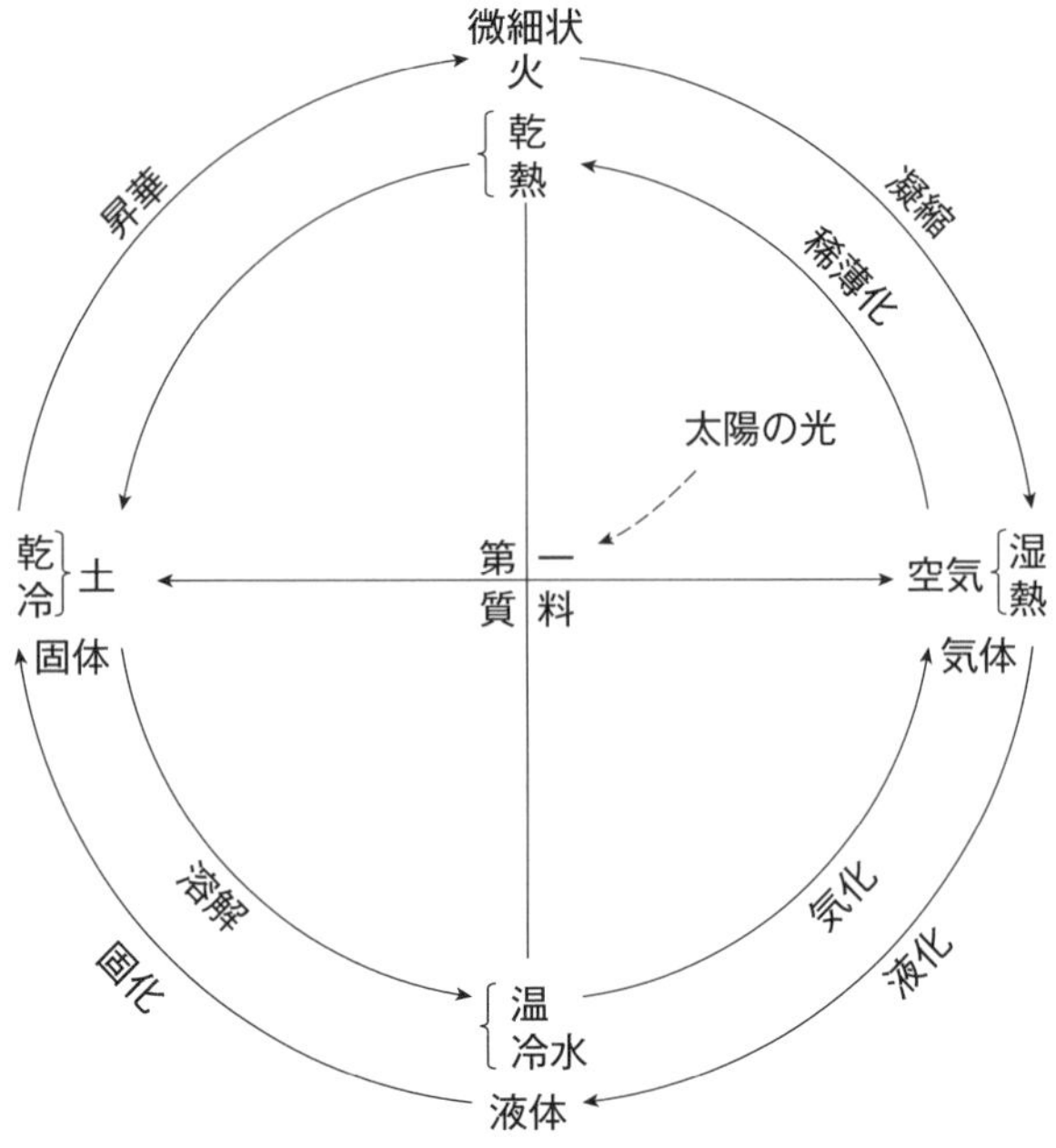

図10　プラトンの輪

考えられていた。霊薬である。この謎の物質は、これさえあれば万能であるのですべてを金に変成することができると考えられたものである。心理療法でも、トランキライザーをはじめ数多くある今日の精神安定剤やLSD25のような幻覚剤はそれらが発見された時は、これですべてが解決するように見られたし、現在も、いずれそのような薬が発見されるであろうと考えられている。そして、それであらゆる病気はピタリとなおると思われている、そのような薬である。今のところまだ発見されていないし、発見されるという保証もない。それらはそれぞれの効果はあるが、万能薬でないことは確かである。錬金術が化学に残したものは多くあるが、その遺産の一つに火薬やダイナマイトの発見があり、これを研究すると面白いし、技術史関係の人々はみな錬金術を重要視している。

次は「宇宙の生命」の原理である。万物は生きて動いているというダイナミックな力動説をとっている。小石から神まで生きて動いているので、ユングと同じくスイスの生んだ錬金術師であり、また医者であったパラケルススは「死とは存在物が解体して、その母の胎内に帰ることである」と言って、この広大な宇宙の森羅万象はすべて、それまでは互いに調和し感応しあっているると考えたのである。現在のグループ療法などにみられる、人間間の相互力動性は錬金術師においては物と物との間、人と物との間にそれが観察されたのである。デカルト哲学に基礎をもつ自然科学は物と物との間を客観的に正確に測定できるが、人と物との関係には役に立たない。それはそこに心の問題が入ってくるからである。この対応の原理は万物の中に働くエネルギーという力動性を基礎にしており、心理療法に携わるわれわれに多くのことを考えさせる。

次の原理は「男性と女性」の原理ともいうべきものである。錬金術の真理は生きた人間の真理であって、性に着色された、二元的な男性と女性の原理を使用している。この男と女は元型としてのそれであって、寓意的に使われている。アニマ・アニムスの発想がここから出ていることは充分にもうお分かりのことと思う。王と王妃の結婚とか、性に関する象徴は錬金術にはふんだんに出てきてわれわれを驚かせるのであるが、後に述べるフラスコなどもその代表的なもので、女性の子宮を象徴しているし、火も男性、硫黄も男性、水銀は女性である。このように夢に出てくると同様の性の象徴は、みな錬金術の中にあらわれてくる。

さて、そのような特徴をもっていた錬金術が最終的に目標としていたものは何であったのだろうか。前にもちょっと述べたように、それは石の救済であった。「この世で最も完全な物質は不滅の金である。つねに完全に向かう傾向がある。自然は金を造り出すことだけを望んでいる」[*21]と伝説の偉人、ヘルメス・トリスメギトス（三重に偉大なる者）は述べたという。このヘルメスはギリシャの神で、ご存知のようにハデスという地界の暗黒の王国を支配する神である。交換や商業の神でもあったので、地中海沿岸のヘレニズム世界に流行した植民地域の人々の神となったのであろう。トリスメギトスはエジプトの宗教やギリシャの哲学の混合物を背景にもっており、ヘルメスの名を冠せられて崇拝された。生涯に三六五二七冊もの本を書いたといわれる。したがって、「鉛、銅鉄、その他の金属は自然の失敗作である。神は人間の魂に完全へのあこがれを

図11　錬金術の実験室

吹きこんだ」と言って、石の完全な救済を目指したのである。ここで考えるべきことは、決して術者の救済ではなくて、石の救済が願われていることである。時に、彼らはこのためには禁欲的ですらあった。そして、ひたすら、石という物質の救済を志したのである。石というのは心理療法でいえば、患者であり（けっして治療者でない点に注意）、その自己実現としての救済を志すということになる。

錬金術の道具と心理療法

このような類比が成立するとすると、考えてみるべきは彼らの使用した道具である。もちろん手造りのユニークなものであったが、その性格を心理療法と対比して考察してみよう。

その最初に挙げられるものは、彼らの最も大切にした実験室である。竈と呼んでいいと思う。もともと、この実験室（laboratorium）というのは労働の意味のレーバー（labor）と僧院の祈禱所のようなオラトリウム（oratorium）という祈りの場所を指す言葉の合成としてあった。つまり、ただ実験の操作をするところではなくて、その作業は祈りという期待と一緒にあるものなのである。大いなる作業（opus magnum）と呼ばれるこの実験は一旦火をたきはじめて開始されると、終了するまで、火を絶やすことはできない。一定期間、継続的に火がたかれるのである。「火によって」「火とともに」なされるのが錬金術の作業であるといえよう。この火は内なる火で、ゆるやかな体温がインキュベーション（ふ化）にもまず要求された。心理療法ではまず愛情、興味、関心というものが術者から患者に注がれ、そして患者自身の内なる炎の燃えあがるのを待つのである。したがって、患者の熱心さという熱が下れば、患者の関心を高める術者の熱意という熱は上げられる。他方がたんたんと自分のことを語るようなしかたに乾燥すれば、もう一方には涙のような湿気が必要になってくる。すべて、このようなことはこの竈の中で二人の間に起こるのである。

その他に、この火をたくために必要な色々な小道具が必要となってくる。その代表的なものは「ふいご」である。錬金術師たちはこのふいご吹きの名人ということもできる。消えかけた火をかきたてる。アジテーションというのは気を吹きこんで、肥大させることであり、ふいごを使うところに始まる。「ほらを吹く」というのは真実をこのようにうすめてふくらますことである。これに使われる火は「急ぐ火」であるが、普通の火は「ゆっくりした火」である。このように様々な種類の火が使われた。

分析者にとっては四季のリズムや自然の春夏秋冬のスピードもまた大切なものである。加速は人間の心にとって危険なことが多い。錬金術師たちも自然の速さを尊重したようである。また、この実験自体は隠れて行う場合が多かったが、黒煙という秘密の煙は一般の人々に恐怖を与え、その実験を失敗に終わらせる確率が高かったから、このような実験を行う場合、彼らは自分たちの日頃の日常生活を大切にした。というのは、隠者のように人々から離れて、実験をする者もいたが、もっとも良い秘密の守り方は人々の中に普通の姿をして存在することによって実験室を守ることであった。自分が毎日いかに安定して食べ、祈り、読み、火を炊くかということ、これらは現在も心の変成に従事するものにとって重要なことである。

次に大切なのは作業の対象になる石である。これは第一質料（prima materia）と呼ばれたが、ふつうはマッサ・コンフューサ（錯雑した塊 massa confusa）と呼ばれる自然の混沌の状態でこの石の形で錬金術の作業にかかるのである。どこにでもある石で、自分自身という石のアイデンティティのない状態である。患者の場合、

写真９　フラスコを使った箱庭療法の作品

彼は意味なく混乱している。症候という身体的なものは正にそれである。それが、作業が進むにつれて、分離されたり、化合されたり、結晶されたりして次第に変化し、究極の段階へと進んでいくのである。面白いのは、物質は溶解する直前にもっとも自己の形を明確にし、その性格を主張することである。主張によって形をきわだたせると、今度は他の形に急速に変化して行くのである。これは、抵抗し、否定し、主張する患者の自我の働きの状態によくみられる。その極限にくると、めろめろと溶解しだすのを経験する。写真9は、女子中学生の箱庭の作品である。彼女は箱庭療法の中で、錬金術のフラスコを使用している。そして、このびんの中に大切なものが入れられて、変化を待っているのだといっている。このように、無意識の中には現代でもまだ錬金術が生きているといえるだろう。

そこで、次はレトルトまたはペリカンである。現在のフラスコといわれるものである。これももともと化学が錬金術から受け継いだものの一つで美しくも子宮の形をしている。現在の無粋の化学ではあのような美しい形は思いつかないであろう。ついでに、このガラスに言及するとすれば、ガラスもまた、錬金術の発明で、この発明なしには実験はできなかった。ガラスというのは、中に実験する物質を入れ、それに加えられた熱の影響を術者がもっとも少なく受ける状態で、物質と彼の距離を近づけることのできる利点がある。だからより観察が容易になるのである。一方、心理療法というのは、他人の熱いエモーションという感情によって、影響をより少なく受ける状態で治療者が患者の問題に近づきうる

図12　レトルトの一例

技術である。それは、見えないガラスを使う技術といってもよい。そうでなければ、患者の、このことには触れてくれるなという態度（Don't touch-me attitude）に代表されるカッカきている他人のコンプレックスというような熱いものは取り扱えないであろう。

レトルトというのは男性器と女性器を型どったものの組み合わせや、色々の形をしたものがあり、ごらんになった方も多いと思う。いずれも、実験の中心におかれる器具で、彼等にとっては新しい生命の発芽の場所である。次の図13のレトルトをみていただきたい。上方は口があいている。柄のところは、矢印のように、内容物が循環して濃縮されるところである。患者の訴えも同じである。そして、考えてみるとどのような容器でもこわれない容器はないから、錬金術師たちの悩みは強力な液がもし発明されたら（事実、十七世紀に硫酸ナトリウムが発見された）、何でもとかしてしまう液をどのような容器に保存するかということであった。容器と内容は共に相対的なものであって、造り出されたものが強ければ、実験は崩壊する。心理療法においても、どんな立派な治療家も、彼の力量を越す強力な患者がくれば、また患者が一時的に強くなれば、その治療は破壊されてしまう。したがって、素晴らしいものを造り出すのはよいが、自分の器の強度に対する現実的な認識が必要になる。自分の力の限界を知っていることは、治療者の第一の要件である。

次に、このペリカンの口の広げ方の問題がある。あまり

図13　レトルト

開放的であれば、内圧が弱く、過程の変化はあまりみられない。逆に密閉性が高ければ、過程の変化や進行の度合は大きく都合がよいかも知れないが、内圧が高くなって容器を破壊しかねないのである。このエネルギーの調節は彼らの秘密の技術に属していたものである。治療内容について治療者が他人にしゃべったり、患者がどの程度まで、治療室で行われたことを友人などにしゃべるかは、このレトルトの開き方と考え合わせて考えると面白い類比である。じつに多くのことが彼等のテキストを読んでいてヒントとして知らされるものである。

錬金術の変容の過程

その中で、ユングが最も関心を寄せたものの一つはこの錬金術の変容の過程である。ユングはこう言っている。「過程の中で生ずる諸局面の順序については、同一意見の著者は二人といないと言ってよいほどであるが、にもかかわらず肝腎な点では大方の錬金術師たちが意見の一致を見ている」[*22]と。それは、四つの局面であって、メラノシス（melanosis・黒化）、レウコシス（leukosis・白化）、クサントシス（xanthosis・黄化）、イオシス（iosis・赤化）であるが、十五、六世紀になると黄化が影をひそめてしまう。この色のシンボリズムによる段階は夢の分析のとき、今どの段階にいるかを知る上で役に立つことが多い。

まず黒化の段階は分析の初期に現われる。シャドーの問題が夢分析の中で起こってくるのはこの時期である。通常、分析者が夢分析を始めると、患者の過去に犯した罪であるとか、過ち、非行や不道徳な行為など、主として黒色と結合した象徴が多く夢の中に現われる。場面も黒い光景や墨絵である場合などが多い。不完全燃焼の黒い煙などもみられる。この黒い煙は煙幕として患者の周囲にはられて、分析者がその黒い影の中心に踏みこめない場合もある。

やがてこの黒の時代の中に白がみえてくる。告白が充分になされると、さしもの無限にみえた影の部分も、次第にその中に白さがみえてくる。錬金術では最初のこの渾沌塊は四大分解を起こすと教えてくれる。すなわち、その第一は、ソルティオ（solutio・溶解）であって、液化することによって、その物質の形を変える。

これはしばしば心理療法の過程で経験するところであるが、今まで、自分自身の苦しみを他人ごとのようにたんたんとドライに述べていた患者が、その悩みを述べ尽くした瞬間にある感情がこみあげてきて、その海にのまれて完全に溶解してしまうというようなことである。また、自分の正当性を主張して、自説を絶対にまげずに分析者に自己主張をしていた人間が急にめろめろになって、センチメンタルな感情の海に溶けていくこともある。このような場合、その溶解の直前はその人間の姿、形がもっとも鮮明にその外側に対して映し出されるものである。すなわち、黒色の時代の極点において白の時代が始まる。

その他に、セパラティオ（separatio・分離）、ディヴィシオ（divisio・分割）、プトレファクティオ（putrefactio・腐敗）などの形式の分解を指摘している。これらはいずれも、患者の症状の進行過程の類比として考えると意味深い。例えば、夢分析の中で、しばしば、燃えつきた灰が出てくるが、これなども、感情という生命をもった過去の体験があまり多く語られ、反復され、非生産的に繰り返されて、疲れると、もう感情のエッセンスが抜けて、燃えつきた灰のように、また、終結した恋愛のように味のないものになってしまう。この燃えつきて、あとの燃えない白色の白々しいものを灰として象徴されたりする。このような形で、黒色から白色に移行する場合もあるし、反対に、腐敗や醗酵のように、その進行の過程を増進させることで、反対に分解させる方法もある。

患者は自分の心の苦悩を解消するのではなくして、悩み切ることによって、すなわち、腐敗の彼方に救いを見出す場合がある。愛欲問題などでは、しばしば、その三角関係の解消よりは、その三者三様の悩み切りで、新しい地平を見出して行くことも少なくない。
このような場合、プトレファクティオはまた、モルティフィカティオ（mortificatio・死亡）をも意味している。死ぬことによって、新しい段階に生きるのである。火による死亡もあるが、水による死もあり、それが新生に連絡している。すなわち、水による洗滌、アブルティオ（ablutio・沐浴）、バプティスマ（baptisma・洗礼）がある。後者は、今日でもキリスト教の教会では聖礼典の一つとして使用されているが、これは古い肉の体が死んで新しい霊《プネウマ》の体として生れかわることを意味している。沐浴はマリヤの風呂などに象徴されるように、錬金術ではこのアブルティオは重要な段階の一つとされていて、この器によって、変容がなされると考えられた。分析というのもこの沐浴の一種と考えてもよいのであって、愛情という湯の中で、変化が起こるのが分析であるとも考えられる。写真10に示されるように、この新しい過程への進行にはまた、対立物の合一という、例えば、男性と女性、水と火、天と地などのような合一の比喩も出てくる。

写真10　両性具有の象徴
（背後の鷲は完全性を表現している。チューリッヒ図書館所蔵）

これらは、コンイウギウム

（coniugium・連結、結婚）、マトリモニウム（matrimonium・結婚）、コイトゥス（coitus・交合）などの形である。錬金術の中には性的象徴が多くみられるのはこのような理由からであって、王と王妃や王子と姫など、いずれも対立物の具体的人間の姿の表象である。したがって、夢の中にもこのような男性、女性の対立、そして結合はじつに多く出てくる。そして、夢を自分で蒐集してみればすぐ明白になることであるが、これらの非道徳的とみえる現象は黒の段階だけであって、やがてそれらが出つくしてしまうと、そこに美しい白の両者が助けあう新しい世界をみるのである。現代人の結婚の問題を取り扱っていて、いかに多くの人々が結婚という形式をとっていても、真の意味で結婚をしていないか、二人は全く別々で、時に肉体の結合があるが、魂は別々であって、何ら生産的でなく、相互に傷つけあうのをみる。これは不毛のはずであって、これでは新しいもの、魂の結合による子供は育たない。これらは夢をとってもらうと本当によくその光景が手にとるようにわかる。意識の表面ではしばしばいたわりあっている夫婦が、無意識では相互に犯し、傷つけあい、反発しあっているのをみる。こういう場合に、いかに魂の結合が必要であるか、そうしてその結合によって新しい第三の子供が生れるのがいかに悦びであるかを夢の分析をとおして知ることができる。

白色の時代がすぎると、やがて赤色の時代に入る。日の出る時期であり、火の高揚によってこの段階に入る場合もあり、また、白色と赤色、すなわち、王妃と王の「化学の結婚・nuptiae chymicae」によって入っていく場合もある。この赤色から始まって、多彩な色の段階へと入ってゆく。金の最高の段階の中間に黄色の時代をおいた錬金術師もおり、この黄色は他の色と結合しやすい、変化に富む色である。硫黄の性質の中にこれをみる。そして、錬金術師たちはこの色の変化に対して非常に注意深くて、例えば、オムネス・コロレス（omnes colores・金色）やカウダ・パウォニス（cauda pavonis・孔雀の尾）などに注目した。今日でも、巻末の付録に付けておいたファンタジー・グループの実験などで、しばしば、この孔雀の尾の色の表現に出会うことがある。多くの人々と調和のとれた、しかも個性のある統合性の表現としてこれが現われる。反対に、攻撃性を出しあい、一枚の紙の中にグループの人々が勝手に指で絵をかくのだが、この際口をお互いにきかないという約束になっているから、相互の何を描きたいかという意図が分からず、お互いに他人の描いた絵をつぶしあっていくと、面白いことに最後は孔雀の色どころか、後でそのグループ全員が「浄化槽」と名づけたほど、糞尿に近いなんとも臭い、きたない色となってしまったことがある。全部の色を混ぜ合わせた結果である。黄金の色と言えないこともないが、これは真の金色と紙一重のなんともいえない後味の悪い色であった。

同様なことが、夢の分析の過程にもいえる。白から赤への変化は、日の出の様々に変化する時期と似ていて、青の時代も、黄色の時代も、褐色の時代もあり、やがて赤となり、究極的には金色の時代を求めている。夢分析の場合には、この究極の時はマンダラの象徴などにみられるように瞬間的に、時に幾何学的図形の中にこの色が使用されているのをみることがある。また、普通の人間の夢分析の場合はこれがある段階で、部分的に達成されて、さらに次の課題に向かって、新しく黒の時代からまた繰り返される場合が多い。そのように、完全な達成へと向かって繰り返されていくのが現実の人間の姿であろう。ただ、そのような長い人生の過程の中で、今自分はどのような自己実現の道程の中にいるかを、錬金術師たちのかつてもっていた知恵はわれわれに教えてくれるし、それに、勇気づけられて、夢分析の深みへさらに入っていったという場合も少なくない。

3　東洋思想と心理療法

ユングの東洋への関心は六歳の頃までさかのぼることができる。彼の母が古い装幀の立派な絵本『オルビス・ピクタス』（絵解きによる世界）をまだ字を読めもしないユングに読ませたが、それにはヒンズー教の説明がしてあって、ブラーマ、ヴィシュヌ、シヴァなどのたくさんの挿絵があって、子供心に面白いと思った。そして、ことあるごとに、ユングの心はこの「根源的な啓示」にも似た漠然とした感じに幾回となく引きもどされるのであった。彼にとっては、母の内の理解出来ない要素と、この東洋とが重なってみえていたのである。やがて、それがヨーロッパ・キリスト教世界からみれば、はるか東洋の知識であるグノーシス主義の研究に走らせ、例えば、一九一三年から一九一七年の間はまるでこの研究に没頭していた。そして、ある時期にはユング自身がグノーシス派のバシリウス（二世紀初期）と一体化して、「死者への七つの語らい[*23]」（一九一六年）という偽書を書いたほどであった。その後、リッヒャルト・ウィルヘルムという中国学者を友人にもつと共に、彼の『易経』のドイツ語訳に序文を書き、中国の知恵に対する興味を示した。彼の東洋への窓には、それぞれその文化に精通した専門家を不思議なことに得ていた。中国への窓口はこのリッヒャルト・ウィルヘルムがいたし、印度やチベットへはハインリッヒ・ツインマーがいた。日本の禅に対しては鈴木大拙師や久松真一師との交友が彼の理解を助けていた。特に久松真一先生との会見については先生から筆者がスイスを訪ねる前に直接お聞きしたことがあった。そして、先生からユングの墓前への献花をたのまれて行ったことを想い出す。彼の『心理学と宗教――西と東[*24]』には「チベットの死者の書」の序文をはじめ、「易経への序文」、「鈴木大拙の禅仏教への序文」などの他四篇が掲載されているが、その他にも、「太乙金華宗旨の注解への序[*25]」や「クンダリィニ・ヨガについての心理学的解釈[*26]」など多数にのぼる。また、中国の小説『紅楼夢』などにも関心を示して、われわれ東洋人も驚くほどの深さと広さで東洋への探究をしている。もちろん、彼自身はヨーロッパの言語については通暁していたが、東洋語は残念ながら、直接読むことはできなかったので、それぞれの文化に深い理解をもっていた学者と親交を結んで、文化の核心へと迫っていった。その直観的洞察力は恐るべきもので、本を読んでいて舌をまくことがしばしばある。これは同様に私が接したユング派の分析者のどの人をとっても（もちろん、例外はあるが）、みな東洋に対する理解は底知れぬものをもっていて、分析などのやりとりの端々に、それを感じさせる。その点で、彼らの方がよほど東洋人だと思わせられることが多いのである。

ユング心理学の成果を読み進んでいくうちに、いかにわれわれが東洋の文化的遺産について、無知であるかということに深く反省させられることがたびたびである。ここで、東洋思想といっても範囲が広く、心理療法の実際の中でどういう点が問題になるかという私なりの観方をあげるだけで、東洋思想とユング心理学との出会いが、どのように東洋思想にとって反対に問題をもっているか、あるいは一体どこまでユングは東洋思想の本質に迫っていたかというような面白い問題もあるが、これはまた議論のあるところで後に大方をゆずらねばならない。

「西洋」にとって「東洋」とは何か

ただ、東洋思想とユングとの関連で考えねばならない第一の点は、彼はどこまでも西欧人の一人として東洋思想に接触したという彼の接し方の位置のことである。彼はその点、自分でも謙遜で、いささかもごまかさなかった。「私は、あくまでも西欧的にものを感じる人間である以上、この中国の文書『太乙金華宗旨』

は異質なものだと、つくづく感じざるをえない」と言っている。それは正しく、他の東洋思想に対しても同様である。そして、その態度は、「むしろ私は、中国哲学についてはいささかも知識がなく、開業精神科医、精神療法専門医として人生行路に踏み出したのであって、その後の医師としての数々の経験によってはじめて教えられたのだが、数千年来、東方のもっともすぐれた人々が辛苦を重ねて求めてきたあの不可思議の道へ、私は自分の技術によって無意識的に導かれていったのである」と告白している。[*27] すなわち、自己の内的な無意識への探求が地理的に東方と名づけられた外的世界に導かれていったにすぎないというのである。彼は東洋学という学問を通じて学問的に東洋に取り組むという道をたどったのではない、また、だからこそ、驚くべきほど的確にその核心に入り、むしろ東洋人に東洋とは何かを教えるほどの迫力をもって東洋に迫っていくことができた。筆者は地理的に日本が東洋に存在しているからといって、われわれこそ東洋人であるという決めこみ方は止めるべきだと思っている。日本人は時にヨーロッパ人以上に西方の人である。

ところで、西洋人が東洋を研究するとき陥る危険について、ユングはリッヒャルト・ウィルヘルムの経験を語っているので興味深い。ユングがこの中国研究家と最初に会ったのは、一九二〇年代のことであった。その頃もう彼は中国の古典の易経に夢中になっていたので、彼の翻訳を喜んだし、中国にわたり、キリスト教の宣教師でありながらただ一人の中国人にも洗礼もさずけず、反対に、中国で老師に会い、その薫陶《くんとう》を受け、全く中国人になり切ってしまい、フランクフルト・アム・マインの中国研究所の所員となっていた彼に会って非常に喜び、彼の講義にも出席した。しかし、彼、ウィルヘルムは研究所での教師としての仕事や一般の人々への講義をしているうちに、自分に対するヨーロッパ精神の圧力を次第に感ずるようになってきた、少なくともユングにはそうみえた。彼は彼の過去である西洋に再同化していったのである。次第に彼の講義は面白くなくなってしまったとユングは感じた。そして、ある時、ユングは彼に危険が迫っているのを察して、注意を促そうと、声をかけた。それに対して彼は「ここで何かが私を圧倒するのです。しかし、一体どうしたらいいのでしょう」と答えたという。そして、その後、健康がすぐれず、すぐに彼は病んで不帰の客となるのである。その死の二、三週間前に、ユングが自室のベッドで休んでいると、彼が幻像となって現われる。ユングはのちに「それは濃い青い長衣《ガラン》を着て袖の中で腕を組んでいる一人の中国人であった。その幻像《ヴィジョン》は異常なまでに鮮やかで、その男の顔のしわの一本一本を見たばかりでなく、彼の長衣の織物の糸の一本一本までが見えたほどである」と言っている。ユングはこれはウィルヘルムの意識と無意識の深い葛藤であり、また、彼の中の東洋と西洋との衝突である、と考えた。そのような葛藤が起こったためにウィルヘルムは困惑し、その深い問題の淵に落ちてしまったといえるだろう。

同様のことは日本人の心的風土の問題を考えるときにもいえる。日本は東西を架ける橋であり、日本人ぐらい西欧化した民族はなく、同時に家に帰ると着物に着替えてしまう国民でもある。これは日本人の夢の分析に従事してみるとすぐわかる。彼が誕生から受けてきた教育という名のあらゆる教養はギリシャ以来の西欧の思想の流れを基本とした西欧文化から成立っている。西欧でないにもかかわらず、文学や哲学の翻訳書の多いのも驚くばかりだが、また、一般の人々も含めてそのような古典に親しんでよく知識をもち合わせている人々が多いことも驚くばかりである。チューリッヒにいる頃ペスタロッチに興味をもち、せっかくスイスにいるのだから彼の記念の地をみたいと思ってよく駅前通りの広場にある銅像や彼の住んでいた村に行き、色々の人にペスタロッチのことを訪ねたことがあった。しかし、ペスタロッチを知らないスイス人もまた随分といたのである。これに驚くと同時に、それは世界的現象で、スイス人を笑ってばかりいられないと思う。なぜならわれわれがそこに生きている東洋文化の知識となると、全く貧弱である自分を発見するから。ある時、ヒルマン博士からフランスで手に入れたという浮世絵をみせられた。その絵に文がのっている。江戸時代の仮名文字があるのだが、何と書いてあるのかと聞かれて仮名でも読めず恥をかいた憶い出がある。それに、夢の分析を受ければ、日本人の意識のすぐ下にはこの西洋の教養とは全く関係のない世界がすぐ開けてきて、このような教養というものがじつに薄っぺらな表層だけのものであるかということをたちまち知ることができる。それに、西欧では分析の場合、患者個人をとるのであるが、日本ではその個人というよりは「家」をとると考えた方がよい場合が多い。したがって、西欧的な個人中心の理論だけではうまくゆかないことがある。片方では西欧以上に西洋化された日本があり、そして少し無意識に入ると広大な東洋が広がっている。その二つの間をまるでアクロバット的に統合しているのが日本人ではないかということをつくづく感じる。

スイス人には日本人にない妙に偏屈な所がある。一例を示せば、日本と比較してのことであるが、現在でも知的教養のある家では蛍光灯は使わないし、テレビもあまりみない。蛍光灯は人工の光だといって受け付けないのである。昔ながらのバルブ（球）を愛用している。テレビにかぎらず何事にもそうである。融通のきかない、偏屈さがある。ところが日本はどうだろう。どんどん平気で合理的に能率的にあらゆるものを消化する旺盛な文化的胃袋をもっている。ヨーロッパが日本製品に押されて、悲鳴をあげるのも無理のない話である。何の「こだわり」もないからである。西欧はじつは社会のあらゆる面で近代化の元祖であるにもかかわらず、もう少し「こだわり」があるのである。だから彼らが四百年もかかったものを、日本は百年で近代化をやってのけたのである。意識に「こだわり」がなければ無意識にコンプレックスという「こだわり」が生ずるのも当然であろう。しかし、このアクロバットもその両極端の離れ具合をみるとどんなに器用な日本人でももうそろそろ限界とみえるほど、大変な統合を一人一人がやってのけているのである。なまじ、近代的自我などに目覚めないで、みな無意識のレベルで行動していればこの面での問題はないが、一旦調和を失うとこれはひどいことになる。われわれは今、そのぎりぎりの所にいるように思う。

最近、河合隼雄氏の『母性社会日本の病理』[*28]が出版されたが、この日本人の無意識の問題に光を当てたものである。ここらで真剣に、自己の中の東洋に目を向けなければならないであろう。そこで、ユング心理学でいう「東」とは何かということを基本的に考えてみることにしよう。

ヨーロッパから「東」すなわち、東洋というのは、古代では、今のヴォスボロス海峡の向う側ということである。少なくともギリシャの昔はそうであった。ペルシャやバビロニアは東の国であったし、イスラエルは東洋の国である。エジプトも西欧からみると東なのである。筆者の友人の新約聖書学者に一体グノーシス主義というのは何か、と尋ねたことがあった。彼によると、今日ではナグ・ハマヂ文書などの発見によって、グノーシス主義の思想内容の特徴などというのもかなり鮮明に判明してきて、厳密に使われるようになったが、一頃は西欧の学者に分からないものはすべてグノーシス主義であるとして一括され、グノーシス主義思想というのは東方の神秘的なものすべての代名詞でさえあったという皮肉な見方がかえってきた。ある時期までのグノーシス研究はまさにそうであったろう。ユングがこの資料を取り扱いはじめたころはまさにそんな時期だったろうと思う。暗黒の資料であった。そして、東洋とはアレキサンダーの道を東にさらに進んで拡大された。印度が東洋の範囲に入り、さらに中国が東洋の端と考えられた時代もあった。数年前、チューリッヒのクォーニーなどの旅行案内所に行くと、赤い鳥居と着物の娘の目立つ大きなポスターが掲げてあった。チューリッヒから日本までの旅行は旅行料金が最も高い長い旅であり、それをみると、彼らのイメージでは日本というのはヨーロッパからもっとも離れた国だったのである。近所の普通のスイス人にきいてみると、香港までが、英国が租借しているせいか、知っている地名の最端で、そこでぷっつり多くの人の心のつながりは切れてしまう。そして、ここに、にわかに大量の日本製の商品の氾濫である、とまどうのも無理はない。

一体、トルコから日本までの広大な地球の部分を東洋と呼んで、その東洋という言葉でどんな意味を運ぶことができるだろうか。多様な文化と人種がそこにある、そして広大な地域なのである。じつは、東洋というのは「西」が「東」と呼んだまでのことであって、「東」はけっして自分のことを東洋とは呼ばなかった。中国は中国、日本は自らを日の本と呼んできた。グノーシス主義と同じように、「西」は自分の分からないもの、暗いもの、神秘なものに対して、「東」といったのであって、「東」は自らそうとなえた訳ではない。東洋は中国のように抵抗し、「西」に組込まれるのを拒否した時、すなわち、敵対した時、「東」を意識した。すなわち、東洋で使われている東洋という概念は西から輸入したものであった。もし、「東」がその部分を「西」に組込まれたとすると、それはもはや「東」ではなく、「西」である。なぜなら「西」の性格は自己主張的であり、自己拡大的であり、その歴史はアレキサンダーの昔から「東」を組込む歴史であったからである。ここに西欧の意識の歴史をみる。それはまた、われわれの中の自我の歴史でもあるわけである。

意識は無意識によって出来たのではなく、それ自体で存在していたと頑固にいつも主張している。だが、そもそも、「西」という意識は「東」の無意識から、浮かび上がっていったものなのである。しかし、自我はそのことを知らず、自我中心であるという性格をもっている。そこで、絶えず無意識によって脅かされることになり、西は東に対する恐怖をもっている。その意味で「西」の人間が「東」を知るということは、それがゆきすぎて調和を失うと危険なのである。ウィルヘルムがその例である。私は京都に住んでいるので、外国人で東洋にあこがれ、東洋を求めてやってくる人々が多いのに驚いているが、そういう中の二、三の人々の無意識をのぞく機会を与えられてみて、面白いことに気がついた。これらの人々は「東」に来て、自己の「東」を求めていたのである。ある者はそれを得て喜んで帰るし、ある者はそれを知らず、西洋化された日本だけをみて失望して帰っていった。じつは彼らがつかまえたかったのは心の中の「東」なのであって、特に日本が今「東」であるというわけではないことを知らなかったのである。しかし、また反対に、とんでもない日本人の無意識の象徴に触発されて、自己の「東」を発見できたという人も少なくないので、風土とは凄いものである。そして、これをみていると大変面白いし、彼らのもっている「西」の目は時として、そこに住むわれわれのものより鋭いので有益である。

『易経』と心理療法

さて、前出の易経について述べねばなるまい。これは中国の古典の一冊で、私がこの書物に目が開かれたのは一九六四年のユング研究所で出会った同じウィルヘルム家のヘルムート・ウィルヘルムによってである。この人はあのウィルヘルム家の出でやはり易経の研究家である。現在、シアトルに在住し、「易経の創造的原理について」[*29]、「易経における犠牲について」[*30]などの論文を発表している。易経の「易」というのは、とかげという意味の象形文字で、上部をとかげの頭部、下部を足と尾とで表わして、ある種のとかげが体色を一日に十二回も変えることから、易という字を「変化する」という意味に使うようになったというのが定説で、ウィルヘルムの訳も[*31]"The I ching or book of changes"(易経またの名、変化の書)と題名がなっている。現在、残っているのは、周易「周代に行われた易」または「周《あまね》く易(変化)を説く書」で、最初は運勢を判断する筮辞《ぜいじ》だけを集めたものであったが、後にその注釈や理論が展開されて、次第に哲学書になったのである。これらの注釈や易理論を編纂したものを十翼といい、後の周易はこれらの十翼を含めたものを指すようになった。岩波文庫にある高田真治、後藤基己訳『易経』の解説によると、[*32]このとかげ説の外にもう一つ日月説というのがある。日と月が陰陽に配されるので易を分割してこれに当てたとする説も紹介されている。ただし、下部は勿で月でないので附会の説であるといわれている。やはり万物が流転し、刻々と変化する様をいったと考える方がよいように思う。この六十四卦が成立するまでには、亀卜以来の中国の長い歴史がそこに存在していて、著者は誰と特定できるものではない。童話と同様に一つ一つの卦を読んでみると分かるが、全く元型の集まりであるという外言いようもない。この八卦、六十四卦、繫《けい》辞、十翼の制作者は一応、伏義、神農、文王と周公、孔子とされているが、もちろん後世の仮託であって、膨大な中国の民衆の無意識を濾過して出来上がってきたものである。一説によると、ユングは晩年、これに親しみ、もうこの六十四卦はすべて諳《そら》んじて、いちいち見ないでも頭の中に想い浮かべることができたほどであったという。ヒルマン博士の机の上にも、五十本の筮竹があったのを思い出す。筆者はこのウィルヘルム訳の英語版を愛読している。私にとって英語はもちろん日本語よりはるかに読みにくいにもかかわらず、英語の方が妙に明確であったりして、どうもピッタリくる場合が多いように思うのは偏見であろうか。日本語訳で不明な点のある時は英語訳をみるとよく分かる。時によく分かりすぎて困る場合がある。そこがまた、英訳の欠点でもあろうが私には便利なのである。読者の方々も、岩波文庫のものが一番良いか、どんな訳が良いか、ためしてみたらいかがだろうか。

ここで易の思想や八卦の解説に入るわけではない。それにはそれぞれ専門の書物がある。ただ、易の専門家はどういうか知らないが、私は心理療法との関連で二、三の点を述べてみたいだけである。

ヘルムート・ウィルヘルムに教えられた点であるが、第一に易に向かう人間の態度の問題がある。ちょうど、それは意識が無意識に相対する態度と同じである。最初のうち、初心者が犯す誤りであろうが、自分の欲する卦が出るまで、何回でも置くという心の態度の問題である。よく易は当らないという。「当るも八卦、当らぬも八卦」と悪口を言う。じつは、この悪口が面白いので、だいたい悪口というのは本当のことを言い当てている場合が多い。やはり、易はそのような態度には何も言わないのである。多く問えば多く答え、結局どれが本当の答えか分からない。少なく尋ねれば、少なく答えるのである。自分の欲する卦が出るまで、置きつづけるなどというのは自分で答えを知っていてそれを易をして確かめさせるだけで、易としては下の下であると言わねばなるまい。そういう答えを得ても、それは自分の意識の片隅ですでに分かっている答えで、そんな答えでは力になるまい。易とは天に自己の運命を「聞く」ことである。本当に尋ねれば本当に答える。そもそも、易は天子が天の意志を聞くために使われたものであって、運命は刻々変化し、その布置をその瞬間で切ってみせるのである。左するか、右するか意識の決定が困難になった時に、無意識に尋ねることで、無意識への意識の開放性を根拠にしている。したがって、どの本にも、易を立てるとき、静かに祈念して行えと書いてある。この祈りと作業の一致は錬金術と同じものである。したがってみだりに置くものではない。淫しては危険である。そんな風にしていると、人生の重大な時にもう易は語らない。

次は、この易の基礎にある考え方、同時性の理論についてである。すでにある程度はこれについて述べたが、もう一度、この問題にふれてみたい。同時性（synchronicity）のシンクロニシティは、シンクロナイズド・スイミングという音楽に合わせて水中で踊るあのシンクロナイズの同時性である。あの場合は、地上の音楽と水中の娘さんの美しい足の動きが一致するのであるが、このシンクロニシティは歴史的時間や地理的空間を超えて一致することをいう。ケルケゴールにおいてはイエス・キリストの十字架の事実と彼の内面的な罪からの救いが一致したとき、この同時性の理論が使われた。それと同様に、一つの事例がある。ある青年が口頭結核で病んで死んだことがあった。まだ結核の特効薬の普及する以前で、彼は生前、ある瞬間に自分より前に、同じ病気で先に死んだ親友が、自分が苦しいにもかかわらず、自分のために祈らず、この友のためにその全快を祈っていたことを知る。そして、今こうして自分が彼より長く生を許されて生きていられるのは、友が自分自身の代りに、彼を治してくれと祈ったからではないかと思い、愕然とし、猛然と力が内から湧いてくるのを知ったと言っている。そして、病気には犯されているが、残りの生涯を精一杯生きようと決心する。これも、死んだ人間の祈りと、この人の決心とがシンクロナイズされたのである。こういう事柄は人間の世界には多く発生する。また、「そうとしか言いようがない」という表現をとる。ユングは「因果律は一つの原則にすぎない。そして心理学は因果的方法だけでは尽くされない。なぜというに、心はまた目標によって生きるから……」と言っている。また、「因果性は継時的事態の間の連絡を説明する方法であるが、同時性は心的事態と心理物理的事態との間にみられる時間と意味の並行性を表示する[*33]」とも書いている。そして、ウィルヘルムの翻訳の序文の中で、「意味をなす反応が、はじめから一見すべての意味を排除するやり方から起こってくるというこの奇妙な事実は『易経』の偉大な成果である[*34]」と言っている。それだけでなく、彼はその序文の中で彼の翻訳について占っているのは面白い。同様のことを私は一九七四年のロンドンでの第六回国際分析心理学会に参加したとき目撃した。その時、会長のゲルハルト・アドラーが開会にあたって、自分が精魂込めて準備してこれから始まるこの学会について、前夜占ったその卦を挨拶の中で発表していたのは、ユング派らしいやり方だなあと思って感心したのを憶えている。日本ではまだ、学会で易経に対する心からの尊敬がこのような形で表わされたのを見たことがない。

日本人にとっての自己実現

こう書いてくると、ユングはこのような占いを信じていたように思われるかも知れない。そこで、この「信じる」ということについて一言したい。ＢＢＣ放送のインタビューの記事であったと思うが、映画にもなっているので、その個所をみた記憶があるが（ちょっと記憶が漠然としており、その時一緒にみた河合隼雄氏にたずねてみたところ私にも記憶がある、と言われたのでそうだと思う）、そのインタビューで質問者がユングに意地の悪い質問をする。「あなたは神を信じていますか」という嫌な質問である。すると、ユングはすぐさま「私は神を信じていない」と言うと、その時、映画をみていた人は皆一瞬驚いてざわめきが起こる。しかし、ユングはしばらく沈黙して、間をおいてから「私は神を知っている」と言う、印象的な光景が記憶にある。この「信じる」という言語は西欧では独特の強い意味に使われる。ユングは彼の父の信仰での苦悩を考えるとき、この「信じる」という言葉はあまり容易な好ましい言葉ではなかったろう。それは意識の言葉である。しかし、彼の神は彼が信じるかどうかによって左右されるような神ではないことも知っていた。「呼び出そうと呼び出すまいと神はいます」（Vocatus at que non vocatus deus aderit）ということばを彼のキュスナハトの家の楯石に彫り込ませたほど、神の実力を知っていた人であって、「知る」の方が彼の信念にはより適切であったのだろう。これは同様に易に対しても、占星術にも、錬金術にも、「東」のものすべてに対してもたれた態度であった。彼にはそれが真理であるか、虚偽であるかには全く関心がなかった。彼は、因果律をはるかに超えて働く「真理」があることを知り、それに謙虚に自分の自我を開いていたいと思っただけなのである。ここに「信」を含めた生きた「知」の態度がある。同時に、彼の無意識に対する自己の立場が明らかに出ている。彼の心理学は一見東洋の思想によく似ていて、彼の元型や自己の概念は東洋人にとって全く抵抗なく受け入れられるようにみえるが、彼の心理学の秘密は、決して無意識の心理学を樹《た》てようとしたところにはなく、彼の自我という軸における相互作用と対決（Auseinandersetzung）であって、自我の喪失ではなかった。最後まで、どのように制限された存在であったとしても、自我の立場は放棄されていないのである。特に、日本でユング心理学が知られるに及んでこの点は将来課題になるかも知れない。

この問題をさらに考えてみると、心理療法において、日本では患者の自我をどう考えるかという問題でもある。私は西欧の心理学の教科書のような「強い自我」はこの「強い無意識」の母性社会では、かえって育たず、またそのような剛強な直立型の自我を確立しても、それは何ら強さを意味するものではないと思っている。むしろ、豊かに、完全に無意識と交流し、交渉できる、外からは一見「弱い自我」にみえる自我の方が適しているようにすらみえる。外界に対する「強さ」ではなくて、内界に対して、「開かれる」、その強さを強調したい。台風のないカルフォルニアの直立する松よりは、台風の多い日本では、むしろねじまがって、腰を低くした松の方が美しく、風に強いのかも知れない。夢の分析をしたばかりに、自我を向うみずに拡大し成長させて、周囲に適応できなくなったというのでは、本当の意味の「強い自我」ができているとはいえない。特に、現在の日本の土壌で人一倍能力のある女の人が、無意識の世界だけで、伝統的に生きていれば、問題はないが、その人が自我を認識して、その可能性をどのように自己実現するかという課題に直面する場合、そのような一人一人に会うと本当に困難さを感じる。とはいえ、苦しんでも自己実現をはからねばならない時はどうしてもそうなるより仕方がないと思っている。夏目漱石の『こころ』はそんな西欧的自我の、日本における困難な問題を鮮明に取り扱った作品であると思っている。しかし、東洋的自我はどんな形をとるのか、『紅楼夢』などに出てくる大きな家族の何代にもわたる自己実現の過程をみてみると、「東」の中からも西欧がもたなかったような自我というものを、もしかすると創り出してくるのではないか、それをユングは近・現代という西洋文明の果てにみていたような気がするのである。私としては前述の河合隼雄氏の著作や、ロスアンゼルスの目幸黙僊氏[*35]、秋山達子氏らの仏教へのユング心理学からのアプローチに注目している[*36]し、それらが呼び水となって、日本人の自我の問題と女性の自己実現の問題がしだいに探求されてゆくのではなかろうか。

4　神話と心理療法

神話の世界と人間の心の動き

まず、この小さな神話自体を味わってください。これは、大林太良著『神話学入門』[*37]に紹介されているものので、始めのものは、天地分離神話であり、ニュージーランドのマオリ族に伝えられている神話からとったものである。[*38]次は、やはり同書からのジャワの素朴な神話である。これは男と女がどのようにしてできたかの創造を取り扱ったものである。

天地分離神話

父なる天ランギと母なる大地パパは、原初において万物が発した源泉であった。そのとき暗黒が天の上にもあったが、二人はまだ抱擁しあっていた。しかし彼らの生んだ子供たちは、暗黒と光明の相違はどんなものであろうかといつも考えていた。そこで子供たちは、父母を殺そうかそれとも引き離そうかと相談した。一番凶暴な子のトゥ・マタウエンガは、殺そうといったが、森の父たるタネ・マフタは「二人を引きはなし、天をわれわれの上におき、地をわれわれの足の下におこう。天とは他人となり、母なる大地は養いの母としてわれわれの近くにとどめよう」といった。衆議一決して、子供の神々がかわるがわる天地を引き裂こうと試みたがみな失敗した。最後にタネ・マフタがやってみることになった。彼は最初手で天地を引きはなそうとしたが、これも失敗だった。彼は休んだ。すると彼の頭はいまや母なる大地にしっかりと植えつけられ、彼は足をあげて父なる天にかけて、あらんかぎりの力で背と四肢を緊張させた。するとランギとパパはひき離され、二人の苦悩と悲哀の叫び声がひびきわたった。

「なぜお前は自分の親を殺そうとするのか？　私たちを殺したり、親をひき裂くような恐ろしい罪をなぜ犯すのか？」

しかし、タネ・マフタはやめなかった。二人の悲鳴にも耳を傾けなかった。はるかはるか下に彼は大地を押し下げ、はるか上に天を押しあげた。ところで、天地を分離させるまえに子供たちが相談したとき、一人だけ不服な子がいた。嵐の神タウヒリ・マ・テアである。彼は天地をひき裂いた兄弟たちに復讐を思いたち、天父の助けをかりて、つぎつぎに兄弟を征服し、最後に父母を殺そうと提案したトウ・マタウエンガにたちむかった。いくら嵐が攻めても、トウ・マタウエンガは彼の母なる大地の胸の上にびくともせず立っていた。

天の心も嵐神の心もやがて静まった。そしてついには明るい光が世の中に増してゆき、ランギとパパが分離するまえには、二人のあいだにかくれていた者たちも地上に繁殖した。

「今にいたるまで広大な天は彼の妻なる大地と引き離されたままでいる。それでも二人のかわす愛情はまだつづいている。妻の愛のこもった胸から出る軟かく温かい溜息はいまなお天に向って立ちのぼっている。木の繁った山や谷から立ちのぼる。そして人びとはこれを霧と呼んでいる。そして広大な天は、愛する妻との別離をながい夜中歎きつづけ、しばしば涙を彼女の胸に落す。そしてこれを見る人たちは、この涙を露のしずくと名づけている」

男・女　創造神話

創造神が、天、太陽、月と大地を創造したとき、人間も創造しようと思った。彼はいくらかの粘土をとって、人間の形をこねあげた。それから自分が創造した精霊の一人を呼んで、この人間の形に生命を与えることを命じた。ところが、この粘土の形は重くて持てないので地上におちて、千々に砕けてしまった。しかし、この粘土の形にはすでに精霊が霊魂を与えていたので、これらの破片はそれぞれ悪魔となった。

これをみた創造神は、また粘土で人間の形をこねあげた。今度のほうができばえがよかった。神は彼に男の外観を与え、三位一体の力を与えた。つまり、生命と情意、意志と性格、精神と霊魂である。これらの特性が与えられるとこの人間は生命をもち、かくて人間が創造された。しかし、創造神は「この人間ひとりでは地上に繁殖しない。奥さんを作ってやろう」と考えた。

しかし、困ったことに、奥さんを作るための粘土はもうなくなっていた。そこで創造神は月の円味、蛇のうねり、葛のからみつきかた、草のふるえ動くさま、大麦のすらりとしたかたち、花の香り、木の葉の軽快さ、ノロ鹿のまなざし、日光の快さとたのしさ、風のすばやさ、雲の涙、わた毛の華奢《きゃしゃ》なこと、小鳥の驚きやすいこと、蜜の甘さ、孔雀の虚栄心、燕の柳腰、ダイヤモンドの美しさと雉鳩《きじばと》の鳴き声をとり、これらの特性を混ぜあわせて女を作り、これを男に妻として与えた。

ところが二、三日して、男は創造神のところにやってきていった。

「神様、あなたが私に下さった女は、私の人生をだめにしてしまいます。彼女はのべつ幕なしにしゃべりつづけ、私のすべての時間を要求し、ほんのちょっとしたことでも文句をいい、おまけにいつも病気です」

そこで創造神は女をとりあげた。

一週間たつかたたぬかに、男はやってきていった。

「神様、あなたが私の妻をとり上げてから、私は淋しくてしかたがありません。彼女は私のところで歌ったり踊ったりしました。彼女がどんなに可愛らしく私を見つめ、私を愛撫することができたか、またどんなに上手に私とあそび、また私の保護をもとめたかを、たえず思わずにはいられません」

そこで神は男に妻を返してやった。

三日とたたぬうちに、男はまた創造神のところにやってきて文句をいった。

「神様、私にはわかりません。考えてみると、あの女は私をよろこばせるよりも、怒らせます。どうか私を彼女から解放して下さい」

しかし創造神はいっしょに生活するように全力をつくせと彼にいった。しかし男は絶望的に答えた。「私はあの女といっしょに生活できません」「それじゃお前はあの女なしに生活できるのか?」と創造神はきいた。すると男は頭を胸に深く垂れていった。「ああ悲しい。私は彼女といっしょには生活できないが、さりとて彼女なしでも生活できない」

この二つの素朴な神話はなんと生き生きと、人間の心の動きを表現していることか。読んでいて思わずふき出しそうになるくらいである。まず、この天地創造神話であるが、ここに、一人の大学生のケースがある。

次にこれも紹介したい。これを読まれると、この方の内面世界における自我の確立の歴史が、この最初の天地創造神話の語られた中で、子供がどのように両親の世界の中に割り込んでいって、自分の心理空間（宇宙）を創造していったかという内的プロセスと大変類似していることがお分かりいただけると思う。十八歳の男子、父は会社員、母は高女卒、対人恐怖という訴えで来談。「人前で話ができない、ゼミや語学のクラスで特に小クラスになると発表ができない」ということで、困りはてて来談したということである。父は彼に言わせると、実直な人で、真面目にただ会社に通い、家族を養っている人で、ただ真面目なだけでとうてい話はできないという感じで、家族とあまりコミュニケーションはない。特に、この息子とはない。弟が一人いるが、自分と同様、いつも自分の部屋で一人でいる。早く友人と自由にしゃべれるようになりたい。このケースの面接途中で、ある日、彼は暴走族スタイルで来室して、カウンセラーである私を驚かせた。聞いてみると、自分自身を克服するために、こうやって色々と努力しているという。七半《ナナハン》のオートバイを乗りまわして、時々、白バイと競走したりすることもあり、柔道も空手もやってみたりしたとも言っていた。この人の外面的な異様なスタイルとは反対に、その目はおどおどしていて自信なさそうであった。その差が異様に私の目にうつった。そして、彼は「道端を老人が歩いていると、かわいそうなのでスピードを落としてやるのです」と言った。「どのくらいに落とすのか」と尋ねると、「五〇キログらいノロノロにします」と答える。その妙な優しさ、そして、その加速された彼のエネルギーに驚いた。この人は、その後、だいぶこのような動きを繰り返し、カウンセラーをはらはらさせたが、やがて、それを卒業して、自分の姿を自分で「心の鏡でみられるようになりました」と言い残し、プッツリと来なくなってしまった。その後、卒業したところをみると、彼の対人恐怖は卒業できるほどに回復したのではないかと思っている。夢はもってこなかったが、オートバイを乗りまわしての様々な経験を話してくれたし、親しくなって、私のところに報告にくる時の顔はこの神話の一番凶暴な子供、トゥ・マタウエンガを彷彿《ほうふつ》させる何かがあった。実際、この実直な父や母たちではもうどうしようもなく、彼等がほとほと困惑している様子は、しばしば出る彼の両親についての少ない言葉からも伝わってきた。それはもう苦しみと嘆きに近いものであった。この青年の心の中には、また森の父たるタネ・マフタのような神も住んでいたし、嵐の神タウヒリ・マ・テアのように、両親を苦しめ、ひき裂く兄弟に復讐するいわば反動の心のゆれもみることができた。また、その凶暴な子、トゥ・マタウエンガが彼の母なる大地の庇護の下にいることもカウンセラーにはみえるようだった。そのようにして、天地が分離し、子供が住める空間がそこに出現した。そこに、彼は弟と共に彼の安住すべき空間を見出したのである。

　このようなケースは別にそれほど特別なものではなく、集めればかなりの数にのぼると思う。これとは別に、両親が反対に子供の空間に介入して全くこれを奪ってしまうことすらある。「成人が接近しすぎて、自分たちのあやふやなアイデンティティが成人のかたくななアイデンティティによっておびやかされること」で、それによってなお狂暴になる青年もあり、理解できるような気がする。笠原嘉教授が『青年期』の中で描くスチューデント・アパシー[*39]（student apathy）とは、このような母・子分離神話のイニシエーションの一過程、またはある時点での失敗とみることもできるのではないか。これらはノイローゼというよりは、準ノイローゼともいうべきもので、笠原教授はこの特徴を「準ノイローゼ的アパシーにおいては、一つには今までの彼の行動軌跡からの断絶があること、いま一つは不毛な反覆強迫性があること」を挙げておられ、さらに、その臨床的特徴をつづいて十項目も挙げている。参考になるので、記させてもらうと、㈠好発期は青年期後半であること。㈡現在のところ男性のノイローゼであること。㈢努力型の真面目人間の無気力という逆説。㈣強迫的完全主義的性格傾向の持ち主であること。㈤優越者を近親中にもつこと。㈥正業を選択的に忌避すること。㈦オリズム（ゲームを捨てること）あるいは優勝劣敗への過敏さ。㈧「自分とは何か」の問いをもつこと。㈨成人への接近の怖れ。㈩ある種の「やさしさ志向」をもつこと。これらの特徴全部がこの具体的ケースにあてはまる訳ではないが、そのような領域の中にいることはほぼ察しがつく。[*40]なぜ、病気とは言えないような、しかも一時的には病気以上に強い病的症状を出して本人を苦しめ、また本人の周囲を苦しめるのであろうか。この病気と正常の中間に現在、多くの青年が存在しているといえるかも知れない。そして、これらを考えて行くと、臨床的なケース例の中に、あまりにも古代の英雄神話や天地創造神話などとの類似性を発見して驚くし、その主人公が神話的世界の中でそれぞれ課題をもって、役割を演じているようにもみえてくるのである。

ユングは神話学者のケレーニイと有名な本、『神話学入門』[*41]を出版したが、その中でいかに人間の無意識の中にあった元型が、数千年を経た今日の現代人の無意識の中でも働いているかを示そうとした。この神話をその世界像から考えようとする方法は、ケレーニイのユングとの共同研究からもたらされた、「神話素」(Mythologem）という神話の中心的核をあらゆる神話の中からとり出して、それを中心に再構成することによって、生きた神話を把握しようとする試みなのである。今日でも、民族学や文化人類学における一つの観点になっているようである。例えば、有名な民族学者で文化形態学的立場に立つイェンゼンの『殺された女神』によれば、[*42]初期栽培民文化はやがて農耕文化へと後に発展していくようであるが、それは人類史上大きな一時期を画しており、そこに一つの文化的世界像の原型を予想しているようで、今日ではそれを再構成しようとする試みもあるといっている。その際、この研究でこの文化の中心的要素となったのはセラム島の神話の中に見られるハイヌヴェレ神話素であり、それはまた今日古層栽培民の世界像の基本とも考えられている。ハイヌヴェレ神話素は今まで、知られてきたギリシャ神話の中に存在しているようなプロメーテウス神話素とは異質であって、その詳細な検討へと次第に今日では議論が進んでいるようにみえる。大変興味深いことであるが、いずれにしても、ユングの太母神などの元型概念からの神話へのアプローチも現在ではみのがせぬ観点として、注目されてよいのではないだろうか。この場合、ケレーニイの神話に対する基本的態度とはどんなものであろうか。

ケレーニイの神話観

そこでまず、ケレーニイの述べる神話素について述べてみよう。このカール・ケレーニイという人は現在ではもう亡くなっている学者であるが、ハンガリヤ生れのユダヤ人神話学者であって、情熱的な語り口は最初に会ったどんな人でも心をとらえられてしまうような人物である。私も、チューリッヒのユング研究所で、毎週夕方にこの白髪の神話学者の講義を受けたが、独創的な考え方と博学な知識は聴くものを驚かしていた。講義はちょうど、ミケネ文化の神々のイメージについてのところで、今日でいう幻覚剤のメスカリンやLSD25のような薬らしきものを当時の人々は使っていたらしく、発掘の様子を教えてくれた。そして、彫刻で神々の姿が明白に見えて、立派な像が刻まれていた時代から、次第に人間に見えなくなってしまう時代に、人間たちがどのようにして薬までも使い必死になって神のイメージを追求し、捕捉し、それを表現しようとしたか、現代アメリカ文明の批判をまじえながら、熱情的に話されていたのが今も目に浮んでくる。早口のドイツ語でその内容はなかなかわからないが、彼の訴えが分かるような気がした。

ケレーニイは、神話というのは、ギリシャ語のミュートス（神話）という語と、レゲイン（組み合わせる・言う）という語の合成語、ミュートロギアーといわれたものであるとした。この方が従来の説よりプラトンやギリシャ人が考えていた、「神について語られたもの」の生き生きとした性格をいっそう伝えられると言っている。

　そして、それはたとえていうと、音楽のような芸術的なものである。実際に、神話はアポロンのような楽神によって伝えられたとも言われている。それは、詩でもあり、「主題に関してある特別な仮定をもった芸術」なのである。この仮定というのは後述するが、それは存在の根拠を語ろうとする意図なのである。そのために、素材はどのように構成されようとも、シンフォニーの主題のメロディのように繰り返し、変奏されてでてくる、動的で、変化するものでありながら、神話素はその中心にある独自なものであって、いわば交響曲のモチーフなのである。それは演奏されるという神話的な方法でしか語られないもので、その他の非神話的方法では無意味なものである。この音楽との類比は面白い。なぜかと言えば心理療法もまた時間の芸術であり、その人生の様々な変奏の中に心《プシュケー》の元型の多様な展開をみるからである。そして、神話にとって神話的方法で表現される以外には適切な方法はなく、また、音楽にもその音楽的方法によって、偉大な思想を表現できた時代もあった。しかし、またそれではもうそのような偉大さは表現出来なくなった時代もある。神話も同様であって、本当に神話を聴くということは、神話的概念の説明でなくて、そのかなでる調べに傾ける人々の「耳」によっているのである。つまり同感し、自ら共感的に歌い出す能力なのだとケレーニイは説いている。いかにも、偉大な音楽家の多くを輩出したハンガリヤ生れの学者らしい観点である。これらのことからわれわれが教えられるところは多い。ともすると、われわれは夢の分析でも夢を「分析」してしまって、元型の歌うその調べを耳で聴き、口で歌うその能力をもたない場合が多い。それでどうして、元型のもつ感情のエネルギーのほとばしりを感得することができると言えようか。

　それはもはや、ドイツ語でいう神話を説明（Erklärung）することではない、言いかえてみると、「なぜ」に答えるものではなくて、「どこから」という根拠に応えること（begründen）だとケレーニイは主張する。そして、神話とは、世界の根底をなし、基礎となるものは何であるかを示す独特の「語り」であると言っている。人類史には神話の時代と不幸にして非神話の時代がある。民族学や文化人類学の最近の盛んな業蹟をみていると、近・現代世界の終焉に際して、神々が死につつあるようにみえるが、そうでなくて、世界に残されていた様々な層の神話を集め、バウマンの歴史民族学的な研究であろうと、デュメジルのインド＝ヨーロッパ語族神話の構造的な再構成であろうと、レヴィ＝ストロースの構造主義的分析であろうと、もう一度、それぞれの文化形態の核になる神話素をとり出すことによって、世界の根拠を問う試みの上でなされているのではないかと考えられるし、また世界の期待しているものもそこにあるように思う。もちろん、方法論的にも差異があり、そう簡単には学問的に割り切れないだろうが、交通機関などの発達により、ユングやケレーニイやそして、フレーザーやレヴィ・ブリュルが活躍した頃よりは、もっともっと当時、暗黒と考えられていた未開民族の優れた思惟が次第に明るみに出るようになって、ケレーニイの指摘したこのような視点の重要性がむしろ益してきたのではないかと思っている。現代人は心理療法という個の孤独な枠の中で、すでに誰でもが使える万人の神話を失った人間として、新たな地球的な存在の根拠を誰にでも提示できるような生きた神話が生れるまで、個人の神話を生きなければならないのではないか。箱庭療法や夢の分析で、多くの人が私的な「神話」をもって訪ねてくることを、つくづくと感ぜざるをえない。これは、なにもニーチェの『ツアラストラはかく語った』の主人公一人の苦悩ではない。それより、もっともっとナンセンスの形式をとりながら、もっと高邁な根拠をたずねているものもあるのである。

神話の中の「子供」とは何か

少々、調子が高くなって脱線したが、このような「始原」、「根源」そのものへの認識が現在必要であることを述べたかっただけだからお許し願いたい。さて、神話の問題の中でも様々な重要な問題があって、どれをとりあげてよいか困るほどであるが、その中でも心理療法と特にもっとも深い関係のあるものしかここではとりあげられない。そこで、著書でたまたまユングが触れている「子供の神（童児神）」について少し臨床的に述べてみたい。

夢の分析の中で出てくる元型としての「子供」（幼児という意味であるが、あえて日常的な子供という言葉を使った。その方がより生き生きと子供が表現されるからである。時に小僧という呼び名もいい）は、その人間の過去におくった心のある状態を表現したものとして現われる。交流分析の中のＣ（子供）である。[*43] 幼児のモチーフは彼がもうすっかり忘れてしまった自分を表現しているかも知れないし、したがって、シャドーの問題を取り扱うと、しばしば「一つ目小僧」とか「一寸法師」などの表象をとって現われる場合が多い。そのような元型はみな、彼の中の子供（inner child・内なる子供）の様相を代表している。過去をいっていると同時に、その人の未来の成長をも表示しているのである。その典型的例は、「聖なる子供」（holy child）と呼ばれる像である。それは、しばしば英雄神話の中に含まれて現われているのでお気づきかも知れない。

その聖なる子供の性格は「より小さなものよりも、さらに小さく、より大なるものより、さらに大である」[*44] であり、その性質を誕生の時からもっているものである。この矛盾した要素が彼をして、英雄たらしめる。全くの無防備の中に、そして、とるにたらぬ形で、奇跡的に生み落とされる。世界は拒否するが、全く奇跡の中にわずかに生存の位置を占めるのである。しかも、彼の苦難はそれだけではない。すぐにその幼な子に対して加えられる、幼児遺棄、孤独、危害などのモチーフが続くのである。日本の義経伝説もその典型の一つである。種はよいが、苦難の中に生み落とされ、イエスの場合のように、生れた直後、ヘロデ王の嬰児虐殺の命令のために、直ちに、エジプトに難をさけるため母・子ともども逃れねばならなかったりする。

また、都市ローマの誕生にまつわる神話、ロムルスとレムスの神話（写真11参照）は人間の子でありながら育てる人なく、狼の乳で育てられた物語であるし、モーセの場合は生み落とされるとすぐ宮殿から連れ出され、ナイルの河に流されてしまうというストーリーになっている。こういう例は枚挙にいとまないほどである。

夢の中でも同様である。その人の未来という「子供」は、直観や「思いつき」などになって表われるが、すべての「子供」は育つとは限らない。竜や蛇に呑み込まれてしまう場合もあるし、生き伸びる率は実際の魚の卵がどのくらい生き残るかという確率をみても、想像がつく。しかし、この新しい特別の「一つ」は、「いと小さいものよりも、さらに小さく」ても、現在ではなくて、未来を代表するものであるから、やがては次の世界の王になるものである。イエスの生れた当時、その地方を治めていたこの世の王ヘロデは兵隊に命じて、見つけ次第に〇歳から三歳までの赤ん坊を全部皆殺しにしたはずである。それは自分を未来から守るためである。やがて、その聖なる子によって自分が倒されるのであるから。そこに、まだそんなに小さくとも、「大きいものよりさらに大きい」王の王たる存在であるという意味がある。英雄は部分でなく、全体を相手にする。

したがって、「心をいれかえて幼な子のようにならなければ、天国にはいることはできないであろう。この幼な子のように自分を低くする者が、天国でいちばん偉いのである。」（マタイ福音書十八・三—四）とは、この大人の中にある子供の性格を述べていることになる。もし大人の心の中に全く子供がみられないとすれ

写真11　ロムルスとレムスの神話を描いた像

ば、その人の未来はないのであって、たとえ「一寸法師」のように今小さくても、存在している方が重要である。前述したように、人生の前半生で人間がそのペルソナに適応することに忙しい年代では、しばしば自分の中に子供が住んでいることを忘れがちである。ある女の方が夢の分析の中で一度、犬の縫いぐるみのおもちゃを写生した絵をもってきてくれた。その時の彼女が描いた犬の目は光り輝くなんともいえないきらりとするものを秘めていた。その時、私は彼女の中に新しい生命が生れたのだなと悟ったことがあった。このような「子供」はしばしばまた「トリックスター」として、活躍することになる。[45] アメリカのウィネバゴー・インディアンの神話では後に「うさぎ」になるトリックスターの物語がある。素朴な形ではあるが彼らの神々の中で、うさぎになったり、コヨーテになったりするこの文化英雄は大変重要な存在である。ラーデン博士は[46]「トリックスター」の時代は人生のもっとも初期の最も未発達の段階に相当していて、身体的装置が、彼の行動を支配している時の像だと言っている。日本神話のスサノヲにも、この時期の狂暴で、道徳否定的で、残酷な姿が描かれているのは御承知と思う。このウィネバゴー・インディアンの神話はその他にあと三つの時期をもった文化英雄の神話であるが、中国の孫悟空のような猿や、アフリカのスーダン共和国の南部のザンデ族の神話にみられる「トゥレ」というのもトリックスターである。このような文化英雄は各地に存在していて、イェンゼンはこの神をデマ神の範疇に入れている。未開人の神観念には高神、そしてこのデマ（Demà）神、それに野獣の王という三種が基本にあると、日本の神話学者である大林太良氏は指摘して[47]おられ、いずれもこの観点からみることができる。

そのように、「子供」は圧倒的な敵の力に翻弄され、絶滅寸前にまで至るが、必ず「残れる者」となるという性格をもっていて、人間には測ることのできない力を存分に使うことによって、敵と対決し、退治して生き残るのである。それに勝利してはじめて、「子供」は「成人」となるように、イニシエートされていく

写真12　童児神エロス

のである。

次にみておく必要のあるユングが指摘する「子供」元型の特徴の一つは、子供の「両性具有的性格」である。じつは子供は子供であって、けっしてまだ男でも女でもない、すなわち、変なことをいうようだが、身体的には区別があっても、心理的にはどちらにも決定されていない存在で、両性を持っている。生理的に男・女どちらかの性の特徴は胎児の早い時期に備わるけれども、生理的にもそれが完全になり、心理的にも男が男になるのは思春期に入ってからである。子供のときは女の子も木に登ってもかまわないのである。この両性具有《ヘルマプロディートス》ということは、二つの異なった対立物の統一ということにほかならない。錬金術の用語である「男性的なもの」と「女性的なもの」の解説はすでに述べてあるが、この二つの接合（conjunctio）となり、それを聖婚（hieros gamos）と呼んで、ユングはグノーシス派であるアレクサンドリアのクレメンスから引用して、その深い意味を解説しているほどである。このように、「子供」は人格統一の象徴としても、また本来の自己のシンボルともなりうる性質をもっているのである。写真12は童児神エロスの像である。そして、さらに「子供」はまた、別の新しい子供への生れ変わりともなりうるものであり、「最初であり、最後である」という性格をもっている。その他にまだ、多様な意味をもちうるが、一応この辺でこの子供の問題を切りあげて次に進みたい。ユングはその他にも、少女の神コレーについて言及しているが、これはデーメテールなどにみられるように、少女のイニシエーションと考える上で重要な神話の部分である。この女性のイニシエーションの問題を、また、現在ユング派の分析学者であり、文化人類学者でもあるヘンダーソンは『現代人と神話』の中で考察している。そこで、このような神話の中心問題は同様に心理療法におけるいくつかの問題を考えさせるので、最後にそれをとりあげてみたい。

イニシエーションの過程

もともと、このイニシエーション（通過儀礼）という言葉は、アルノルト・ファン・ヘネップによって、一九〇九年同名の本が出版され、概念化されてから、体系化された文化人類学の概念であった。ヘンダーソンはそれを元型のイニシエーションとして取り扱おうと試みたのであった。[*48] ヘネップが言いだすまでにも、もちろんこの通過儀礼という言葉は使用されていたが、ただ、「少年たちをおどして成人させるために考案されたと思われる残酷な方策の記録にすぎなかった」[*49] ものを、ヘネップは成長を促進させるための教育の過程であり、一つの段階から次の段階へと移行を可能にする一連の儀式であると考えるようになった。そして、ヘンダーソンはさらにこれを元型として解釈して、一つの心理的宇宙からもう一つの心理宇宙へと境界をこえて、移行するという意味に使っているのである。例えば、娘と妻というのは厳密にいうと、住んでいる心理宇宙は異なるのであって、どのように娘が成長して大きくなっても、それは娘が大きくなったのであって、妻とはならない。ところが実際の臨床ケースでは、結婚しているのに女性が娘であって妻でないということがしばしばある。ところで、この具体例のいくつかは童話のところで述べた。このようなイニシエーションは、誕生や死のような他の世界からの、また他の世界への移行にもみられるし、同じ生の世界の中で、結婚（女）とか成人式（男）などもイニシエーションの一種である。男を例にとると、内容は、母からの分離、力の試行、そして、再統合という順序をとる。この母からの分離という点については、青年のイニシエーションを考える場合、現在では、重要な問題になりつつあると筆者は考えている。言ってみれば心理療法というのはこのイニシエーションにつきあってあげることである。日本では、日本神話の中心に女神のアマテラス・オオミカミがあり、太陽神として位置づけられていることからしても、そして、天皇の系統がこの女神の末裔として位置づけられている点からも、母＝子系列の方が、父＝子系列よりも優勢であるといわなければならない。ノイマンのいう母性的意識の文化圏[*50]であるだろう。もちろん、ヨーロッパでもキリスト教が侵入する以前の土着的な神話の構造をみると、奥深いところにその母＝子系列の母性的神々の姿や女性的文化の深層をとらえることができる。その点では同一であるが、日本に比較すれば、はるかに浅い層といわねばならない。日本でも稲作農業を基盤とする農耕文化の母性的色彩と、騎馬民族渡来説を中心とする男性的色彩の文化とが、相互に混在して、砂漠大陸的な抽象能力をもった男性が政治の表面に出て来て、古代統一国家をつくったという説がある。異説も多くありにわかに決めがたいが、いずれにしても、表面の文化は男性中心のようにみえるが、臨床的なケースを通して日本人の心理的風土の中に一歩足を踏み入れると、そこは豊かな母性性の世界であることを経験的に知っている。特に、男性中心であった戦争時代が過ぎて、戦後の平和な時代に入るとその感は一入《ひとしお》である。ひょっとするとこの戦後の工業的多産性も農業的豊饒性と無縁ではないかも知れない。そう考えないと、いささか「無倫理的」であまりにも活発な日本人のエネルギーは理解できない。そのような母性社会では、特に男子は豊かな母性的なものを母から受け継ぐし、その庇護によって創造的エネルギーは供給されるが、一人前になって、責任ある自己となることがなかなかむずかしいように思う。その母の強力さが逆に否定的に働くのである。これは、あるスイス人の夢の絵であるが、青年が勉強机の前で、本を一生懸命読んでいる。その後に彼の母親が立って両手を拡げている。その母の拡げられた大きな手の指一本一本には大ダコの吸盤のようなものがついていて、彼を引きつけようとしている。後で両手を拡げる彼女の大きなまっ黒い影が、その机のそばまで来ているというものである。

これは仏教などにもある鬼子母神などの否定的母親像（negative mother image）であって、せっかく自分が生んだ子供を再び呑みこんでしまう母親である。また、永久に少年のままで、成長しない少年を「プエル・エテルヌス（永遠の少年）」といって、イニシエートされない子供を指している。これについてのフォン・フランツ女史の研究があるので参照されたい。例えばギリシャ宗教のエリューシス密儀の中に出てくる像がそれで、これはイアカスの子供神である。それはまた、自分の本当の人生を歩んでない状態で、この状態を「仮の人生」と呼ぶ人もいる。前にもあげたが、結婚してすでに自分の子供もあるのに夫は、遠い所に住んでいる自分の母親に長距離電話をかけなければ、子供をどこの幼稚園に入れたらよいのかといった家庭の重大な決定が出来ないなどはこの例である。こういう「未熟人格」の場合、離婚問題などでこじれるともう収拾がつかなくなるものである。

次のイニシエーションの段階は、母から分離して、力を自分で試す段階である。そして、自分の力に酔う段階ともいえる。この青年の自我の出来上がってくる段階では本当に世界を手に入れたように感ずるものである。また、これだけの自信がなければ自分の自我は確立できないのかも知れない。私なども学生の時「なんであんなに教師はつまらない講義をするのか」と本当に真剣に考えたことがあった。「自分がやったらもう少し、上手にできるのに。」そう思った自分が今教師になって、さっぱり上手にできないということをよく分かった。今は何でそんなことをその時考えたんだろうと思って不思議である。そのように自我は「誇り」（hybris）をもつ。それが時には自滅へとつながるのである。あるいは、今度は本当に敵を倒して、最早「子供」ではなくなり、「成人」して責任ある地位につくのである。エデンガーは次のような図を書いている*51

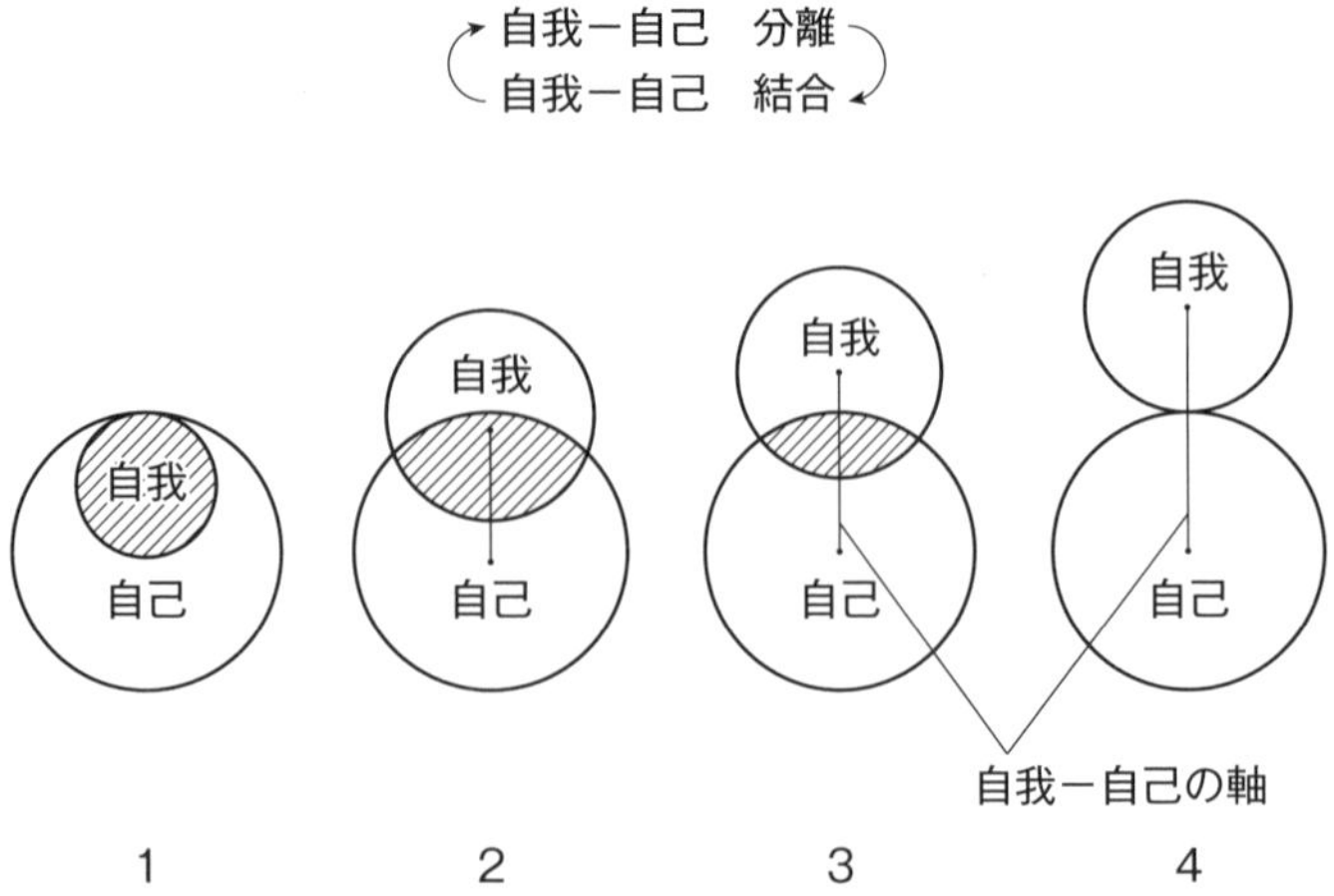

図14

ので、参考までに挙げておく。自我と自己を軸として、1から4まではどのようにして、自己（両親）から自我（自分）が分離して行くかを示している。そして、人間は完全に分離すると、4から1にまた自己（母なる大地）へと結合して帰って行く姿を描いている。これが、人間の一生の過程であると同時に、何回となく途中でも繰り返されていくのである。そのようにして次第に個性化されていくのである。その際、彼は図14のように自我からみると、それは肥大化した自我の時期、孤立した自我の時期、自己との出合いの時期の三つに区分され、それぞれの時期を神話的要素をもったイニシエーションの過程として説明している。壮大な人類史のドラマを個人の人生に読む思いである。それが、どのような平凡な個人の内的世界でも神話と同じように展開されているから不思議である。夢分析をすると夢の世界でのそのような展開がわかって面白い。

その他、現在ユング派では神話研究にはフォン・フランツ博士の『創造神話』[*52]を通してみた創造性のパターン研究があり、また、ヒルマン博士の多神論的神観の研究もあって現在話題を提供しているが、またの機会に述べてみたい。ただ一言だけ述べておくと、ギリシャ神話でもゼウスによる神の統一が出来て、一神教的形態が成立したのはごく後期であって、ギリシャ神話全体はご承知のように多神教的世界である。すなわち、一神教的還元主義では、多様な心的世界のあらゆる要素に対応できないのであって、そのために古代には音楽を始め美の神や、海や火の神、あらゆる種類の神々が存在したのである。それらの神々はまた固有の機能を果たしていたのであって、現在の西欧のように神を一神教的神観からだけみていても、人間の多様なニードにはこたえられず、むしろ克服されてしまったかにみえる、それらの神々の復権を認めて、新多神教論の立場からそれを見直そうというのがヒルマン博士の主張である。[*53] また、唯一神教にしても、非神話化して、捨ててしまった神話的部分にこそ、むしろ内容があるので、例えばグノーシス主義など、まさにそれにあたるもので、かえって再神話化（Re-mytho-logising）こそ、[*54] 神話を今日に生かす道であり、その言わんとするところをもう一度聞こうというのである。これから、この新しい多神論の神話の問題はますます他の領域の学問を巻き込んで展開していくのであろう。

5　宗教と心理療法

魂（ソール）か、精神（スピリット）か？

ある人が友人と、人間には魂があるかどうか議論をしていた。その人は魂はある、と言うと、その友人は「人間には魂などというものはない」と言い張った。そこで、その人が「それなら君の魂を僕が買おうではないか、どうせないものなら売ってもいいじゃないか」ということになり、その人は何がしかのお金をやって、その友人の魂を買ってしまった。当座、その友人は思わぬ金が入ったので、喜んでいたが、しばらくたって、その魂を売った友人はそれを買った人の所にきて、「やっぱり気持ちが悪いので、その金はここに持ってきた、返すから、私の魂をもう一度売ってくれ」と言ったという小話をどこかで聞いた。

まあ、現代人にとって魂とはそんなものであろう。あってもなくてもどちらでもよい、しかし、ないとはあまりはっきり言いたくはない、というのが普通の人ではなかろうかと思っている。もちろん、そんなもの一切を否定してはばからない人もいるし、霊魂の実在をカンカンに信じている人もいる。英国人は後者であったらしいが、ソール（soul・魂）というときの語感はもう少し、「感じとしては固体」で、「息《スピリット》のようなものではなく、手ごたえのある魂《ソウル》」である、そして、それを愛用していたと英文学者の渡部昇一氏は言っておられる。[55] そして、じつはこの語は英語の土着語であり、オックスフォード英語辞典（O・E・D）にも「この単語の語源つまびらかならず」として出ていると書いておられる。そこで、実際、手許のO・E・Dを引いてみると、日本語の文語文ではのってなかったが、やはり、「究極的な語源はわからない」[56] と書いてあり、「動物や人間の生命の原則、霊の存在」とのっていた。これは、面白い指摘で、これで長年考えていた、なぜユングがプシュケーを表わす英語を使うとき、ソールをよく使ったかが分かった。英国人も日本人と同じように、ソール・魂というと、もう少し実在感のあるものを連想したので、ユングはこの語感に訴えて、精《スピリット》神とはいわず、現代人にもう少し重みのある心の感覚を与えたかったのではないかと思う。日本人も死後の霊を語るとき、人間の魂という言葉をよく使う。しかし、悪用されると、あんまり強く、特殊な使われ方をしてしまって、この「たましい」のもつ一般的意味が失われるようである。

ユングは宗教経験を大切にした人である。宗教を信じていようと、信じていまいと、人間である以上、自己の魂に対する感覚は大・小はあっても存在するはずなのである。もちろん、現在では意識的にはあんまり持っていないかも知れない。特に、最近の日本人は大部分が意識的無神論者だからなおさらである。[57] ところが、無意識の世界の作業を通してみると、けっしてそうでないことがよく分かる。意識はどのような立場を標傍しようとも、無意識は宗教的なのである。箱庭療法の治療の中で、全く宗教とは関係がなく、関心をもったこともない人が、マリアの像や十字架を使ったり、夢の分析の患者が突然、中世のキリスト教神秘主義者と全くそっくりなマンダラを描いてきて驚かせたりする。ただ本人は「そこに人形があったから使ってみただけです」とか、「ここに置かないとなんだか釣合いがとれなかったので」、また、「あまり奇麗だったので、下手ですが描いてみました」とキョトンとしている。

このような宗教現象を古代の人々は色々に表現している。その代表的な例は古代イスラエルの人々による表現で、これをルーアッハ（ruach・息・風・霊）と呼んだ。人間が生きているのは、神の激しい息を吹きかけられたからだと考えた。日本でも、神社で人形《ひとがた》の紙に息を吹きかけて焼いてもらう風習が今もあるが、あれと同じように、人間は神に創られ、神の息を吹きかけられたので生きている。その証拠に魂があって息をしているではないかと思った。ただ、人間でなくて神が息を吹きかけるという点が日本の場合と相違する。このヘブル語のルーアッハは大変強い言葉で、人に息を吹きかけるくらいだから、「激しさ」「意志」も表現していた。すなわち、造った以上、このように動いてくれという意志がそこにあるのである。日本人の神観には、この点がないので理解しにくいのであるが、ちょうど、時計を造る人のことを考えてみるとよい。神が時計デザイナー兼職人で人間が時計だとすると、時計はデザイナーのイメージどおりに造られる。けっしてそれ以外ではない。そして、造った後は、自動的にデザインされたように動くのである。時計は、神の計画にそって動く、しかし、神といえども、造った以上直接的に手を出すことはできない。自分が時間の中に入って、いつも手でまわしている訳ではない。だから、神は最初から計画されたように、うまく、正確に動いてくれるように願って、見守っている。そこに神の意志がある。時に、神の力の迫力があまると直接手を出したくなり、怒りだすが、それでも、その力はデザインされたように、つまり神の計画を通してでなければ実現できないのである。この神との距離感や緊迫力はちょっと日本人にはなかなか理解できない。日本の神はもっと親切で、身近である。しかし、日本の神も息を吹きかけられて身近となる。別のヘブル語ではネフェシュ（魂）もあるが、これもルーアッハと同義語で魂に使われる。つまり、上から、息が下って、初めてそれによって人間となり、魂が上に帰ると人間ではなくなるという感じである。この人間は全部の生物を含んでいると考えてよい。だからこの息そのものは人間が呼吸しているのであるが、神の所有のものと考えられた。したがって、肉体とこの息である霊とは全く根源が異なるものである。

ヘレニズムの時代になって、旧約聖書が当時の中心地の一つアレキサンドリヤで、ギリシャ語に翻訳されたが（それを七十人訳聖書という）、それをみると、このルーアッハはプネウマ（pneuma・霊）と訳され、置きかえられていた。したがって、このプネウマはもともと「上から」（ヨハネ福音書三・七、改正訳は欄外）生れたものであると、同様に考えられた。だから、霊魂的《プネウマ・トコス》人間は生れながらの状態ではなくて、このプネウマによって生命が与えられ、動かされている人間なのである。

このプネウマがやがて神の霊（聖霊）に発展して、やがて聖霊論となり、三一神論に発展してゆく、その筋道はユングにも承認されているし、そのプネウマの基本的考え方は彼の心理学の中にも根本的に貫かれている。

ただ、彼の注目したのは、このルーアッハというヘブル語の実体的な重みが、ギリシャ語でプネウマと訳されるようになり、それがラテン語のスピリトス（霊・精神）となるに及んで、次第に軽くなっていく過程であり、現在、英語ではお酒（蒸留してえられたものの精）を指すときにもスピリットというほど、精神といって気張ってみても、だれもあまりその実力を信ずるものがいないほどになったのである。だから、英語でも、大切な時は聖霊《ホーリイ・スピリット》という代りに、もう一つの土着語の聖霊《ホーリイ・ゴウスト》（Holy Ghost）を使って、芯のある語感を出そうとした。

このように、ほうっておくと、どうも影が薄くなってしまうこのスピリットは、どうも宗教の全体の力を表現していないので、どこでそれが間違ってしまったのだろう。それを溯って、ルーアッハのもつような最初の語感を表現する方法はないかと考えて、ユングが注目したのが、しきりに述べているグノーシス主義の思想である。これは湯浅泰雄氏の指摘のように本来は「異教であっても、異端ではない」[*58]のであって、異端として排斥される以前から、キリスト教の中にもう分かちがたいほど入っていて、これの研究が近年進めば進むほど、従来考えられていた以上に、その意味が見直されてきているのである。新しい文書の発見などもあり、かなりその思想の独特の構造が分かりかけてきているが、現にある新約聖書の中でも、しばしば引用する第四福音書つまりヨハネ福音書などは、その色彩が強く、例えば、その中心思想であるロゴス論はとりわけそうであるとされているし、また、このロゴス論をのぞいてはキリスト教信仰の中心部分が失われてしまうことになる。

キリスト教のシャドーの探求

ユングは、紀元二世紀から四世紀ごろ、まだ、キリスト教の外形的権威が定まらなかった時代に、後に異端となって教会の外に排出されてしまった思想にどうして興味をもったのであろうか。単的にいえば、それが西欧キリスト教のシャドーであったからである。そして、まだ、キリスト教がそのシャドーと混在していた時代のその姿を研究することによって、今の中世から近代、そして現代に至るキリスト教の思想的復元を計ることがユングの目的であったと私は見ている。それは、彼の父との和解であり、彼自身のもつスピリットの受肉でもある訳である。そのすべては、自分の内的世界の中で静かに、また、八十五年の時が終わらぬうち、急いでなされた。

『ユングの人生』の章で、筆者はフロイトとの出会いまでしか語らなかったが、その一つの理由はそこにある。たしかに、その後ユングは国際精神分析学会の会長となり、それを辞任し、また、チューリッヒ大学の教授の職も退き、ひたすら、自分の書斎兼分析室という城にこもったのも、このための沈潜である。もちろん、外向的には何回かの調査旅行や、名誉称号の授賞など（一九二四、五年のアメリカ旅行、一九二五年のアフリカ再訪、一九三六年にハーバード大学創立三百年の名誉博士号を受ける。一九三八年のインド旅行など）、数多くあるが、これらを列挙したところで、何も語らないのと同じである。むしろ、彼が注目していた西欧キリスト教の影は何であったか、そして一体、宗教とは何であるのかという問いに対する彼の答えの方が大切であると思う。

ユングは一九三五年のロンドン、タヴィストック・クリニックの五回の連続講演の中で、質問に答えて次のように言っている。「三位一体のような教義的なイメージは抽象的な概念になった元型です。教会内部には、元型的な性格が今もなお認められるような数多くの神秘的体験が存在します。ですから、これらの体験は時として異端ないしは異教的要素を含んでいるのです。例えば、アッシジの聖フランチェスコを思い出して下さい。教皇ボニファチウス八世の卓抜した外交的手腕によって、聖フランチェスコはかろうじて教会に受け入れられたのです。彼の動物に対する関係を考えただけで、そのむずかしさが分かるはずです。動物は自然界全般と同様、教会にとってはタブーでした。子羊、鳩とか、初代教会の魚といった神聖な動物は例外で、崇拝されていますＩ[*59]」と皮肉を込めて言っている。

この言辞にも明らかに示されているように、中世以来、特にローマ帝国という外的な構造が破壊されると、キリスト教は、その体制を維持するために、どうしても教義体系を整備せざるを得なかった。そうなると、意識と無意識の関係の所ですでに述べたように、それが壮大で、立派であればあるほど、その影は出てくるものである。今日、魔女裁判など教会の犯した多くの過ちを指摘するのはじつに容易なほどで、ユングはそのような誤りを指摘することよりは、なぜ、そのようになってきたのか、キリスト教がそこに至るまでの、影の根源をむしろ見ようとしたのである。

グノーシス主義と「悪」の問題

彼はまずプラトンに注目した。「ティマイオス」篇にみられる宇宙創成の神話にはデミウルゴス（工匠）が、混沌たる質料から世界を形成したという物語があり、ずっと後になって、グノーシス主義者はこの物語を説明するために、彼ら独特の宇宙創成神話を造りあげた。その代表的なものがヴァレンティノス派のもので、じつはこのヴァレンティノスの『真理の福音』という古写本は後に、ユングの八十歳の誕生日に同僚や友人から記念として贈られたものである。今日でも、古代思想を研究するものには欠かせない写本であって、「ユング古写本」として、現在カイロのコプト博物館に保管されている。しかし、その宇宙論の詳細は複雑で今それを紹介する必要はないが、彼は全集第五巻「アイオーン」で、その資料を駆使して、魚のキリスト象徴をはじめ、この思想と心理療法の関係を論じているので参照されたい。このアイオーンというのはもともと時間を意味する言葉であって、一定の時間の束《たば》という意味やそのほか様々な時間の性質を代表している。ミトラ教の神クロノスはその例である。このアイオーンは、グノーシス主義の思想によると、最高の世界に属し、真のグノーシス（覚知者）だけしかそこへ入ることはできない。一般の人間は肉的人間《サルキコン》であって、物質界に住んでいる。グノーシス的にいうならば、現代の世界の人間はこの物質的人間である。その物質性を「性」という観点から明確に摘出したのがフロイトであった。このいわば暗黒の物質界においても、人間はアイオーン界からつかわされた、神性の「種子」を宿しているのである。それが、プネウマである。ユングは、心理治療をとおして、この人間の肉体性、物質性の中に働く、永遠の霊的存在であるプネウマの働きを心的エネルギーとして表現し、マンダラをこのプネウマの形象的な姿であると考えた。この「本来的な自己」(Self)は、アイオーン界という最高の霊的世界から、最低の物質界に救いのため使わされた「救い主」(ソーテール)であると考えた。しかし、そこには、それを殺そうという反キリストが存在するので、その悪と戦わねばならなかった。ここで、歴史的にけっして解決することのない問題に遭遇することになる。すなわち、「もし神が善であるならば、なぜ、悪を創造し給うたか」、「神が悪を創らなかったのでなければ、神は最早全能ではなくなり、もし神が悪を創り給うたならば、神は悪神となる。これは神は善であるということと矛盾する」というものである。この神と「最高善」(summum bonum)の矛盾の問題は大変難しい問題である。ユングもこの「アイオーン」の中でキリスト教教理史を近代に至るまでたどって、どのように「善の欠如」というかたちで結着をつけてきたかを考察している。筆者も学生時代、やはり神はなぜ悪を創造したのかと疑問に思って教理史の教授に尋ねたことを憶えている。大塚節治という立派な先生だったが、大変親切に難しい教理史的な説明をして下さった後で、「しかし、これは人類の神秘に属し、永久にとけない問題であろう」と言われたのが今でも頭に残っている。その時、いつか詳細に研究してやろうと思って今日に至っている。いずれにせよ、この悪の問題は現実生活では大変な問題で、特にユングのように臨床家として、精神病の患者など原因が今日でも分からない人々の悩みを背負う人々にとっては、どうしても避けて通れない道である。悪は神が創ったとしても、また創らなかったとしても、(じつは、私は神がそれを創ったと思っているが。そして、悪にも神の目的があると信じているのだが)悪が実力をもって現に存在しているというのは具体的事実なのである。その悪の様態を現象学的に取り扱うのが心理療法といってもよい。たとえ鰯の頭でも、それを信ずるものには、現象としての事実以外の何物でもない。症状は、物質的に確実性をもっているのである。だから、たとえ、妄想であっても、その人にとっては真実で、時に妄想であるがゆえに、なおさら実在性をもっているといえよう。それが、肉《サルクス》の世界である。

その「善の欠如」の教理であるが、それについて少し述べると、ちょっと理屈っぽいが許していただきたい。初代教父であるエイレナイオス（130-200）は、神は光のように充溢（プレローマ）であるので、暗黒や空虚はなく、悪というものは一切神から出たものでないとしたので、この限りで、彼の言には矛盾はないのだが、これでは悪に対して一切神は責任がないということになり、現に世界に悪はあり、当時の人にも悪は目にみえるのであったから困ったことになった。昔大バシリウス（330-379）は、神は悪の作者でもなく、また悪はそれ自身において存在するものでもない。言いかえると、悪は存在（オン）でもなければ、実体として本質（ウシア）をもつものでもなく、たんに「善の欠如」（privatio boni）にしかすぎない、と説いた。後にこれが定式化されて、「すべての善は神より、すべての悪は人間より」（Omne bonum a Deo, o mue malum ab homine）という教理が出来上がって、今日に至るのである。これに対して、グノーシス主義の最大の特徴はプラトンの流れをくんで、悪にも善と全く同様な存在根拠を与えたということなのである。グノーシス主義者は物質界では、もともと善なる物質と全く異質な悪なる物質とが存在したと主張している。たんに「善の欠如」とか「稀薄」ではなくて、別のものを立てる。これはもう二元論であって、どうしても、教父たちの入れるところとはならなかった。しかも、この物質界はデミウルゴスという創造神の支配下で、善と悪が戦っているというのであるからなおさらである。また、今物質といったが、古代人にとっては別にそれはただの石を意味するのではなくて、プシュケーをもった物質なのである。だから、今日の言葉でいえば、「性的人間」といってもよいかも知れない。ユングのアニマ・アニムスというのはプネウマ（霊）のことをいっているのであり、この二元的な物質界に働くものをまたアニマ・アニムスと呼んでいる。したがって、一方は他方に対して対立的であり、それぞれが、その存在根拠をもっている。三つの段階における同一真理の現われ方を前提として考えるようになると意味が明確になってくる。

キリスト教における「無からの創造」（creatio ex nihilo）の教義も同様であって、オリゲネス（185-253）などによって、それが次第に確立されてくるが、プラトンでは質料（ヒュレー）という、その造る材料そのものは誰が造ったかは問題にしていない。素朴に前からあったので、工匠はそれをもって、新しいものを制作（ポイエオ）したのである。本当の無からの創造ではなかった。材料の組み合わせを変化させただけだからである。ところが、これも、「無からの創造」を基本にする正統のキリスト教にとっては矛盾するので、非存在（メー・オン）という概念をつくって、その質料から形成されたとしたのである。ここで、面白い臨床的な事実に気がつく。治癒というのは時を「待つ」と、突然にくることがある。すると人格が全く変容して、新しい人間になったように患者をみることがある。彼の皮膚や肉体は以前と全く同じでも、つまり、質料は全く同じなのに形相（エイドス）が全く違うのである。これを信じることなしに、また信じなくとも、経験することなしに、心理治療に従事できる人はいないのではないかと思う。これが物質界の人間の事実なのである。これが物でありつつも、その中にプシュケーをもち、その奥底でプネウマの働く人間の世界の出来事である。そこにユングは宗教の働きをみたのである。

プネウマのように外から入って出て行くような霊は理解しにくいが、日本人にとってかえって理解しやすいものもある。短所があれば、また長所もあるものだ。それは、このような物質にもプシュケーというような精神的なものが合一して存在しているという点である。西欧人には微細な物体としてあると言わねばならぬようなものでも、日本人なら昔の日本人ならずとも、木でも山でも、みな物質には霊があって、それと一体になって生きているというのは容易に理解できる。ただし、現在の自然科学的な西欧の考え方をもつ人間には西欧人と全く同じで理解できぬかも知れないが。だから、ユングは最初に述べた、ソール（soul・魂）などのわけの分からない土着語やアニマ（男性における女性性・魂）というような、土から生れてきたような言葉で、特にそれまでのキリスト教教会が使わなかった言葉を用いて、心の働きの具体性を表現したのである。日本人にとっては、こういう心の具体的表現の方が実感としてよく分かる。その点で、ユング心理学の宗教についての考え方はまるで東洋思想と同じで、何を言いたいのか全くよく分かるのである。

湯浅泰雄氏の述べておられるように、[*60]西欧の人にとって、メタフィジカが自明なことになっているので、どうしてもメタ・プシキカ（同氏の造語で、『東洋の形而上学の伝統的思考様式で、人間の内面的魂（プシュケー）の根底を探究することを通じて、その彼岸（メタ）を目指すという意味』）が分からず、それを分からせようとすると、両者が共存していた新プラトン主義の時代にまで、溯らねばならなかった。面白いことに、筆者の恩師である魚木忠一、有賀鉄太郎両先生の『基督教思想史』のアレキサンドリヤのクレメンスに関する注のところにこんな記事があるのを発見して驚いた。「クレメンスに就いて、今一つ、日本人に興味を感ぜしめることは、かれが仏教について語った最初の神学者であることである」[*61]といって、その個所を引用紹介している。やはり、アレキサンドリヤという地はそのような東西の接点に当時あたっていたのであろう。

ユングの宗教観

ところでユング自身がその宗教について自ら述べた有名なものは、全集第十一巻所収の「心理学と宗教」（巻末著作目録参照）であろう。これは、イェール大学のテリー講座で一九三七年になされた、同名の講演である。その中で、彼が宗教という言葉で何を意味しようとしたか、について述べている。因縁めくので恐縮であるが、私の分析家ヒルマン博士はこの同じ講座に一九七二年に招かれて講演している。そして、その記録は『心理学の再創造』[*62]という本になって最初出版されていて、魂をつくることを示すのがこの本の狙いであると冒頭に書いている。そもそも、この「宗教」という言葉であるが、「神」という言葉とならんで、誠によくない言葉である。「宗教」という言葉を使うと、その意味するものは宗教のほとんどよい部分を壊してしまう。つまり、それはただ、宗派主義の教説というようないわば皮だけ残って果が失われる。それゆえ読者はもうこの言葉にはとらわれないで考えてほしい。その方がずっとすっきりするように思う。ユングは宗教とはラテン語のレリギオ（religio）からきており、「注意深い観察と熟慮」[*63]の意味であると言っている。同じところで、宗教に対する自分の立場を述べて、「私の立場は完全に現象学的である」と言っているので、この生起する現象に対するもっと注意深い観察とその後の瞑想《メデタチオ》を含めた熟慮を言ったのだろう。ユングの著作をよく読んでみると、この現象学的立場はよく貫かれている。彼は時に心理学者としては不用意に神という言葉を使うが、それはつねに神そのものではなくて、彼にとって、神はつねに隠れた存在であった。むしろ、彼が語るのは神の元型である。その元型をいつでも造り、また壊すことができるのは同じ神なのである。その神自身のイメージとして出現した姿を元型として述べているにすぎない。だから、彼はとるにたりない無意味なように見える現象でも、それを大切にしたのである。そこには神の手の業が働いているからで、また、それ以外に神を知る手段はないと思っていたからである。フロイトのように、神を人間が投射した自分のイメージであるとは考えなかったし、フロイトの場合では、それは神とは呼ばれてもどこまでも人間の所有物であって、本当は、神ではない。それはどんなに遠くの存在であっても人間の延長にしかすぎない。そういうものに人間は絶対の帰依はできないし、そもそも神とは人間でないもののことを、そう名付けたのである。それと反対に、ユングによれば人間は神のイメージによって造られたのである。だから人間の無意識の中に神のイメージである自己の象徴が現われることがある。そして、神は人間に神御自身のごとくなることを絶えず欲して居給うからである。だから、彼の心的エネルギー論はフロイトのリビドー論のように無秩序ではない。無秩序から始まるが、一定の法則の上で運行されている。アニマ・アニムス論も同様、心理的態度、四機能論も同様である。マンダラの秩序性を目でごらんなさい。そこには美しい秩序がある。神秘主義というのは無秩序主義とは相違している。それどころか、本当の意味の神秘主義は人間の心的世界に働く、神の秩序ある働きをできるだけ見ようとした精神のあり方である。したがって、それは真の合理主義である。理性に合わないものを排除するのではなくて、それ以外の機能も使いながら、その中に働く——時に整然とした、時にヌミノーゼのように迫力をもって迫る、神の意志を「注意深く観察し、熟慮する」ことなのである。何回も言うが、それこそ人間に許された真の合理主義以外の何物でもない。ユングは医者であったが、近代の合理主義の名のもとに、狭い点のような人間観に立ってその射程以外に入らないものはすべて排除してしまうという自然科学主義には立たなかった。合理主義者であったが近代合理主義ではなかった。その点で彼の目は片方は新プラトン主義までさかのぼると同時に、他の片方は近・現代を超えて未来をみていた。ひょっとすると、最近の研究にみるとフロイトもまた充分にそれを知りながら、西欧の近代という時代の中で彼がもっとも好んだ生理学的合理主義の限界を十分に知りつつ、意図的にその中に入りこみながら、それを超えようとしていたのかも知れない。彼は彼の真の意図を秘匿していたかも知れない。前に述べたように、ユングと旅したとき最後にフロイトは彼の夢の連想を拒否したが、そのような仕方でである。なぜなら、あの賢明なフロイトがあの狭量な科学的生理主義の中に自分をとじこめられるはずがないと筆者は秘かに思っている。そこにまた、最後に、絶筆となった「モーゼとその一神教」[*64]で提示してみせた、モーゼを祖とするイスラエル民族の伝統の強迫的性格をみるのである。彼はどちらかというと、その強迫的モーゼ正統主義を身に背負っていたが、むしろユダヤ教では異端の系統であるヨセフの夢の解釈の系統を選んでいたのである。

面白いことに、この二人はユダヤ教とキリスト教とに分かれているが、どちらも異端の系譜を選びながら、西欧世界のシャドーの癒しを求めていった。

ユングの心理学の宗教論を取り扱うとき、どうしても、「神の母」の問題やカトリックの秘儀の問題、そして、三一神論に対する四の象徴の問題等、数多くとりあげねばならない問題があるが、その基本的態度だけをここでは述べるに止めた。いずれ、その広大な彼の魂の遍歴の一端を発表するときもあるであろう。

〔注〕

＊1 「浦島と乙姫」「『マザー・グース』からの自由連想」、いずれも河合、『母性社会』前掲書所収、その他「昔話のユング的解釈」その一・二・三・四など多数あり。また、河合隼雄『昔話の深層』福音館書店、一九七七年を出版した。

＊2 Franz, Marie L. von, An Introduction to the Psychology of Fairy Tales, Spring Publications, Zürich, 1970.（氏原寛訳『おとぎ話の心理学』創元社、一九七九年）

＊3 Franz, Marie L. von, Shadow and Evil in Fairytales, Spring Publications, Zürich, 1974.

＊4 Franz, Marie L. von, The Feminine in Fairytales, Spring Publications, Zürich, 1972.

＊5 Franz, Marie L. von, Puer Aeternus, Spring Rublications, Zürich, 1970.

＊6 グリム『グリム童話集』第一冊、金田鬼一訳、岩波書店、一九五四年を使用したが、高橋健二訳『グリム童話全集』I、小学館、一九七六年も参照した。

＊7 Edinger, Edward F., Ego and Archetype, G. P. Putnam's sons, New York, 1972. p.7 f

＊8 Jung, C. G, Man and his symbols, Aldus Books, London, 1964.（河合隼雄他訳『人間と象徴』河出書房新社、一九七二年）一四八〜一五二頁

＊9 Neumann, Erich, Tiefenpsychologie und neue Ethik, Kindler Verlag GmbH, München, 1964.

＊10　相沢博『メルヘンの世界』講談社、一九六五年、一四二頁
＊11　相沢、同掲書、一五一頁
＊12　関敬吾篇『日本の昔ばなし』ⅠⅡⅢ、岩波書店、一九五六年
＊13　三木アヤ『自己への道』黎明書房、一九七七年
＊14　C. W. 12.（池田紘一・鎌田道生訳『心理学と錬金術』ⅠⅡ、人文書院、一九七六年）
＊15　C. W. 13.
＊16　C. W. 9, Ⅱ
＊17　セリグマン『魔法——その歴史と正体』平凡社、一九六一年、一四三頁
＊18　本田済訳『抱朴子』中国古典文学大系8、平凡社、一九六九年、二五頁
Ware, J. R. trans., Alchemy Medicine Religion in the China of A. D. 320, M. I. T. Press, Mass., 1966.
Sinin, Nathan, Chinese Alchemy: Preliminary Studies, Harvard University Press, Mass., 1968.
＊19　ニコラ・フラメル他、有田忠郎訳『ヘルメス叢書』全七巻、白水社、一九七七年、一・二巻出版
＊20　セルジュ・ユタン、有田忠郎訳『錬金術』白水社、一九七二年、九八頁。このプラトンの輪には多種あるが、この図は同書のものによった。
＊21　セリグマン、前掲書、一三四頁
＊22　ユング、錬金術、前掲書Ⅱ、一二頁
＊23　ユング、自伝2、前掲書、二四三頁
＊24　C. W. 11.
＊25　エピステーメー、前掲書、森川俊夫訳『太乙金華宗旨・注解の序』
＊26　Jung, C. G., "Psychological Commentary on Kundalini Yoga. Lectures one and two ——1932," Spring, 1971.
＊27　エピステーメー、前掲書、三九頁
＊28　河合、母性社会、前掲書

＊29　Wilhelm, Hellmut, "The Creative Principle in the book of changes (I ching)", Spring, 1970, p. 91-110.
＊30　Wilhelm, Hellmut, "On Sacrifice in the I ching", Spring, 1972, p.74-89.
＊31　Wilhelm, Richard, The I ching or Book of changes, trans. C. F. Baynes Vol. 1,2, Pantheon Books, New York, 1950.
＊32　高田真治・後藤基已訳『易経』上下、岩波文庫、一九六九年
＊33　ベンネット、前掲書、一六三頁
＊34　ウィルヘルム、前掲書
＊35　目幸黙僊「ユング分析心理学について――とくに東洋思想と関連して」『印度学仏教学研究』第一四巻一号、一九六七年
＊36　秋山達子『聖なる次元』思索社、一九七六年
＊37　大林太良『神話学入門』中央公論社、一九六六年、七五～七七頁
＊38　大林、同掲書、九一～九三頁
＊39　最初にapathyの名が与えられたのは次の論文である。笠原嘉「現代の神経症――とくに神経症性apathy（仮称）について」臨床精神医学、第二巻二号、国際医書出版、一九七三年
＊40　笠原、青年期、前掲書、八七～九七頁
＊41　Jung, C. G. und K. Kerényi, Einführung in das Wesen der Mythologie, Rhein-Verlag AG., Zürich, 1951.（杉浦忠夫訳『神話学入門』晶文社、一九七五年）
＊42　A・D・E・イェンゼン、大林太良他訳『殺された女神』弘文堂、一九七七年
＊43　M・ジェイムス他、本明寛他訳『自己実現への道――交流分析の理論と応用』社会思想社、一九七六年
＊44　Jung und Kerényi, op.cit.（私訳）
＊45　ユング『人間と象徴』前掲書、一二〇頁（ポール・ラディン他、皆川宗一他訳『トリックスター』晶文社、一九七四年にくわしい）
＊46　同書

＊47　イェンゼン、前掲書、一一三頁
＊48　アルノルド・ファン・ヘネップ、綾部恒雄・裕子訳『通過儀礼』弘文堂、一九七七年
＊49　J・ヘンダーソン、河合隼雄・浪花博訳『夢と神話の世界』新泉社、一九七四年
＊50　Neumann, The Moon, op. cit. p.50.
＊51　Edinger op. cit p.5.
＊52　Franz, M.-L. von, Pattern of Creativity mirrored in Creation Myths, Spring Publications, Zürich, 1972.
＊53　Hillman, James, "Psychology: Monotheistic or Polytheistic?", 1971, p.193-208.
Miller, David L., The New Polytheism, Harper & Row, New York, 1974.
＊54　Hillman, James, Insearch—Psychology and Religion, Hodder and Stoughton, London, 1967, p. 7.
＊55　渡部昇一『英語の語源』講談社、一九七七年、四四頁
＊56　O. E. D. p.460
＊57　樋口和彦「精神医学と宗教との関連について――特に現代日本人の無宗教性の下に現れた宗教性を問題として」『精神医学』第十八巻十二号、医学書院、一九七六年
＊58　湯浅、グノーシス論（二）二一三頁、前掲書
＊59　Jung, C. G., Analytical Psychology : Its theory and practice, Routledge & Kegan Paul, London, 1968.（小川捷之訳『分析心理学』みすず書房、一九七六年、一五四頁）
＊60　エピステーメー、前掲書、湯浅泰雄「メタ・フィジカとメタ・プシキカ」九九～一一九頁
＊61　有賀鉄太郎・魚木忠一『基督教思想史』教文館、一九五一年、五八頁
＊62　Hillman, James, Re-Visioning Psychology, Harper & Row, New York, 1975.
＊63　C.W. 11, 8.
＊64　Freud, S. Der Mann Moses und die monotheistische Religion, G. W. 1932-1939, Suhrkamp Verlag, 1961.（フロイド選集八巻、『幻想の未来』土井正徳他訳、日本教文社版所収）

第6章　ユング心理学研究法

思えば今日まで、随分勝手な仕方でユング心理学を研究してきたが、これからこの世界をのぞいてみようとする人に、さてどんな方法がよいだろうかどのように教えることができるかと思って考えてみた。別に黄金の道というのはないので、どんな道でも好きな道をたどればよいのであるが、ただ、今まで述べてきて、もし研究法というものがあるとすれば、大方こんな点に気をつけたらよいのではないかというところを書き出してみた。河合隼雄氏がすでに「ユング派の分析の体験」と「ユング研究所の思い出──分析家の資格試験を受ける話」を書いておられるので、それも参考にして、私の考えも合わせて聞いていただきたい。

臨床的な学問というのは、その研究をする主体である人間が一番大事である。一足す一は二という具合にはいかない。三にも五にもなるが、時にマイナス五になったりするから大変である。したがって、自己分析ということがまず必要になってくる。自分でおやりになるのもよかろうが（たしかアメリカで、「自分でやれる精神分析」〈Do it yourself Psychoanalysis〉という本が出ていると笑って友人が話してくれたが、私はこの目で確かめたことはないので、ただ、アメリカ人らしい考えだと思ったのを憶えているにすぎないが）、おやりになってみると分かるが、自分でできるなら手軽で安上がりだからこんなよいことはない。ただ、あともう少しできない所が残る訳である。じつは自己分析をする場合、その考えつかない、想い出しても心が痛むそのところが重要な部分で、あとは本当はどうでもよい部分なのである。だから、やはり自分だけでは自分に甘くなってできない。他人の前でやった方がよいのである。

「自分は自分にとって狼である」(homo homini lupus) というのはユングがよく使う言葉である。自分の中に住んでいる狼に出会うのも楽しいものである。また、生れた時から住んでいた、黒い兄弟（シャドー）や美しいアニマにめぐり会うのも、どうせ他人の演技でしかない映画や劇よりはよっぽど劇的で面白い。第一に心が豊かになる。

この専門の分析家に、自分を教育のために分析してもらうのを教育分析 (educational analysis) という。別に、神経症の人や精神病の方が治療を受けるのとどこが違うかと言われても、本当はどこも違いはしない。そこには、誰々と誰々の分析関係というのがあるだけである。ただ、教育分析では、最初に主訴になる明確な訴えがないだけである。強いていえばよりよい人間になりたいということである。これは本当をいうと、分析としてはかえって明確な症候のために分析を受ける人より難しいのである。今、分析は面白くて仕方がない、こんな劇的なものはない、心が豊かになると、歯の浮くようなことを言ってきたが、それも嘘ではないが、物事の半面である。それはちょうど、麻酔薬の悪いやつで心臓の手術をやっているようなものである。麻酔がきかないから、少しずつ切っては縫い合わせ、治ったら切るという連続である。コンプレックスやシャドーの部分を通る時は格別である。なにしろ、長い間（生れてから）ふたをしめっぱなしであるから、無意識の扉を開けたら最後、臭いはするし（臭気ぷんぷん）、真黒でどろどろ（わけがわからない）という具合で、時に血が出すぎたり、水が湧きすぎたり、大変である。けっして人に奨められるようなものではない。本心を言うと、「やらずにすむのなら、止めときなさい」。これは掛値なしの本心である。本当に。（あまり書くと怪しまれる）しかし、「どうしてもやらねば仕方ない人はおやりなさい」と言うしかない。ユング心理学の魅力に捕えられた人、症状に苦しめられている人など……。終わってみると、やっぱり苦しかった、「やらずにすむのだったらやらなかったろう。しかし、やった以上はやっぱりやってよかった」というのが、自分自身を含めて、受けた人の感想である。この分析の実際はすでに書いたのでやめておく。日本ではまだ、教育分析を受けようと思っても機会が少ないが、それは残念であると同時に、その方がよいのかも知れない。誰でもできることではなくて、私はむしろそれに代る方法を自分でみつけ出す方が日本では実際的だと近頃思っているくらいである。

最近、やっとカウンセラーのためのスーパーヴィジョンがだんだん受けられるようになってきたので、カウンセリング・センターなどで分析を受けてみるのもよいし、また、箱庭療法の箱庭の設備のあるところで自分で箱庭をおいてみるのもよい。ファンタジー・グループで実際に絵を手の指でかいてみるのもよい。なんでもよいから自分で体験してみること、そして、そのあなたの前にできるだけ訓練されたセラピスト（心理治療家）がいることが大切である。気をつけていれば、その機会は次第に日本でも多くなってきている。それから、それを手がかりに、次第に自分の無意識の領域に入っていき、「自己への旅」を始めるのである。

夢分析で一番肝心なのは分析者を選ぶことである。患者に選ぶ権利があれば、分析者には拒否する権利がある。どんなに有名な人でも、有能な人でも、相方に「ピンとくる」ものがなければならぬ。ぴんとくるなどとは随分非科学的なことを言う奴だと思われるかも知れないが、それである。必ずしも、好き嫌いでもない。合う合わないでもない。要するに綜合的直接的判断である。嫌い、合わないを含めて、それでもやれると、「ピン」とくればよいので、後は、時間とか料金とか、それを継続するにもっとも適切な度合と環境を二人で造ってゆけばよい。「ピン」とこなければ、くるまで待つか、遠慮なく他の人を探すことである。スイスでは割合平気でそれをするし、平気でまた会ってくれる。日本では一回会うと情が移るので、スイスとちょっと事情が違うような感じがする。いずれにしても、この一対一の人間関係を大切にして、あらゆる教育はこれを軸として行われる。その点で、精神分析や心理治療というのはヨーロッパ的である。先年、ロンドンの会議のときも、アメリカの学者などからグループ治療をもっと見直すべきであるという意見が出ていたが、やはり分析となると、大勢としてこの一対一の個人的関係の重視は、微動だにゆるがないようだ。

そして、その夢の分析の中で、いやでも次から次に勉強すべき課題が出てくる。そして、自分自身の治療のために、研究せざるをえないようになるのである。夢に導かれてユング心理学の道を徐々に歩むようになるというのが正しい表現かも知れない。ユング自身もまたそういう道を通って彼の心理学をつくりあげていったのである。だから、こう書いてみていかに自分はユング心理学を知らないか、また、知ろうとしなかったかを知った。そのはずで、彼と私とでは生れも興味も時代も全く違うのであるから。それに恐れをなしてはならない。そのくらいの自由を与えないユングではないのだから。ここにユング心理学の秘密がある。ユング派でよく言われることは、皆それぞれ、自分の道を行っているということである。誰一人同じ道を行こうとしない。そういう意味で、本当はユング派などというグループはないのである。自分でユングを勉強した人がいるだけなのである。最初、この本に河合隼雄の名が何回も出てくるので、ちょっと気がひけて、少し消してしまおうかと思った。あまり真似しているように見えるので。しかし、途中で、何回出てこようと、影響を受けて当然だから全部出るだけ出そうと考えを変えてしまった。だから、私が出そうとした所には、河合隼雄の名前は全部出ているはずである。多いと思う人もあれば、たったそれだけかと感心する人もいよう。自然のままなのであって、それでも相違があるとすれば、そこが自分のユングなんだという事である。そのように、これから出てくる人もそうだろう。人が踏み分けて進んだ道しるべというよい面もあれば、反対にそれで道に迷うこともある。そうしながら、全体として、ユングが示した方向に行っているというのがユング派の考え方だと私は思っている。

ユング派の分析家の資格を取るにはどうしたらよいかなど、具体的なことは、先にあげた資料をみて欲しいが、参考までに、現在、チューリッヒで白浜ミツオ氏が資格を得て開業中であるし、ロスアンジェルスには開業はしていないが目幸黙僊氏がおられる。語学ができるなら、外国で分析を受けるのも一つの方法であろう。

次にユング心理学の著作をどのように読むかということである。じつは、夢の分析には瞑想と読書は必要欠くべからざるものである。なぜなら、読書によって、夢の分析が進むし、分析家は随分それによって助けられる。また、読書力のない人は、直接には知力と分析の進行過程は関係ないのであるが、やはりうまくいかない場合が多いことを経験として知っている。ユングが医学か心理学、または他のどんな分野でも博士号をもっていない人は取るまで分析しなかったことは知られている。ヤコービ女史も、かなりの歳になってわざわざナチの迫害を逃れて、チューリッヒのユングのもとに分析を受けに来るのであるが、博士号をとるまではという理由で、彼女をまた危険な所に追い帰してしまうのは有名な話である。ユングは博士号は別にそんなに価値があるとは思っていなかったに違いないが、やはりある程度の知力を要求したのは、その分析の経験からではなかろうか。したがって、読書は必要である。研究所では春、秋と講義を行っている。また、有名な人物がくると、一階の心理学クラブで親しい人々が集まって、講義を聴くことにもなっている。ユングもしばしば自分の論文を発表する前に、親しいそのサークルで原稿をもとに講義し、人々の反応をみて、加筆訂正したそうである。その風習は残っていて、フォン・フランツ女史の出版のほとんどはユング研究所の講義が本になったものである。したがって、講義を聴くことも、読書と同じである。筆者がケレーニイの講義を聴いたのも、この場所であった。

まず入門書であるが、リストは参考文献表として巻末に附しておいた。翻訳も日本で近年多数出たことは喜ばしいことである。前に述べたように、入門書は入門書であってそれ以上でも以下でもない。要は利用の仕方である。河合隼雄氏の入門書はスイスから帰朝された直後の京都大学での講義を下敷にされたもので、日本人には一番ぴったりとくるし、面白い。外国人のものの翻訳は、ベンネット、ホール、フォーダム、ヤコービのもの、いずれも一長一短がある。タヴィストックのユングの講義の『分析心理学』(小川訳)は内容も深いし、質問とユングの答えがあって、なかなか生々しい良い入門書である。ユングの講義はこうであったかを彷彿させるものがある。訳も良いし、ぜひ読んで欲しい本である。

次は、ユングの全集についてである。ユングの全集はドイツ版と英語版がある。ユングの本には原稿を英語で書いてドイツ語に訳したものと、ドイツ語から英語に訳したものとあって、論文によってどちらが良いともいえない。いずれにしても訳は正確で信頼性がある。英語版には英国版とアメリカ版とがあるが、どれも段落の番号が入っているので、それを使用すれば、時に版の種類、出版元でページ番号の異なるのもあるが、それは共通なので安心できる。現在、これは二十巻になって完結している。巻によっては何回も修正されたものがあり、できるだけ新しい版を使用した方がよい。

第三番目に、ユング心理学の著作であるが、これは無数にあって、どれから読んでよいか分からないし、自分に合ったものから読むようにする外はないが、まずユング自身の手になるもので、最近、これがかなり邦訳されているので、まずそれらを挙げてみよう。まず、ユング自身の手になり、死後に出版された、『人間と象徴』はどんな分野に興味がある人でも幅広く読まれる本である。写真も多く入っていて読んで楽しい。ただし、内容はけっして容易ではない。それから、ユングの伝記に関しては『ユング自伝——思い出・夢・思想』１・２（ヤッフェ編）や『ユングの生涯』（河合隼雄）、『ユング』（ストー）、『ユング』（林道義）などがある。ユングの書いた著作で邦訳されている主なものを挙げると、教文社のユング選集五巻の他に、『心理学的類型』（世界の名著・続14・吉村博次訳・部分訳）、『心理学と錬金術』（池田紘一他訳）、元型論としては『元型論——無意識の構造』『続・元型論』（林道義訳）が、自我と無意識の関係論では同一の内容で二つの翻訳が出版されている。『自我と無意識の関係』（野田倬訳）、『自我と無意識』（松代洋一他訳）である。また、『ユングの文明論』（松代洋一訳）および『ユングの象徴論』（秋山さと子監訳）などはいずれも重要な著作の翻訳で、これらによって、直接にユングの思想にふれるのはよいことである。その他に、『ヨブへの答え』（野村美紀子訳）、『心霊現象の心理と病理』（宇野昌人他訳）、『黄金の華の秘密』（湯浅泰雄他訳）、『東洋的瞑想の心理学』（湯浅泰雄他訳）、『空飛ぶ円盤』（松代洋一訳）など、それぞれの論文は小品ながらユングの個性を知るうえで重要な著作である。このように、かなりの部分、邦訳で読めるようになったことは嬉しいことである。

では次に、ユングが他の分野の学者との共著のかたちで書いた、重要な論文の中で、『神話学入門』（ケレーニイ）、『トリックスター』（ラディン）、『自然現象と心の構造』（パウリ）が現在訳されている。

それから、ユング心理学の研究家または分析家によってユングについて書かれたものを挙げることにし、これらはいずれも参考文献表の中に挙げておいた。そこでまず、これから研究する人にとって必要な日本人の書いたもの、それから定評のある外国人の学者の著作で有意義なものを挙げるとしよう。わが国では河合隼雄のもので、『母性社会日本の病理』『コンプレックス』『影の現象学』『無意識の構造』『昔話の深層』『中空構造日本の深層』『昔話と日本人の心』など多数あり、いずれも興味深く読めるので、これらのうちどれかを読まれるとよい。『夢分析』（小川捷之）、『聖なる次元』『悟りの分析』『母と子の深層』『ユング心理学へのいざない』（以上、秋山さと子）、『無意識の人間学――ユング心理学の視点から』『ツアラトゥストラの深層』（以上、林道義）、それに湯浅泰雄がこのところ精力的に著作を出版している。彼の著作の主なものは『ユングとキリスト教』『ユングとヨーロッパ精神』『古代人の精神世界』『日本人の宗教意識』などである。その他にも、『女性の心の謎――グレート・マザーと日本の母性』（三木アヤ）、『女性の自己実現』（王谷直実）など、女性のための入門書がある。

こうして、挙げてくると、まだまだ数多くあるが一応これで止めることにする。日本で出版されるものについては、毎年ユングクラブから発行される『プシケー』誌のユング関係邦文文献目録を参照されれば間違いなく、全部目を通すことができる。

次に、世界のユング心理学研究はどうなっているかということであるが、まず雑誌について述べると、チューリッヒのユング研究所からは毎年一回 Spring という雑誌が出ている。J・ヒルマンの編集で最も中心的な研究誌である。現在はチューリッヒとダラスから発行されるようになったが、京都にも支所があり、Spring 誌および、スプリング社発行のあらゆる著作を取り扱っているので、いちいちヨーロッパやアメリカまで注文する必要はない。

ロンドンからは、Analytical Psychology や Harvest が、ドイツからは、Analytische Psychologie、ニューヨークからは Quadrant、ロスアンジェルスからは Psychological perspective、ダラスから Dragonflies、サンフランシスコから The San Francisco Jung Insiture Library Journal が、それに、シカゴから新しく Chiron が加わった。イタリーからは Pivista di Psicologia Analitica と Girorale Storicodi Psicologia Dinamica が刊行されている。なお、日本では純粋の学術誌とは言いがたいが現在のところ Psyche（プシケー）誌が日本ユングクラブから発行されている。

欧文の書物で重要なものはその都度本文の中で触れたのでそれを参考にしていただき、全集は巻末に所収の論文名を掲載しておいたのでみていただきたい。

近年、世界中から出版されるユング心理学に関連する著作はおびただしい数にのぼっており、しかも毎年増加の傾向にある。その中でも、邦訳されたものを中心に目ぼしいものを挙げてみると、やはり一番多産なのはチューリッヒのものである。フォン・フランツのものは最近数多く翻訳されている。『おとぎ話の心理学』『ユング――現代の神話』『おとぎ話における悪』『おとぎ話における影』『メルヘンと女性心理』『永遠の少年――星の王子さまの深層』などである。ヒルマンのものも『自殺と魂』が邦訳されているが、『内的世界の探求』や『夢と地下世界』などが続く予定である。前国際分析心理学会長のグッゲンビュール・クレイグの『心理療法の光と影――援助専門家の力』『結婚の深層』はいずれも基本的な良書である。精神医学の領域では、フィールツの『臨床ユング心理学』、マッカリーの『ロールシャッハ象徴学』がある。イスラエルで惜しまれて亡くなった偉大なユングの弟子、ノイマンの『グレート・マザー』『女性の深層』『アモールとプシケー』『芸術と創造的無意識』『意識の起源史』は日本語で読むことができる。フロイトとユングの間の手紙も『フロイト―ユング往復書簡集』として最近邦訳されている。

海を渡ってロンドンでは、チューリッヒとはちょっと空気が違って、アンナ・フロイトやクラインの影響もあり、児童精神分析や実験心理の研究など進んでいる。G・アドラーの『生きている象徴』『魂の発見――深層心理学入門』、ベンネットの『ユングの世界』がある。『ユング心理学入門』のM・フォーダム、『子どもの成長とイメージ』の同姓のM・フォーダムなどが指導者でユング派分析の技法叢書など多く出版しているが、まだあまり日本には紹介されていない。

アメリカはニューヨークを中心にエデンガーやもう亡くなったハーデングなど数多くの学者がいるが、最近では、シカゴを中心としても発展してきている。シンガーの『男女両性具有ⅠⅡ——性意識の新しい理論を求めて』が出されたが、ロスアンジェルスにはキルシュとかシュタイン、シュピーゲルマンなど人材は多い。先年わが国を訪れた目幸黙僊、シュピーゲルマンの講演集が出版され、近ごろダラスを中心に活躍しているヒルマンの講演も『親と子の絆』（河合隼雄他編、創元社）の中に収められている。サンフランシスコでは長老のヘンダーソンの『夢と神話の世界』が紹介されているが、彼はもともと文化人類学者であり、ユングと親交のあった人である。ウィルフォードの『道化と笏杖』も異色の作品である。

その他にも、『エピステーメー』『現代思想』『現代のエスプリ』などそれぞれユングの特集をおこなっており、その中には貴重な小品など訳出されていたり、評論などが掲載されているので参照されるとよい。夢分析の実際などの経験については、先出の『夢分析』（小川捷之）、『聖なる次元』（秋山さと子）、『病気と自己実現』（河野博臣）、『自己への道——箱庭療法による内的訓練』（三木アヤ）などにその分析過程の状況が述べられているので参考になる。

以上は最近の主なユング関係の邦訳されたものを中心に記したのであるが、また日本では箱庭療法が幅広くユング派の人々の指導で一般にもとり入れられて、これについての入門書やケース研究の書物も出版されるようになってきている。これと合わせて読まれるとよい。カルフ女史の『カルフ箱庭療法』、『箱庭療法入門』（河合隼雄編）、『箱庭療法研究Ⅰ』があり、分析心理学の応用でわが国で利用されている好例であろう。同様に、元型理論を中心にグループ療法で実験的にわが国で筆者を中心に創立されてきたのが、ファンタジー・グループという手法で、これについては付録として、紹介することにしておいた。以上、ユング心理学を学ぶ人のために簡単な道しるべのつもりで、次に参考文献表を付しておいたので利用していただきたい。片寄りや、大切な書物が落ちているかもしれないが、あれば御教示願いたい。

ユング心理学を学ぶ人のための参考文献

（邦文ユング関係著作の主要なもの。一九八四・四、改訂）

〈入門書〉
河合隼雄『ユング心理学入門』培風館　一九六七年
河合隼雄『コンプレックス』岩波書店　一九七一年
ヤコービ　池田紘一他訳『ユング心理学』教文社　一九五九年
ベンネット　萩尾重樹訳『ユングの世界』川島書店　一九七三年
ホール・ノードバイ　岸田秀訳『ユング心理学入門』清水弘文堂　一九七四年
フォーダム　吉元清彦他訳『ユング心理学入門』国文社　一九七四年
小此木啓吾　河合隼雄『フロイトとユング』思索社　一九七八年
エヴァンズ　浪花博他訳『無意識の探求――ユングとの対話』誠信書房　一九七八年
林道義『ユング』清水書院　一九八〇年
林道義『無意識の人間学――ユング心理学の視点から』紀伊国屋書店　一九八一年
秋山さと子『ユング心理学へのいざない――内なる世界の旅』サイエンス社　一九八二年
秋山さと子『ユングの心理学』（講談社現代新書）一九八二年

〈著作・一般〉
ユング『ユング著作集』一巻～五巻　教文社　一九五五、一九七〇年
ユング　池田紘一他訳『心理学と錬金術』ⅠⅡ　人文書院　一九七六年
ユング　高橋義孝訳『無意識の心理』人文書院　一九七七年

ユング　吉村博次訳『心理学的類型』「世界の名著」続一四　中央公論社　一九七四年
ユング　小川捷之訳『分析心理学』　みすず書房　一九七六年
ユング　松代洋一訳『空飛ぶ円盤』　朝日出版社　一九七七年
ユング　松代洋一編訳『ユングの文明論』　思索社　一九七九年
ユング　秋山さと子編　野村美紀子訳『ユングの人間論』　思索社　一九八〇年
ユング　秋山さと子編　野村美紀子訳『ユングの象徴論』　思索社　一九八一年
ユング　野村美紀子訳『ヨブへの答え』　ヨルダン社　一九八一年
ユング　安田一郎訳『分裂病の心理』　青土社　一九七九年
ユング　野田倬訳『自我と無意識の関係』　人文書院　一九八二年
ユング　松代他訳『自我と無意識』　思索社　一九八四年
ユング　宇野昌人他訳『心霊現象の心理と病理』　法政大学出版局　一九八二年
林道義『ツァラトゥストラの深層』　朝日出版社　一九七九年
河合隼雄・谷川俊太郎（対談）『魂にメスはいらない（ユング心理学講義）』　朝日出版社　一九七九年
アドラー・G　氏原寛他訳『生きている象徴』上下　人文書院　一九七九年
ノイマン・E　松代洋一他訳『女性の深層』　紀伊国屋書店　一九八〇年
ノイマン・E　氏原寛・野村美紀子訳『芸術と創造的無意識』　創元社　一九八四年
秋山さと子『聖なる男女――深層への旅』　青土社　一九八〇年
ウィルフォード・W　高山宏訳『道化と笏杖』　晶文社　一九八三年
ヴェーア・G　石井良他訳　『ユングとシュタイナー――対置と共観』　人智学出版社　一九八二年

〈精神医学・心理療法〉

フィールツ　加藤清・吉本千鶴子訳『臨床ユング心理学』　海鳴社　一九七七年

河合隼雄『無意識の構造』　中公新書　一九七七年
河合隼雄『カウンセリングの実際問題』　誠信書房　一九七〇年
河合隼雄『カウンセリングと人間性』　創元社　一九七五年
河合隼雄『影の現象学』　思索社　一九七六年
河合隼雄『母性社会日本の病理』　中央公論社　一九七六年
河合隼雄他『心理療法の実際』　誠信書房　一九七七年
河合隼雄『新しい教育と文化の探求——カウンセラーの提言』　創元社　一九七八年
河合隼雄『働きざかりの心理学』　ＰＨＰ研究所　一九八一年
河合隼雄『人間の深層にひそむもの』　大和書房　一九八二年
ユング・Ｈ『内なる異性——アニマ・アニムス』　海鳴社　一九七六年
フォーダム・Ｍ　浪花博・岡田康伸訳『子どもの成長とイメージ』　誠信書房　一九七六年
アドラー　野田倬訳『魂の発見——深層心理学入門』　人文書院　一九七九年
秋山さと子『ユング心理学からみた子供の深層』　海鳴社　一九七七年
秋山さと子『母と子の深層』　青土社　一九八一年
グッゲンビュール・クレイグ　樋口和彦他訳『心理療法の光と影——援助専門家の力』　創元社　一九八一年
三木アヤ『女性の心の謎——グレートマザーと日本の女性』　太陽出版　一九八一年
シンガー・Ｊ　藤瀬恭子訳『男女両性具有ⅠⅡ——性意識の新しい理論を求めて』　人文書院　一九八二年
グッゲンビュール・クレイグ　樋口和彦他訳『結婚の深層』　創元社　一九八二年
ヒルマン・Ｊ　樋口和彦他訳『自殺と魂』　創元社　一九八二年
小川捷之『夢分析』　朝日出版社　一九八二年
ノイマン・Ｅ　福島章他訳『グレート・マザー——無意識の女性像の現象学』　ナツメ社　一九八二年
フォン・フランツ　秋山さと子訳『時間——過ぎる時と円還する時』　平凡社　一九八二年

河野博臣『病気と自己実現』創元社　一九八四年
玉谷直実『女性の自己実現』女子パウロ会　一九七九年

〈神話・童話〉

河合隼雄『昔話の深層』福音館　一九七七年
ケレーニイ、ユング　杉浦忠夫訳『神話学入門』晶文社　一九七五年
ヘンダーソン　河合隼雄、浪花博訳『夢と神話の世界』新泉社　一九七四年
ノイマン　河合隼雄監訳『アモールとプシュケー』紀伊国屋書店　一九七三年
ユング　河合隼雄他訳『人間と象徴』河出書房新社　一九七二年
ラディン、ケレーニイ、ユング　皆川宗一他訳『トリックスター』晶文社　一九七四年
秋山さと子『ユング心理学からみた子どもの深層』海鳴社　一九七八年
フォン・フランツ　秋山さと子・野村美紀子訳『メルヘンと女性心理』海鳴社　一九七九年
フォン・フランツ　氏原寛訳『おとぎ話の心理学』創元社　一九七九年
フォン・フランツ　氏原寛訳『おとぎ話における影』人文書院　一九八一年
フォン・フランツ　氏原寛訳『おとぎ話における悪』人文書院　一九八一年
河合隼雄『中空構造日本の深層』〈中公叢書〉中央公論社　一九八二年
河合隼雄『昔話と日本人の心』岩波書店　一九八二年
河合隼雄『夢と昔話の深層心理』小学館　一九八二年

〈伝　記〉

ヤッフェ編　河合隼雄他訳『ユング自伝』1・2　みすず書房　一九七二年
フォン・フランツ　高橋巌訳『ユング——現代の神話』紀伊国屋書店　一九七八年

河合隼雄『ユングの生涯』第三文明社　一九七八年
A・ストー　河合隼雄訳『ユング』岩波書店　一九七八年

〔箱庭療法〕
河合隼雄編『箱庭療法入門』誠信書房　一九六九年
カルフ　大原貢・山中康裕訳『カルフ箱庭療法』誠信書房　一九七二年
三木アヤ『自己への道――箱庭療法による内的訓練』黎明書房　一九七七年
河合隼雄他編『箱庭療法研究』I　誠信書房　一九八二年
岡田康伸『箱庭療法の基礎』誠信書房　一九八四年
木村晴子『箱庭療法』創元社　一九八五年

〔宗教心理〕
秋山さと子『聖なる次元』思索社　一九七六年
秋山さと子『悟りの分析』朝日出版社　一九八〇年
河野博臣『死の臨床』医学書院　一九七四年
河野博臣『生と死の心理――ユング心理学と心身症』創元社　一九七八年
ユング　湯浅泰雄他訳『黄金の華の秘密』人文書院　一九八〇年
ユング　湯浅泰雄・黒木幹夫訳『東洋的瞑想の心理学』創元社　一九八三年
湯浅泰雄『古代人の精神世界』ミネルヴァ書房　一九八〇年
湯浅泰雄『日本人の宗教意識』名著刊行会　一九八〇年

〈自然科学〉

ユング、パウリ　河合隼雄・村上陽一郎訳『自然現象と心の構造』海鳴社　一九七六年

イラ・プロゴフ　河合隼雄・河合幹雄訳『ユングと共時性』創元社　一九八七年

〔付録〕 ファンタジー・グループの理論と実際

1 ファンタジー・グループとはなにか

絵は意識と無意識との混合である。意識だけで描かれた絵は面白くないし、無意識だけの絵もまとまりがない。ちょうど、夢のように、意識と無意識の接点に生き生きと形をもって現れるのが絵である。したがって、絵の基本にファンタジーが存在しており、ファンタジーの動きを絵をとおして、イメージ化してみることができる。このイメージ療法をグループワークとして展開しようと試みたのがファンタジー・グループである。

ファンタジー・グループではフィンガーペインティングをその主要な手法として使う。なぜかというと、筆を使うと絵の上手・下手にとらわれて、描く人の情動が技術に媒介されて、うまく伝わらない。それに比して、フィンガー（指）による描画は直接に感情を絵の技法にとらわれることなく、ぶつけることができる。同時に、描いた後一種のすがすがしさまで感ぜられる。どこまでも、非言語による情動の深いレベルのコミュニケーションを体験するのにすぐれたものがあると考えている。

また、ファンタジー・グループは一枚の大きな紙にグループで、お互いに話をしないでという条件の下で自由に指を使って描くことが奨励される。ここで、色や形の大小、紙の空間の使い方、順序や重ねぬりなど様々な各メンバーの絵の描き方が観察される。通常、一グループは五人から七人ぐらいが望ましいが、これは四つのコーナー（角）を一人一人が自分の領土とすると、一人以上が余るように、しかし、かといって、人が多すぎて、あまりこみすぎないように工夫されているのである。そして、最終的にグループが一つの絵を描くように期待されている。時間は別に制限しないが、終了の瞬間は普通自然にくるようである。時に、終了してから、絵に題名をつけさせるのもよい。

一人一人は自分の描きたいものを使って描くが、画面は限られているので、お互いはゆずりあったり、犯したりしあいながら絵は完成に向かう。面白いことは、時に、誰もが予期しなかった第三のもの、全く意外の元型的な無意識の象徴が生れ出ることがある。後で、壁にかけて鑑賞したりしている時、発見される場合などがある。この体験はファンタジー・グループにとって重要である。

すなわち、グループプロセスの中に働く人間の心的なエネルギーの力を体験し、ファンタジーが生き生きと形成されて、イメージ化されて行く過程を知ることがこのファンタジー・グループのねらいである。

描いたあと、通常、参加者は各グループをまわって、描いた人々と一緒にそれらの絵を賞味する。これは解釈（意識化）であるが、分析というよりは、むしろ「味わうこと」に意味がある。また、壁にかけてみると、絵はまた異なってみられるのは不思議である。

2　ファンタジー・グループの技法

㈠ファンタジー・グループも集団的遊戯療法の一種であるから、できるだけ自由な雰囲気の中で、できれば非構造的なプログラムの立案が望ましい。指導する人は必ずしもカウンセラーである必要はなく、世話人、指導者、先生、セラピスト、なんと呼ばれてもかまわないが、「遊び」の中心的存在である。ただし、時にフィンガー・ペインティングなどで水の使い方が荒く、無意識的な内容が多く出て収拾がつかなくなる場合、グループのプロセスをストップさせるだけのグループ・カウンセラーとしての能力は必要である。

㈡補助的な手法

現在までに使われている補助的な手法を挙げてみると以下のようである。

（1）スライドの投影によるイメージの湧出法
（2）俳句による文章完成ゲーム
（3）棒とボールを使ったゲーム
（4）粘土による造形の練習
（5）顔を使った描画法
（6）仮面づくりによるイメージ・グループ
（7）その他これから色々と方法が開発されると思う。

㈢フィンガー・ペインティング

すでに述べたが、順序を追って指導上の注意を記すと以下のようである。

⑴ **準備**　泥絵具7色、乳鉢、にかわをとかした液、タオル、大判（全紙版）の紙一枚、セロテープと画鋲、マジックインキ（題を書く）、下に敷くための新聞やビニールの敷物紙、バケツや水入れなどに入れた水　五人〜七人を一チームとして、話をしないで描くように指示する。なお、指示は簡潔で、充分であること。

セラピストは一緒に描いてもよいが、普通は各グループを観察・指導する。

⑵ **描画**　まず、乳鉢での色づくりから始められる。次第に絵を描くことの中に引き込まれていく。終ったら手を洗って、絵のまわりになんとなくいてもらう。

(3) **鑑賞**　はじめは床にかいたままの状態で、順々にまわってみる。人々に自由に発言させる。描くプロセスを想いおこさせるようにする。そして、自分について、自分の描き方、他人との関係、グループの中の出来事や自己表現など、自己洞察を含んだ発言があったときは、それをとらえてグループやその人に返し、充分にその意味を吟味する。特に、描いている時に「どんなことを感じたか」を話させることが重要である。そして、壁にもう一度展覧して鑑賞する。しかし、不必要に象徴の解釈や分析には入らない。

(4) **再イメージ化**　次の日に、同じくグループで同じメンバーでその絵を自由に切って新しい絵をつくらせる。はじめ、自分のせっかく描いた絵であるので抵抗があるが、しばらくすると全く違ったイメージのものが出来上がるものである。これは現実の生活の上で、イメージを形成し、そのイメージに導かれた生活をすることも必要であるが、時に固定されたイメージを破って新しいものを形成することも必要である。この「切る」ことは出発へのよい準備になることがある。

3　ファンタジー・グループの成立と応用

人間と人間の関係はファンタジーによって成立する。ファンタジーは人間の幻想として否定面だけをみるのではなくて、人間を力づけ、人間たらしめる創造の源泉としてのファンタジーを考えなおしてみる必要がある。カウンセリングも、グループワークもその根本に元型に支えられたファンタジーが存在している。しかし芸術家としてのそれではなくて、むしろ、一般の、創造性をすでに失った現代人のコミュニケーションを再び生き生きとしたものにするため、ファンタジーの世界をもう一度考えなおしてみようとしたのである。またセラピストの自己表現の基礎的訓練の一つとしても考えてみたいのである。

一九七四年夏、たまたまドイツのバットボルのエヴンゲリッシェ・アカデミーで幻想と秩序（Fantasie und Ordnung）というセミナーが開かれ、これに参加したことがあった。日本のアカデミーに派遣されているシュペネマン博士（Dr. K. Spennemann）と語らい、これをもとに、日本の方法で、この新しいターグング方法を試してみることにした。ヨーロッパと日本人との絵の描き方によってどのような相違が出るかも興味ある点であった。例えば、ドイツ人においては一般的に日本人よりも形に固執する点など観察されたが、また、日本でもおおかた現在までその通りのようである。日本人の場合は、硬いグループは全く硬いが、一旦融けはじめると全く形を見ないかのごときところまで融けるのをみた。これらの点で、個人や集団の差異は将来の実験を待たねばならないが、何か自我構造のそれぞれの特徴が現われているのではなかろうか。

そのようにして、第一回（一九七五年六月）、第二回（一九七五年十一月）、第三回（一九七六年七月）、第四回（一九七六年十一月）、第五回（一九七八年十二月）が、京都の関西セミナーハウスで今まで箱庭療法などに関連した経験のある人々の参加をえて実験的に行われてきている。その後、京都ＹＭＣＡ相談室や教育研究所研修会、会社員のグループ、幼稚園、大学教養コース、自殺予防電話センター、精神病院、施設、研究所の人々の会などで試みられてきた。

このファンタジー・グループには現在まで一定の決められた形式や規定というものはない。お互いに実験的に試みられて発展してきている。ただ、新しくファンタジー・グループを試みられる場合、現在までの経験の集積で、ある程度定形化されたので、その型をふまえてさらに発展されるのが望ましいと考えている。そして、いずれ詳細はそのうちに発表されるだろう。

索　引（人名・事項）

あ　行

か　行

さ　行

た　行

な 行

は 行

ま 行

や 行

ら 行

わ 行

ユング全集(英語版)著作目録

(ユング全集は英訳では Routledge & Kegan Paul Ltd., London と Pantheon Books Inc., New York. から、ドイツ版は Welter-Verlag, Olten から出版されている)

1. PSYCHIATRIC STUDIES (1957)
   On the Psychology and Pathology of So-Called Occult Phenomena (1902)
   On Hysterical Misreading (1904)
   Cryptomnesia (1905)
   On Manic Mood Disorder (1903)
   A Case of Hysterical Stupor in a Prisoner in Detention (1902)
   On Simulated Insanity (1903)
   A Medical Opinion on a Case of Simulated Insanity (1904)
   A Third and Final Opinion on Two Contradictory Psychiatric Diagnoses (1906)
   On the Psychological Diagnosis of Facts (1905)

2. EXPERIMENTAL RESEARCHES
   Translated by Leopold Stein in collaboration with Diana Riviere
   STUDIES IN WORD ASSOCIATION (1904-7)
   The Associations of Normal Subjects (by Jung and Riklin)
   Experimental Observations on Memory
   On the Determination of Facts by Psychological Means
   An Analysis of the Associations of an Epileptic
   The Association Method (1910)
   Reaction-Time in Association Experiments
   On Disturbances in Reproduction in Association Experiments
   The Significance of Association Experiments for Psychopathology
   Psychoanalysis and Association Experiments
   Association, Dream, and Hysterical Symptoms
   PSYCHOPHYSICAL RESEARCHES (1907-8)
   On Psychophysical Relations of the Association Experiment
   Psychophysical Investigations with the Galvanometer and Pneumograph in Normal and Insane Individuals (by Peterson and Jung)
   Further Investigations on the Galvanic Phenomenon and Respirations in Normal and Insane Individuals (by Ricksher and Jung)

3. THE PSYCHOGENESIS OF MENTAL DISEASE (1960)
   The Psychology of Dementia Praecox (1907)
   The Content of the Psychoses (1908/1914)

Symbols of the Mother and of Rebirth

The Battle for Deliverance from the Mother

The Dual Mother

The Sacrifice

Epilogue

Appendix: The Miller Fantasies

6. PSYCHOLOGICAL TYPES (1921)

Introduction

The Problem of Types in the History of Classical and Medieval Thought

Schiller's Ideas on the Type Problem

The Apollonian and the Dionysian

The Type Problem in the Discernment of Human Character

The Type Problem in Poetry

The Type Problem in Psychopathology

The Problem of Typical Attitudes in Aesthetics

The Type Problem in Modern Philosophy

The Type Problem in Biography

General Description of the Types

Definitions

Conclusion

Appendixes:

Four Papers on Psychological Typology (1913, 1925, 1931, 1936)

The Jung-Schmid Correspondence [1915]

7. TWO ESSAYS ON ANALYTICAL PSYCHOLOGY (1953, revised ed. 1966)

On the psychology of the Unconscious (1917/1926/1943)

The Relations between the Ego and the Unconscious (1928)

Appendixes:

New Paths in Psychology (1912)

The Structure of the Unconscious (1916) (new versions, 1966)

8. THE STRUCTURE AND DYNAMICS OF THE PSYCHE (1960)

On Psychic Energy (1928)

The Transcendent Function ([1916]/1957)

A Review of the Complex Theory (1934)

The Significance of Constitution and Heredity in Psychology (1929)

Psychological Factors Determining Human Behaviour (1937)

Instinct and the Unconscious (1919)

The Structure of the Psyche (1927/1931)

On the Nature of the Psyche (1947/1954)
General Aspects of Dream Psychology (1916/1948)
On the Nature of Dreams (1945/1948)
The Psychological Foundations of Belief in Spirits (1930/1948)
Spirit and Life (1926)
Basic Postulates of Analytical Psychology (1931)
Analytical Psychology and Weltanschaung (1928/1931)
The Real and the Surreal (1933)
The Stages of Life (1930/1931)
The Soul and Death (1934)
Synchronicity: An Acausal Connecting Principle (1952)
Appendix: On Synchronicity (1951)

9. PART I. THE ARCHETYPES AND THE COLLECTIVE UNCONSCIOUS (1959)
Archetypes of the Collective Unconscious (1934/1954)
The Concept of the Collective Unconscious (1936)
Concerning the Archetypes, with Special Reference to the Anima Concept (1936/1954)
Psychological Aspects of the Mother Archetype (1938/1954)
Concerning Rebirth (1940/1950)
The Psychology of the Child Archetype (1940)
The Psychological Aspects of the Kore (1941)
The Phenomenology of the Spirit in Fairytales (1945/1948)
On the Psychology of the Trickster-Figure (1954)
Conscious, Unconscious, and Individuation (1939)
A Study in the Process of Individuation (1934/1950)
Concerning Mandala Symbolism (1950)
Appendix: Mandalas (1955)

9. PART II. AION (1959)
RESEARCHES INTO THE PHENOMENOLOGY OF THE SELF
The Ego
The Shadow
The Syzygy: Anima and Animus
The Self
Christ, a Symbol of the Self
The Sign of the Fishes
The Prophecies of Nostradamus
The Historical Significance of the Fish
The Ambivalence of the Fish Symbol

The Fish in Alchemy
The Alchemical Interpretation of the Fish
Background to the Psychology of Christian Alchemical Symbolism
Gnostic Symbols of the Self
The Structure and Dynamics of the Self
Conclusion

10. CIVILIZATION IN TRANSITION (1964)

The Role of the Unconscious (1918)
Mind and Earth (1927/1931)
Archaic Man (1931)
The Spiritual Problem of Modern Man (1928/1931)
The Love Problem of a Student (1928)
Woman in Europe (1927)
The Meaning of Psychology for Modern Man (1933/1934)
The State of Psychotherapy Today (1934)
Preface to "Essays on Contemporary Events" (1946)
Wotan (1936)
After the Catastrophe (1945)
The Fight with the Shadow (1946)
Epilogue to "Essays on Contemporary Events" (1946)
The Undiscovered Self (Present and Future) (1957)
Flying Saucers: A Modern Myth (1958)
A Psychological View of Conscience (1958)
Good and Evil Analytical Psychology (1959)
Introduction to Wolff's "Studies in Jungian Psychology" (1959)
The Swiss Line in the European Spectrum (1928)
Reviews of Keyserling's "America Set Free" (1930) and "La Révolution Mondiale" (1934)
Complications of American Psychology (1930)
The Dreamike World of India (1939)
What India Can Teach Us (1939)
Appendix: Documents (1933-1938)

11. PSYCHOLOGY AND RELIGION WEST AND EAST (1958, 2nd impr., 1963)

WESTERN RELIGION

Psychology and Religion (The Terry Lectures) (1938/1940)
A Psychological Approach to the Dogma of the Trinity (1942/1948)
Transformation Symbolism in the Mass (1942/1954)

Forewords to White's "God and the Unconscious" and Werblow-sky's "Lucifer and Prometheus" (1952)

Brother Klaus (1933)

Psychotherapists or the Clergy (1932)

Psychoanalysis and the Cure of Souls (1928)

Answer to Job (1952)

EASTERN RELIGION

Psychological Commentaries on "The Tibetan Book of the Great Liberation" (1939/1954) and "The Tibetan Book of the Dead" (1935/1953)

Yoga and the West (1936)

Foreword to Suzuki's "Introduction to Zen Buddhism" (1939)

The Psychology of Eastern Meditation (1943)

The Holy Men of India: Introduction to Zimmer's "Der Wegzum Selbst" (1944)

Foreword to the "I Ching" (1950)

12. PSYCHOLOGY AND ALCHEMY (1944, 1953, revised ed. 1967)

Prefatory Note to the English Edition ([1951?] added 1966)

Introduction to the Religious and Psychological Problems of Alchemy Individual Dream Symbolism in Relation to Alche-my (1936)

Religious Ideas in Alchemy (1937)

Epilogue

13. ALCHEMICAL STUDIES (1967)

Commentary on "The Secret of the Golden Flower" (1929)

The Visions of Zosimos (1938/1954)

Paracelsus as a Spiritual Phenomenon (1942)

The Spirit Mercurius (1943/1948)

The Philosophical Tree (1945/1954)

14. MYSTERIUM CONIUNCTIONIS (1955-56) (1963)

AN INTO THE SEPARATION AND

SYNTHESIS OF PSYCHIC OPPOSITES IN ALCHEMY

The Components of the Coniunctio

The Paradoxa

The Personification of Opposites

Rex and Regina

Adam and Eve

The Conjunction

15. THE SPIRIT IN MAN, ART, AND LITERATURE (1966)

Paracelsus (1929)

Paracelsus the Physician (1941)

Sigmund Freud in His Historical Setting (1932)
In Memory of Sigmund Freud (1939)
Richard Wilhelm: In Memoriam (1930)
On the Relation of Analytical Psychology to Poetry (1922)
Psychology and Literature (1930/1950)
"Ulysses" (1932)
Picasso (1932)

16. THE PRACTICE OF PSYCHOTHERAPY (1954, revised ed., 1966)

GENERAL PROBLEMS OF PSYCHOTHERAPY

Principles of Practical Psychotherapy (1935)
What Is Psychotherapy? (1935)
Some Aspects of Modern Psychotherapy (1930)
The Aims of Psychotherapy (1931)
Problems of Modern Psychotherapy (1929)
Psychotherapy and a Philosophy of Life (1943)
Medicine and Psychotherapy (1945)
Psychotherapy Today (1945)
Fundamental Questions of Psychotherapy (1951)

SPECIFIC PROBLEMS OF PSYCHOTHERAPY

The Therapeutic Value of Abreaction (1921/1928)
The Practical Use of Dream-Analysis (1934)
The Psychology of the Transference (1946)
Appendix: The Realities of Practical Psychotherapy ([1937] added, 1966)

17. THE DEVELOPMENT OF PERSONALITY (1954, 2nd impr., 1964)

Psychic Conflicts in a Child (1910/1946)
Introduction to Wickes's "Analyse der Kinderseele" (1927/1931)
Child Development and Education (1928)
Analytical Psychology and Education: Three Lectures (1926/1946)
The Gifted Child (1943)
The Significance of the Unconscious in Individual Education (1928)
The Development of Personality (1934)
Marriage as a Psychological Relationship (1925)

18. THE SYMBOLIC LIFE (1976)

Miscellaneous Writings

19. GENERAL BIBLIOGRAPHY OF JUNG'S WRITINGS

20. GENELAL INDEX TO THE COLLECTED WORKS

〈著者略歴〉

樋口和彦（ひぐち・かずひこ）

1927年横浜生まれ。同志社大学神学部・大学院神学研究科修了。米国アンドヴァー・ニュートン神学校にて神学修士（S. T. M）および神学博士（D. Min.）を取得。京都文教大学学長。深層心理学、宗教心理学専攻。C・G・ユング研究所にて在外研究。1983年、ユング派精神分析家の資格を取得。

著書に『生と死の教育』（共著、創元社）、『心理療法の光と影』『結婚の深層』『自殺と魂』（共訳、創元社）、『人間と象徴』（共訳、河出書房新社）などがある。

本書は1978年に創元社から刊行した書籍を新装のうえ、全面的に組み替えしたものです。

創元アーカイブス

ユング心理学《しんりがく》の世界《せかい》

2019年7月10日　第1版第1刷発行

著者　樋口和彦

発行者　矢部敬一

発行所　株式会社 創元社

〈本　　社〉〒541-0047 大阪市中央区淡路町 4-3-6

電話（06）6231-9010㈹

〈東京支店〉〒101-0051 東京都千代田区神田神保町 1-2 田辺ビル

電話（03）6811-0662㈹

〈ホームページ〉https://www.sogensha.co.jp/

印刷　太洋社

ISBN978-4-422-11707-2 C1011